人类的进步，一向凭借两大动力：追求真理，创造价值。

——李德顺·《价值论》

本书系国家社会科学基金教育学一般课题研究成果
课题名称：知识创价视阈下应用转型高校课程新秩序的构建研究
课题批准号：BIA160134

应用型大学课程论

丁建洋　著

 南京大学出版社

图书在版编目(CIP)数据

应用型大学课程论 / 丁建洋著.—南京 ：南京大学出版社,2023.12
　　ISBN 978 - 7 - 305 - 25879 - 4

　　Ⅰ.①应… 　Ⅱ.①丁… 　Ⅲ.①高等学校－课程－教学研究 　Ⅳ.①G642.3

　　中国版本图书馆 CIP 数据核字(2022)第 107828 号

出版发行　南京大学出版社
社　　　址　南京市汉口路 22 号　　　邮　　编　210093
书　　　名　应用型大学课程论
　　　　　　YINGYONGXING DAXUE KECHENGLUN
著　　　者　丁建洋
责任编辑　钱梦菊
照　　　排　南京开卷文化传媒有限公司
印　　　刷　苏州市古得堡数码印刷有限公司
开　　　本　718 mm×1000 mm　1/16　印张 15.5　字数 300 千
版　　　次　2023 年 12 月第 1 版　2023 年 12 月第 1 次印刷
ISBN 978 - 7 - 305 - 25879 - 4
定　　　价　62.00 元

网　　　址:http://www.njupco.com
官方微博:http://weibo.com/njupco
官方微信号:njupress
销售咨询热线:(025)83594756

＊ 版权所有,侵权必究
＊ 凡购买南大版图书,如有印装质量问题,请与所购
　图书销售部门联系调换

前　言

　　大学应用转型是近十年来我国大学系统第二方阵高校的重要改革战略,在不同层面有着不同的内涵和指向。宏观层面主要指向国家高等教育政策的战略转型,如资源配置、学位类型、专业标准、评估标准等方面政策的战略转型。中观层面主要指向区域或行业高等教育政策与高等教育系统的战略转型,诸如区域政策、产学研合作、大学联盟等方面的调整与转型。微观层面主要指向院校层面以及大学内部办学要素的战略转型,诸如办学理念、治理结构、课程设置、科研定位、社会服务等方面的转型。从人才培养视角来说,宏观、中观层面的战略与政策、微观层面的策略与行动等等都需要通过课程来实现,课程的应用转型是实现大学应用转型战略最为关键的环节,也是大学应用转型改革中"最后的堡垒"。

　　大学是一种极为复杂的社会组织,无论是从历史性还是逻辑性、无论是从规模性还是功能性等不同视角来考察,大学的复杂性不亚于政府、企业、NGO等任何一种社会组织,试图对大学做出深入的诠释并不是一件简单的事情。因此,对大学做出恰当分析首先需要找到一个切实可行的视角,我们运用哈耶克的"秩序"概念来型构大学内部要素的结构状态与生成机理以及大学与外部要素的复杂关系,就是试图从总体上科学把握和型构大学"事态"的轨迹。大学在本质上是围绕"知识"运行的社会组织,知识是大学运行的基本材料[①],也就是说大学不同于其他社会组织的关键特征就在于其是围绕知识或者更准确地说是围绕"高深学问"[②]运行的社会组织。因此,"知识秩序"自然是大学秩序之维的核心,成

---

① [美]伯顿·克拉克.高等教育新论——多学科的研究[M].杭州:浙江教育出版社,1988:107.
② [美]约翰·S.布鲁贝克.高等教育哲学[M].杭州:浙江教育出版社,1998:2.

为解构与重建大学组织的基本架构。我们对大学应用转型的分析便以此为分析框架,来解构传统大学之"型",重构新的大学之"型"。

之所以说课程的应用转型是大学应用转型改革"最后一公里"是由大学改革的特点所决定。大学的治理结构、资源投入等外延式改革中"硬"的方面,改革往往容易实现,而课程就是内涵式改革中"软"的方面,往往成为改革的"最后一公里"。正如布鲁贝克(J.Brubacher)所言,"在教育发展史上,对教育具有决定作用的一些基本要素的每一次重大变化,都会对课程的形式和内容产生重要的影响。无论是政治、经济、哲学,还是科学,都是如此"①。课程问题的复杂性不仅在于课程开发自身的复杂性,还在于课程开发受到外部诸多社会因素的制约与影响。布鲁贝克还进一步列举了课程改革面临的诸多挑战与问题,"最基本的问题:我们如何对课程做出选择? 作为课程,是依据社会学因素,如国家主义、宏观管理方式、谋生方式等? 还是依据人性论或学习方式? 或是依据教育目的? 无论在何种情境中,人们如何界定课程或认识课程的本质? 课程将表述为智力训练,还是有用的社会习惯?"②大学课程应用转型同样面临这些问题,其本质就是教什么? 学什么? 怎么教与怎么学? 为什么如此教与学? 也就是德雷克·博克(D.Book)探讨的"真正重要的教育主题"——"怎么改进教学方法,怎样设置专业课程,怎样让道德发展与公民教育恢复应有的地位"③。大学课程应用转型倘若要深刻回答这些问题就有必要在课程哲学重建的基础上生成大学课程改革方略与路径。

"课程经常被人们当作高等教育的'黑匣子'"④。大学课程应用转型不仅是大学应用转型衍生的内在命题,同时也是破解中国大学课程单向度惯习的内在诉求。大学课程单向度惯习是对中国社会经济发展转型过程中大学课程理念与秩序反思的结果,课程体系的学科化、课程实施主体的单一化以及隐性课程的应

① [美]约翰·S.布鲁巴克.教育问题史[M].济南:山东教育出版社,2012:259.
② [美]约翰·S.布鲁巴克.教育问题史[M].济南:山东教育出版社,2012:259.
③ [美]德雷克·博克.回归大学之道:对美国大学本科教育的反思与展望[M].上海:华东师范大学出版社,2008:33.
④ [美]菲利普·G.阿特巴赫.比较高等教育:知识、大学与发展[M].北京:人民教育出版社,2001:226.

用性学术环境弱化等等诸多倾向是中国大学课程在长期历史发展过程中形成的核心问题,这些问题倘若借用赫伯特·马尔库塞(H.Marcuse)所批判的"单向度人"这一话语,我们可以称之为大学课程单向度惯习。大学课程单向度惯习的产生有着复杂的大学内外部原因,只有从整体上重建大学与大学课程才能破解大学课程单向度惯习。我们依循从大学到课程的逻辑顺序展开重建,首先从大学视角诠释与建构应用型大学作为一种类型的生成机理,人们对作为一种"型"的大学是如何认识与建构起来的。对于大学的"型"的认识与建构非常复杂,利益相关主体的多元化、价值追求的复合化、知识运行的复杂化等等体现了大学知识秩序的复杂性从而型构了不同"型"的大学,通过不同"型"之间的差异,我们型构了应用型大学知识秩序。在此基础上,我们重建应用型大学课程的逻辑框架,基于应用型大学知识秩序型构应用型大学课程的逻辑起点——知识创价,进而构建知识创价课程的逻辑意蕴、主要命题以及整体性框架,并重点从课程体系与课程实施两个维度进行重建,实现从课程理念到课程设计再到课程实施的应用型大学课程整体性重建。

　　把知识创价作为破解大学课程单向度惯习,构建应用型大学课程的逻辑起点是应用型大学课程改革的必然趋势。知识创价意指知识在实践情境中的应用,其表征是科学知识的技术化与技术知识的科学化,通过科学知识与技术知识两者之间的互动与互构以及由此而引发的理论与实践、通识与高深等多重逻辑之间的衔接转换,这些多重互动与转换的本质是知识创造价值,为社会经济文化以及学习者的发展创造价值。把知识创价作为应用型大学课程的逻辑起点具有双重突破,一是对以往把技术知识作为应用型大学课程逻辑起点的一种超越。因为技术知识作为一种知识类型,无论是其作为一种运行过程,将知识按照线性思维方式,把技术知识与科学知识相对;还是其作为一种层次,将技术知识分为高深技术知识与普通技术知识,都忽视了知识类型的多样化和层次的复杂性。二是对以往把静态的知识作为大学课程逻辑起点的一种超越。无论高深学问还是技术知识,都是一种静态的知识,忽视了知识的动态运行。而知识创价课程强调知识在课程开发过程中的运行,内在地蕴含科学知识的技术化、高深学问的技术化、技术知识的科学化等知识运行过程,强调"应用学术"作为一种学术的本体存在和价值追求,终极问题是对"应用理性"的追问。

知识创价课程是对传统课程范式的反叛,特别是对传统研究型大学与技能型院校课程范式的解构。这种反叛集中体现在三个方面,一是对传统课程追求课程知识价值片面化的反叛,知识创价课程追求课程知识价值的体系化,形成学科价值、应用价值、学习者发展价值的一体化,最终实现课程内在价值与外在价值的统一;二是对传统课程知识行动静态、单向、线性方式的反叛,知识创价课程追求课程知识行动的双向互动,适应知识社会中知识生产与应用的风险性、不确定性特征;三是对传统课程知识行动主体构成单一化的反叛,知识创价课程追求课程利益相关者形成集体知识行动,形成以学习者为中心的课程知识行动,促进课程知识价值体系化创造,适应知识社会的内在发展要求。

知识创价课程是一个整合性概念,需要从课程理念到课程实践进行整体性重建。本书对传统大学课程的反叛聚焦于大学课程开发中的关键要素,即课程哲学及其指导下的课程设计与实施的重建,通过这些关键要素的重建引发课程开发其他要素的自适应变革,从而克服课程改革中的"阻尼效应"。本书的一个着力点是课程开发中的前置性理念——课程哲学的重构,试图通过课程哲学的重构促进课程范式的转型。一位学者曾说:"做一个课题或写一本书,能够解决一个小问题,或者对解决某个小问题有所贡献就实属不易了。"[1]纵观本书的研究,虽然在理论层面重构了应用型大学课程哲学,在实践层面稍作展开提出了一些实践策略,但是本书究竟能在多大程度上破解大学课程应用转型问题,特别是大学课程应用转型中的一些核心问题和瓶颈问题,仍然非常有限。原因不仅仅在于本书所构建的理论基础的科学性及其适切性还需要进一步检验与验证;也不仅仅在于基于这个理论基础所构建的从逻辑起点到逻辑体系相对自洽的大学课程论的科学性与完整性;更重要的还在于本书所构建的课程论推广到应用型大学课程改革实践中还面临着理论应用的难题,这个难题也是理论与实践之间转换的固有顽疾。从这个意义上来说,本书所构建的应用型大学课程论仅仅是提供了一个理论蓝图,根本上还在于实践者的"应用智慧"。

---

① 安维复.科学哲学:基本范畴的历史考察[M].北京:北京师范大学出版社,2015:1.

目　　录

洞见或透识隐藏于深处的棘手问题是艰难的,因为如果只是把握这一棘手问题的表层,它就会维持现状,仍然得不到解决。因此,必须把它"连根拔起",使它彻底暴露出来;这就要求我们开始以一种新的方式来思考。……一旦我们用一种新的形式来表达自己的观点,旧的问题就会连同旧的语言外套一起被抛弃。

——维特根斯坦·《札记》

第一章　大学与大学课程应用转型

　　大学已经成为现代社会最为重要的学术机构。正如在知识经济社会初显端倪的 1970 年代曾担任英国大学教育经费评议会负责人的阿什比(E.Ashby)的预言:"全世界的大学,在经过长期作为社会上无足轻重的附属品之后,又一次像欧洲中世纪的大学那样,成了导致未来世界大发展的重要学术机构。"①阿什比的预言不断成为现实,随着现代社会知识化的深度演进,大学越来越重要,越来越成为社会的轴心机构;正因为大学越来越重要,大学在适应与引领社会发展过程中就越需要不断转型和改革。

　　进入 21 世纪以来,中国大学改革的主题主要是三大潮流,一是以"双一流"高校为主体的大学改革,改革主题是冲击世界一流大学与一流学科,注重国家战略层面的科学研究、人才培养以及社会服务,以服务国家战略为改革目标。这些院校机构是我国大学系统的"第一方阵",这一方阵的高校主要定位为研究型大学;二是以地方普通高校为主体的大学改革,改革主题是面向地方、面向行业、面向区域层面的科学创新、技术开发以及人才培养,以服务与引领区域社会经济发展为改革目标。这些院校机构是我国大学系统的"第二方阵",这一方阵的高校主要定位为应用型大学;三是以高职院校为主体的大学改革,改革主题是面向行业企业的技术技能训练、技术开发与服务,以服务与引领行业、企业的岗位技能为改革目标。这些院校机构是我国大学系统的"第三方阵",这一方阵的院校主

① ［英］阿什比.科技发达时代的大学教育［M］.北京:人民教育出版社,1983:4.

要定位为技能型院校、职业技术型大学①。

就我国大学改革的三大潮流而言,最为艰难与复杂的当属大学系统中第二方阵院校的改革。主要原因在于,第一,第二方阵院校目标定位最为复杂。第一方阵的研究型大学与第三方阵的技能型院校的目标定位相对比较清晰,同时,发达国家的研究型大学与技能型院校的发展路径与改革经验也比较成熟。而第二方阵院校的目标定位长期以来在研究型与技能型之间摇摆,国内外很长一段时期以来都比较模糊,缺少典型经验。“创业型大学”②“教学型大学”③“教学服务型大学”④“后现代大学”⑤“后学院大学”⑥以及“后历史大学”⑦等,诸如此类主要针对第二方阵院校的不同表达与探索意味着第二方阵高校改革目标、类型定位的复杂性、艰巨性。第二,第二方阵院校的数量最多。以 2020 年教育部发布的“2019 年教育统计数据”为例,位于第一和第二方阵的普通本科院校总数为 1 265所(其中包含 257 所独立学院),位于第三方阵的高职(专科)院校总数为 1 423所。在普通本科院校中,位于第一方阵的双一流高校为 137 所⑧,占全国普通本科院校总数的 10.83%,而近 90% 的普通本科院校都为面向地方和区域的第二方阵院校,这些院校大部分定位为应用型大学。第三,第二方阵院校的“出身”最为复杂。第二方阵院校源流复杂,既有办学历史较长的普通本科院校,又有2000 年前后从高职高专等院校升格的普通本科院校。这些不同“出身”院校由于在学术惯习、路径依赖、组织文化等方面的影响,导致这一方阵院校改革目标的“迷思”,在类型定位方面究竟如何改革成为长期以来困扰人们的重要课题。正是由于上述三个方面原因,第二方阵院校在目标取向上形成不同追求,在改革模式上形成多样化的选择。正是在这种复杂多样化的目标取向与改革模式中,应用型定位、应用转型改革、建设高水平应用型大学等以“应用转型”为主题的改革,成为我国大学系统中集体行动最强的改革取向,以至于第二方阵院校在类型定位与战略目标方面的改革被称为“应用转型改革”。

① 这里将我国大学系统内部划分为一、二、三方阵主要受到常州大学徐高明教授观点的启发。
② [美]伯顿·克拉克.建立创业型大学:组织上转型的途径[M].北京:人民教育出版社,2003.
③ 刘伟.试论教学型大学办学定位的依据及其特征[J].华北水利水电学院学报(社科版),2004(4).
④ 刘献君.建设教学服务型大学——兼论高等学校分类[J].高等教育研究,2007(7).
⑤ [英]安东尼·史密斯,弗兰克·韦伯斯特.后现代大学来临?[M].北京:北京大学出版社,2014.
⑥ [英]约翰·齐曼.真科学:它是什么,它指什么[M].上海:上海科技教育出版社,2008.
⑦ [加]比尔·雷丁斯.废墟中的大学[M].北京:北京大学出版社,2008.
⑧ 教育部.2019 年教育统计数据·各级各类学校校数、教职工、专任教师情况[EB/OL]. http://www.moe.gov.cn/s78/A03/moe_560/jytjsj_2019/qg/202006/t20200611_464804.html.

第一节 大学应用转型与大学课程

一、大学应用转型改革的演进

大学应用转型的内涵旨趣

从广义上来说,大学应用转型就是普通本科院校从单一的学术目标、学术定位、学术偏好向应用目标、应用定位、应用偏好进行战略转型,从而引发大学内部治理、职能发挥、绩效评价等方面的系统化变革,成为以应用为战略目标的大学。客观上说,没有一所大学能够脱离社会需求而生存,也没有一所大学能够脱离国家、社会、市场的需要而生存。事实上,以纯粹学术为目标的大学从来也没有、也无法存在,特别是随着知识社会的兴起与"再工业社会"的崛起,与世隔离,作为一种"纯粹类型"[①]的研究型大学、教学型大学已经无法生存。无论是研究型大学或教学型大学,其研究或教学的旨趣已经离不开应用。因此,大学应用转型,既是面向国家战略的中央高校、一流大学的使命;也是面向地方发展战略的地方大学、一般性大学的使命。应用转型改革既不是针对特定的办学主体类型,如中央高校或地方高校;也不是针对特定的层次类型,如研究型大学、教学服务型大学等;也不是针对特定行业类型的大学;更不是针对特定建校历史的大学,如历史悠久大学、新建大学等,而是时代转型背景下大学系统的共同使命。大学应用转型是大学的整体性改革,涉及大学理念、办学目标、治理结构、教学科研、社会服务等全方位改革。从现代性角度来说,大学应用转型就是大学在现代性与后现代性交织中的"双重变奏",既是现代性的过程,又是对现代性进行反思、走向后现代的过程。

从狭义上来说,大学应用转型的内涵就是大学在知识生产与传播过程中注重知识应用,从注重知识的纯粹价值(目的价值)向注重知识的应用价值(工具价值)转型。大学应用转型主要是地方普通本科院校的战略转型,这些院校的战略转型包括多个维度,从专科层次向本科层次转型;从师范型、工科型、文科型等单一类型定位向综合型转型;从教学为主要职能向教学、科研、社会服务等多方位

---

① ［德］韦伯.社会科学方法［M］.北京:中央编译出版社,2008:63;吴康宁.学校究竟是什么——重申学校的社会属性［J］.教育研究,2021(12):20.

职能战略转型。这些战略转型的核心指向是服务地方社会经济发展,人才培养、科研成果直接为社会经济发展所应用,知识的生产、应用、传播直接为学习者与社会发展创造价值,简言之,战略转型的核心指向是应用型。因此,狭义上的应用转型有其特定院校主体、特定战略目标,也就是第二方阵院校在类型定位、职能发挥、治理结构等方面改革过程中围绕理论与实践、科学与技术等关键范畴的转型改革。本书就是指向狭义上的大学应用转型。

大学应用转型改革的发展过程

通过上述对大学应用转型内涵的初步分析,我们不难发现,应用转型是大学的整体性转型,不仅包括大学外部环境的系统转型,还包括大学内部结构与功能的系统转型。而从大学应用转型的发生学来看,最为关键的指向则是大学的人才培养应用转型。历史地看,培养学术型人才还是应用技术型人才,是中国近现代大学发展过程中长期争论不休的问题。民国时期生产教育、乡村教育在一定意义上就是对片面强调学术人才及治术人才的抗争和改革。加拿大学者许美德(R.Hayhoe)认为中国大学教育是一种道家式的辩证法,对立的两极虽然相互依存却不可能综合①,其中培养学术人才和技术人才即是两极依存的表现之一。改革开放后,相继出现的"对口论""适应论""超越论"等不同争论主要就是围绕人才培养中的通识与专业、适应与引领、纯粹知识与应用知识等范畴展开的争论,这些争论的重要指向就是大学课程应用转型问题。很显然,我国高等教育领域持续探索的大学应用转型、建设高水平应用型大学等问题既是历史的延续,亦是逻辑的诉求,是历史与逻辑的统一。

具体来看,我国对"应用型"大学或者大学的"应用性"这一特定类型定位的追求可以追溯至改革开放之初,而最初对应用型、应用性属性的追求主要是基于人才培养改革而提出的大学整体性战略定位。1985年有学者提出"培养应用型技术人才"改革目标②,是时,围绕这一改革目标的讨论持续展开。1990年,教育部在兰州召开全国高等理科教育工作座谈会(史称"兰州会议"或理科"兰州会议"),从政府层面开展了理科教育"应用性"的讨论。会议形成的主要成果是印发了《关于深化改革高等理科教育的意见》以及时任国家教委主任朱开轩所作的"《关于深化改革高等理科教育的若干问题》报告"。"兰州会议"讨论的核心问题是,如何解决"我国社会经济高速发展过程中高等理科教育与社会需求之间日益尖锐的矛盾。"③会议明确了高等理科教育改革的重点——"扩大服务面向,把多

---

① [加]许美德.中国大学1895—1995:一个文化冲突的世纪[M].北京:教育科学出版社,2000:27.
② 汤金石.在培养应用型技术人才上下功夫——对办工科职大的粗浅认识[J].华工高等教育,1985(2).
③ 王根顺,李静."兰州会议"的历史地位与影响[J].高等理科教育,2000(4).

数理科毕业生培养成为适应实际应用部门需要的、具有良好科学素养的应用性人才,以促进理科人才流向厂矿企业和其他应用部门。""兰州会议"针对理科人才的应用性、理科教育的体系性、大学改革的整体性等议题的讨论,可以看作改革开放后推进大学向应用型方向改革的重要起点,也是"我国高等理科教育发展史上的重大转折点,具有里程碑意义。"①"兰州会议"之后,提高人才培养的应用性逐步引发政府与不同类型大学的高度关注。国家以及教育主管部门先后围绕教育改革特别是高等教育改革,在召开的多次重大会议或出台的多个重要文件中都有提及,诸如,中共中央、国务院印发的《中国教育改革和发展纲要》(1993年),中共中央、国务院印发的《关于深化教育改革 全面推进素质教育的决定》(1996年),国家教委印发的《关于积极推进"高等教育面向21世纪教学内容和课程体系改革计划"实施工作的若干意见》(教高〔1997〕2号),等等。

最早提出狭义上"应用型"改革的院校首推北京联合大学。北京联合大学于1985年经教育部批准设置为普通本科院校,之后不久即提出应用型发展目标。该校在确立学校应用型发展目标过程中经历了反复研讨,从学术型、技能型、应用型等几种战略目标中选择确定了应用型发展目标;该校把应用型作为学校的整体性战略目标,而不是办学治校的某一个维度或某一个层面,并把应用型改革目标持续了二十多年,显示出很强的改革定力。综合北京联合大学推进应用转型改革的基本特征,我们可以做出比较明确的判断,北京联合大学是我国大学系统中最早提出并持续实施应用转型改革、建设应用型大学的院校。

除北京联合大学之外,还有几所较早将改革目标明确定位为"应用型"并在改革过程中产生广泛影响的地方普通本科院校。譬如合肥学院,该校于2002年由合肥联合大学、合肥教育学院以及合肥师范学校合并组建而成。该校在成立之初就明确提出"应用型"办学目标,"以应用型人才培养为根本任务"②,"借鉴德国应用科学大学办学经验,围绕应用型人才培养关键要素,进行系统改革和实践,构建起具有鲜明特色的应用型人才培养体系,为区域发展培养了大批高素质应用型人才"③。再如常熟理工学院,该校于2004年升格为普通本科院校,其前身经历了苏州师范专科学校(1985—1989)、常熟高等专科学校(1989—2004)等阶段,升格为普通本科院校之后即将发展目标定位为应用型。2015年出台的《常熟理工学院章程》中规定了学校的应用型办学理念与发展目标:"秉承'注重学理、亲近业界、强化素质'的教育理念,培养社会需要的应用型高级专门人才,服务经济社会发展。""学校面向江苏和周边省市,构建以理工为主的多科性学科

① 王根顺,李静."兰州会议"的历史地位与影响[J].高等理科教育,2000(4).
② 合肥学院.学院章程[EB/OL].http://www.hfuu.edu.cn/xyzc/list.htm,2020-10.
③ 合肥学院.学院简介[EB/OL].http://www.hfuu.edu.cn/4162/list.htm,2020-10.

与专业格局,发挥教师教育优势,大力发展应用技术教育,实施特色名校、质量立校、人才强校、开放活校、文化兴校的发展战略,建设特色鲜明、质量著称、与区域经济和社会发展良性互动的应用型品牌大学。"[1]

总体来看,把应用转型作为改革目标的院校主要是两类。一类是 20 世纪90 年代后期在合并、重组、升格政策推动下成立的一批"新建本科院校"。这些新建本科院校在"新建"之前源于多种类型院校,其中以专科层次的师范院校、工科院校为主。这些新建本科院校的一个共同特征是,升格为普通本科院校之后在战略目标上采取双重追求,一方面追求普通本科院校的学术化、理论化发展目标,另一方面又继承升格前专科院校追求适应地方社会经济发展需要的办学传统,以技术技能开发、传播、应用为目标的办学传统与优势。战略目标上的双重追求促进了这一类普通本科院校形成了以应用型为战略目标的改革。另一类是办学历史比较长的地方普通本科院校。这些院校在长期办学过程中定位于普通院校,追求学术性发展目标,但随着知识社会的发展,社会对大学的人才培养、科学研究、社会服务等方面需求加速转型,大学的办学理念、目标定位、人才培养、产学合作、科研定位等方面难以适应社会转型要求,这些院校主动进行应用转型改革,以应用型大学为建设目标。因此,从应用转型高校的改革来看,"应用转型"改革中的"转"具有双重内涵,一方面是将传统普通本科院校办学的学术性、理论性价值追求转向应用性、实践性价值追求;另一方面是继承传统专科院校注重技术开发、注重技能人才培养的优势,同时将传统的技术性、技能性追求转向学术性、理论性的追求,并将这两方面的追求统合起来形成应用型发展方向的总体战略。"应用转型""大学应用转型""应用型大学建设"以及"应用型大学改革"等表达在文中具有相同意义,根据具体语境使用不同形式的表达。"课程应用转型""大学课程应用转型""应用型大学课程建设"以及"应用型大学课程改革"同样如此。应用转型改革在大学内外部因素作用下成为地方普通本科院校改革的集体行动与风向标,这种集体行动与风向标的形成是大学内外部各种因素综合作用的结果,是历史与现实、逻辑与利益等多方面因素叠加作用的过程,下面我们进一步对应用转型改革形成与发展的动因进行简要分析。

大学应用转型改革的动因分析

知识生产方式变革是推动大学应用转型的重要动因。20 世纪 80 年代以来,随着知识经济社会的加速发展,知识成为弥漫在整个社会、驱动社会经济发展的动力源;与此同时,知识生产方式出现深度变革,知识生产模式Ⅱ、后学院科

---

① 常熟理工学院.学校章程[EB/OL].https://www.cslg.edu.cn/html/article_list_5.html,2015-03.

学、三螺旋科学成为知识生产的主导方式,这是以布什范式为代表的传统线性研究范式无法解释的。知识生产方式出现了很多新的特征,其中的一个重要特征是,研发过程呈现科学与技术双向互动趋势。如何适应与促进这种双向互动以及由此带来的不确定性,研发过程中位于中端环节的应用研究将发挥着关键作用。应用研究的功能与特征是,一方面将基础研究成果转化为技术,另一方面将技术开发、市场化应用中的问题上升到科学原理层面,也就是说,应用研究处于知识生产与应用的中介环节。这种应用研究的开展需要突破传统的研究型大学与技能型院校的知识生产范式,在知识运行过程中能够敏锐地发现知识生产与应用的双向互动信息,以及破解由于双向互动而造成的不确定性。这是大学改革中出现应用转型的重要原因,旨在适应知识生产的双向互动,旨在克服研究型与技能型定位两极分化而造成知识运行的断裂。

政策推动是推动大学应用转型改革的另一重要动因。近年来,政府连续颁布多项政策引导与推进地方普通本科院校进行应用转型改革。2014 年国务院印发《关于加快发展现代职业教育的决定》(国发〔2014〕19 号),该决定提出:"引导普通本科高等学校转型发展。采取试点推动、示范引领等方式,引导一批普通本科高等学校向应用技术类型高等学校转型,重点举办本科职业教育。"国务院的这一决定印发之后不久,2015 年教育部等部委发布《关于引导部分地方普通本科高校向应用型转变的指导意见》(教发〔2015〕7 号),把地方普通本科高校向应用型转变明确表达为"应用转型改革",并从"指导思想""基本思路""主要任务""配套政策""推进机制"等方面系统提出引导与推进应用转型改革的指导意见。为了持续深化和推进应用转型改革,2017 年国务院在印发的《关于深化产教融合的若干意见》(国办发〔2017〕95 号)中再一次提出明确要求,"健全高等教育学术人才和应用人才分类培养体系,提高应用型人才培养比重","大力支持应用型本科和行业特色类高校建设,紧密围绕产业需求,强化实践教学,完善以应用型人才为主的培养体系"。2019 年国务院在印发的《国家职业教育改革实施方案》(国发〔2019〕4 号)中更是提出应用转型改革的具体要求与具体指标:"推动具备条件的普通本科高校向应用型转变,鼓励有条件的普通高校开办应用技术类型专业或课程。""到 2022 年,职业院校教学条件基本达标,一大批普通本科高等学校向应用型转变,建设 50 所高水平高等职业学校和 150 个骨干专业(群)。"另外,教育部在 2018 年发布的《关于加快建设高水平本科教育 全面提高人才培养能力的意见》(教高〔2018〕2 号,简称"新时代高教 40 条")中,还从本科教育、人才培养角度对应用转型高校人才培养改革目标提出明确要求:"实施一流专业建设'双万计划'。……'双一流'高校要率先建成一流专业,应用型本科高校要结合办学特色努力建设一流专业。"同时还明确提出,非"双一流"的普通本科高校在类型定位方面主要指向应用型。中央政府除了上述针对职业教育、应用转型改革等方面的专项部署之外,还在与应用转型改革相关的政策中进行了具体部署。譬如,国家发改委在 2016 年发布的《编报"十三五"产教融合发展工程规划项目建设方案》(发改社会〔2016〕547 号)中提出,把高水平应用型本科高校建设项目作为国家产教融合的重要建设项目。通过对政府推动大学应用转型改革政策的简要分析,不难看出,政府接连印发和出台的政策与意见标志着应用转型改革已经成为大学改革中的国家战略,成为破解高等教育结构性矛盾、同质化倾向、毕业生就业难和就业质量低的重要突破口,成为培养生产服务一线紧缺的应用型、复合型、创新型人才的重要战略路径。

围绕大学应用转型改革,政府层面构建了改革的顶层目标设计、战略规划部署、支持建设项目等系统化举措;院校层面采取了具有共性的转型理念、转型方向、转型重点、转型策略等系统化行动;社会层面形成了应用转型改革的拉力,诸如科技研发的基础研究、技术应用、关键技术攻关等方面需求,人才培养方面的复合应用型人才需求等等。应用转型改革总体上呈现以下几个基本特征,一是改革动因的复杂性,这场改革虽然源自高校的内生性改革,但改革的整体推进则是大学内外部社会经济科技文化等因素综合作用的结果,大学的内生动力、政策驱动、市场拉力等多种力量的聚合推动了大学应用转型改革。二是改革的持续性,第二方阵高校自身发展的需要,以及我国社会经济发展很长一段时期仍处于转型期,这两方面因素决定了大学应用转型改革仍将持续很长一段时期。三是改革的系统性,大学应用转型是大学内外部的系统性改革,大学内部涉及办学理念、治理结构、大学职能、大学文化等全方位系统化的转型。其中,大学课程是改革的聚焦点,如何通过大学课程改革推进改革目标的达成已经成为迫切需要破解的重要课题,这就需要我们对大学课程的内涵进行多维度分析,进而重构大学课程的概念框架,在此基础上分析大学课程应用转型改革面临的困境,为大学课程应用转型进行理念与策略的系统化改革奠定基础。通过上述分析,我们也不难发现,大学改革的一个规律性现象是,大学整体性改革战略的提出往往首先由人才培养改革引发出来,然后逐步扩展到大学的科学研究、社会服务等职能,并逐步扩展到大学的战略目标与治理体系设计、治理能力提升等整体性改革,而改革的落脚点往往最终也是以人才培养目标的实现度为评价标准。

历史的相似之处是,在我国开展大学应用转型改革的同时,以德国、日本等国家为代表的西方发达国家也在加速推进应用科技大学建设。德国的传统大学具有悠久历史,但应用科学大学(Fachhochschule,FH)的诞生距今才半个世纪。1969 年第一所应用科学大学在德国的石—荷州建立。"从最初根本没有进入高等教育序列的工程师学校和高级专业学校,到如今已经占据德国高等教育体系的半壁江山"①,作为德国大学系统中一个新的类型,其形成与发展是多种因素作用的产物,"政治、经济、社会、人口等多个因素构成了应用科学大学出现的框架条件"②。1968 年 10 月,德国各州文化部长联席会议(KMK)通过"'联邦德国在各州统一高等专业学校(Fachhochschule,FH)领域'的协议,正式引入高等专业学校的概念。……随后三年中,联邦德国的工程师学校和高级专业学校不断更名为高等专业学校"③。就是这批学校后来升格成了今天的应用科学大学。应用科学大学的一个重要特点是与企业的就业需求紧密结合,围绕技能培训校企之间形成紧密互动。这种紧密互动沿袭了双元制模式的精髓,人才培养与劳动力市场需求具有高度兼容性,企业与大学的需求、投入以及产出形成高度一致。对于大学应用转型改革特别是课程改革来说,如何促进大学与行业、企业之间形成深度合作,在校企合作中降低企业的投入风险与提高企业的投入收益,是改革中的关键。

日本大学系统分化比较严重,形成了位于金字塔顶端的国立研究型大学与金字塔底端的短期职业技术大学。虽然日本在"二战"之后的大学改革过程中没有明确提出应用型院校这一改革取向,但位于金字塔中间部分院校的一个重要特征就是应用取向。2019 年日本通过《职业大学设置法》等相关法律,职业大学已经成为日本大学系统中的一种法定类型,未来将成为"日本大学模式"的重要组成部分。日本大学系统中位于中间层位的高校,特别是定位为职业技术类型的院校,为了强化应用技术能力培养,课程开发的一个重要特点是企业的参与度比较高,日本企业愿意与大学进行合作,进行未来员工培养。这与日本社会传统文化密切相关,日本企业员工流动少,愿意与企业签订长期工作协议,一旦与企业签订就业协议,对企业的忠诚度非常高,日本社会传统文化的这些特点,促进了企业参与大学的人才培养,从而有利于应用技术课程的开发。

通过上述简要分析,我们可以发现,我国与西方主要发达国家以应用型大学建设为主题的改革,有一个共同特点就是主要以"第二方阵"院校为主体。虽然各国在改革过程中的表现形态各异,日本主要通过建设一种新型大学机构——职业大学,以及在传统研究型大学与短期大学中新建职业学科或传统学科向职业学科转型等方式来建设应用型大学或应用型学科。德国则主要是将应用科学大学作为一个体系,在政策上进一步认可,从而在资源配置上予以承认,进而在大学的地位、招生、治理等方面形成了连锁效应。日本职业大学的蓬勃兴起、德国应用科学大学的加速发展有其深刻的社会根源,除了知识社会加速发展直接导致

① 彭湃.德国应用科学大学的 50 年:起源、发展与隐忧[J].清华大学教育研究,2020(3):98.
② 彭湃.德国应用科学大学的 50 年:起源、发展与隐忧[J].清华大学教育研究,2020(3):100.
③ 彭湃.德国应用科学大学的 50 年:起源、发展与隐忧[J].清华大学教育研究,2020(3):101.

大学知识运行方式变革的背景之外,还有传统文化的影响。譬如,在知识传统上这两个国家具有重视科学应用、重视发展技术的传统,在社会文化上具有崇尚技术、尊重技术人才的传统,在社会利益分配上具有崇尚公平公正的传统,对于"劳心"的"科学"工作与"劳力"的"技术"工作在利益分配、社会地位上具有同等地位。这些传统可能是日本、德国等国家致力于科学知识生产的研究型大学与致力于技术知识生产与应用的应用型大学具有同等重要地位与声誉的重要原因。

总体而言,应用型院校主要以第二方阵高校为主体,介于第一方阵的研究型大学与第三方阵的职业院校、短期大学之间。三个方阵院校之间的差别主要表现在以下三个方面:

其一,研发水平与能力的差异。第二方阵应用型院校的研发水平与能力居于第一方阵与第三方阵院校之间,这种研发水平与能力的差异主要表现在知识生产的原创性上。第一方阵院校主要追求知识生产的原创性,而第二方阵院校主要追求对原创性知识的产业化应用。研发能力与水平的差异主要表现在知识生产的原创性上,而不是知识类型或性质上,也就是说,第一方阵院校的知识生产既有科学知识的原创性生产,亦有技术知识的原创性生产。两个方阵院校之间的差异主要表现在研发能力与水平之间的差异,而不是知识性质或类型上的差异。这是国内外第一方阵院校知识生产方面的主要特点之一。也就是说,第二方阵院校的知识生产功能主要是知识的"再生产"功能,主要是对原创性知识在市场化应用中的"生产"。而技术知识的生产不只是第二方阵院校的主要对象,第一方阵院校也不排除对技术知识的生产。这是从知识性质或类型维度来考察国内外应用转型改革的一个重要特点,也是对传统观念的一个重要突破。传统观念往往认为第一方阵的研究型大学主要是科学知识生产,而第二方阵院校主要是对科学知识的应用与技术知识的生产。对国内外应用转型改革的考察突破了传统知识性质与类型及其生产方式的认知,需要在后续进一步展开讨论。

其二,院校职能类型与定位的差异。第二方阵院校的职能定位主要是应用型人才培养、应用型研发以及应用型社会服务,职能定位的主要特点是知识的应用,也就是第一方阵院校所生产的知识在人才培养、科学研究以及社会服务中的应用,知识的应用成为连接原创性、尖端性科学与技术知识生产及市场需求之间的中介。因此,以应用型定位的第二方阵院校在大学系统中具有重要意义,具有独特的功能。这种独特的功能主要体现为中继或转接功能,如知识生产方面,主要定位为运用原创性知识进行产业化应用,将产业化中的技术难题转化为科学问题进行研发,从而成为原创性知识生产的源头并起到奠基作用。再如人才培养方面,既注重科学原理的认识能力,又注重科学原理在生产实践中的应用能力,因此,第二方阵院校在人才培养方面特别注重学习者在科学原理认知方面的创新能力与实践能力的培养,在技术知识的认知与实践方面能力培养具有同样特点。

其三,第二方阵院校具有独特的知识运行方式。主要表现为大学理念、治理结构、资源配置、专业设置等办学要素追求学术与市场融合,为了实现学术与市场融合的目标,往往通过办学要素与企业的运行要素有机融合,通过两类不同性质组织运行要素的融合来实现知识从生产到应用的一体化运作,从而形成第二方阵院校独特的知识运行方式。上述分析的两个西方发达国家第二方阵院校知识运行方式呈现的主要特点是注重分析产业与市场发展中的知识需求、技术需求,并将产业与市场发展中的技术需求转化为科学知识的生产,从而满足产业与市场发展中的技术需求。同时,还注重追求与转换研究型院校原创性知识生产的产业化与市场化应用,在对原创性知识消化与吸收过程中发现其产业化与市场应用的价值。因此,第二方阵院校呈现了独特的知识运行方式,归结起来可以称为中继性知识运行方式或知识运行的中继功能。

当然,无论国内还是西方主要发达国家正在深度开展的大学应用转型改革或应用型大学建设都是一个系统工程,关涉到大学改革的各个要素。正如之前所述,大学课程始终是大学改革的聚焦点,也是大学改革的难点,需要进行深入系统地研究。如何通过课程改革来促进大学应用转型目标的实现,同时,如何通过大学应用转型改革来促进大学课程改革目标的实现,都是必须面对的课题。

二、大学课程概念的多维分析

人才培养归根到底以课程为载体,通过课程设计与实施实现人才培养目标。课程之于大学人才培养的重要性毋庸置疑,"一个好的高水平的专业,直接取决于高水平的课程","大学似乎是为学生提供专业知识和专业训练,实质上,大学提供的基本养料是课程,专业优秀与否就看其课程及其结构优秀与否,尤其看主要课程优秀与否"[①]。对于大学应用转型来说,课程改革的成功与否直接决定了应用转型改革成功与否,因为"大学的特性、发展状况、办学水平等根本性问题又可以从作为微观因素的课程上反映出来"[②]。因此,大学课程应用转型是大学应用转型改革这一系统工程中的关键与核心。

课程研究首先面临的问题是对课程内涵的理解。"课程"或许是教育研究史上最为复杂的一个概念,其复杂性体现为"课程"概念的多重指向,诸如"教学科目""有计划的教学活动""预期学习结果""学习经验"等等[③]。即使同一个指向,

---

① 张楚廷.高等教育学导论[M].北京:人民教育出版社,2010:290,291.

② 张楚廷.高等教育学导论[M].北京:人民教育出版社,2010:292.

③ 施良方.课程理论:课程的基础、原理与问题[M].北京:教育科学出版社,1996:3-6.

不同主体也有不同立场,如谁来制定课程目标、谁来选择学习经验、谁来评价课程目标实现度等问题,而不同立场自然就会围绕课程的理念、组织、治理、权力等方面展开博弈。无怪乎阿普尔(M.W.Apple)把课程看作"权力的竞技场","进入学校的知识是对较大可能范围的社会知识和原理进行选择的结果。它是一种来自某个方面的文化资本形式,经常反映我们社会集体中有权势者的观点和信仰"①。课程概念的复杂性导致人们对课程概念的探讨众说纷纭、莫衷一是,因此,对课程概念的分析首先需要从语词角度进行溯源性分析。

在中文语境中,最接近现代意义的"课程"概念可以追溯至朱熹在《朱子全书·论学》中的表达,如"宽着期限,紧着课程""小立课程,大作工夫"等,"课程"具有"功课"与"进程"之意②。在英文语境中,与中文语境中"课程"概念对应的是"curriculum",最早出现在英国教育家斯宾塞(H.Spencer)的《什么知识最有价值》(1859 年)一文当中③。curriculum 从拉丁语 currere 派生而来,原意是"跑马道",意指朝向一定的目标循着一定的路径向前发展,主要是"学程"(course of study)之意。

综合中英文语境中"课程"概念的内涵,主要包括三方面意蕴:一定的目标、特定的内容以及设定的组织程序,即教育目标、教育内容、组织过程三个方面及其相互关系。所谓"大学课程",就是在特定目标指引下构建的知识集合与组织方式而生成的一种学术方案,既是承载高深学问知识的"课",也是实施高深学问知识的"程"。因此,究竟如何构成"课"、如何构建"程",也就是关于大学课程的知识性质、内容构成、实施方式等问题就成为大学课程内涵与本质争论的焦点。我们首先从开发主体、开发进程、认知维度三个层面探讨课程的内涵,在此基础上厘析出课程的本质特征。

不同开发主体"课程"的内涵

从课程开发主体层面来看,主要形成了宏观、中观、微观等不同开发主体课程,其内涵各有特征,三者互相联系、层层递进,共同构成了整体性的主体层面课程。

宏观层面课程是政府机构、行业组织等大学外部主体对人才培养理念与目标的设计,主要体现为国家人才培养标准、行业人才培养标准等。如,教育部

---

① 迈克尔·W.阿普尔.意识形态与课程[M].上海:华东师范大学出版社,2001:8.
② 施良方.课程理论:课程的基础、原理与问题[M].北京:教育科学出版社,1996:2.
③ 施良方.课程理论:课程的基础、原理与问题[M].北京:教育科学出版社,1996:3.

2018 年发布的我国第一个《普通高等学校本科专业类教学质量国家标准》[①]，中国工程教育专业认证协会(CEEAA)2015 年发布的《工程教育认证标准》[②]等，这些"标准"就是宏观层面课程。宏观层面课程主要指向课程政策、课程目标、课程体系、课程评估等课程开发的总体设计。

中观层面课程可以分为大学与学院两个层面，大学层面课程是对人才培养目标与理念、类型与定位、专业方向、通识课程体系等方面的设计，主要体现为人才培养方案以及学校层面通识课程，可以称为中观课程Ⅰ。学院层面课程是对特定专业人才培养目标、课程体系的设计，主要体现为人才培养方案中的专业人才培养理念与目标、课程体系结构等，可以称为中观课程Ⅱ。

微观层面课程是教师与学习者对知识进行选择、组织、实施以及评价的过程。教师主体构建的课程可以称为教师本位课程，学生主体构建的课程可以称为学生本位课程。无论是教师本位课程还是学生本位课程都不是完整意义上的课程，只有在教师与学生交往中才能构建完整的课程。

不同主体层面课程的共同特点是主体对课程目标、知识选择、课程实施以及课程评价等方面的控制，而差异在于不同层面主体对课程控制的目标、内容、方式则各有侧重。宏观层面课程主要体现为政府机构、行业组织等主体通过政策号召、法规制度、资源供给等方式对课程理念、课程目标、课程方向等方面进行控制。中观层面课程主要体现为大学与学院两个层面主体通过大学理念、办学目标、人才培养目标、专业目标等方式对课程目标、体系规划、课程实施以及课程评价等方面进行控制。微观层面课程主要体现为师生、企业技术专家等主体依据宏观与中观层面课程理念、目标、体系、科目等方面设计，对课程知识体系设计与实施的控制。不同层面主体通过对课程不同方面的控制实现对课程的整体性建构。因此，课程的整体性建构必然要求不同层面主体形成课程开发合力，形成课程开发共同体。

从课程开发主体层面对课程概念进行解构与建构旨在说明如何从主体层面构建完整的课程，如何促进不同层面主体形成课程开发合力，这是分析课程主体结构的重要意义所在。因此，需要在理解主体中理解课程，在理解课程中理解主体，从而实现对课程的完整建构。

课程归根到底是特定主体的课程。课程在本质上是特定主体的存在，而文本、方案、知识、理念、政策等课程表现形态只是主体的依附而已。任何一个层级的课程倘若离开相应主体，这一个层级的课程自然失去其存在的价值与意义。客观知

---

① 教育部高等学校教学指导委员会编.普通高等学校本科专业类教学质量国家标准［M］.北京:高等教育出版社,2018.

② 中国工程教育专业认证协会秘书处.工程教育认证通用标准解读及使用指南(2018 版).

识、学术方案、教材文本、目标理念等不同课程形态只是课程主体生命的产物。毫不讳言,课程就是特定主体的课程,离开特定主体及其价值追求,课程没有任何存在的意义,因此,课程是有生命的,其生命就在于课程与主体密切联系在一起,无论是课程建设还是课程转型说到底都是课程主体理念与思想的产物。

课程的完整建构需要不同层级主体形成课程开发合力。而课程开发合力形成的关键是不同层级主体对课程理念与目标理解的一致性,需要宏观、中观、微观层面主体逐层传导课程开发理念与目标,同时还需要微观、中观、宏观层面主体创造性理解与建构课程理念与目标,因此,不同层级主体对课程理念与目标的理解是一个自上而下与自下而上相互传递、相互理解的创造性建构过程,而不是被动与教条地理解课程开发理念与目标的过程。不同层级主体通过上下结合的相互建构从而形成课程开发共同体,这就是主体视角课程开发的重要课题,即如何促进不同层级主体形成课程开发的一致性理解与行动。

大学教师在课程开发主体的体系结构中居于主导地位。这种主导地位乃是由大学课程作为一种高深学问的知识载体与大学的学术自由本性所决定。从大学课程的质料构成来说,高深学问的质料构成、结构体系、形式表现等归根到底由课程开发主体——大学教授来决定。从宏观到中观层面课程的设计往往是课程方案的总体性、方向性设计,而课程的质料构成则是由大学教授来决定,这就从根本上决定了大学教授在课程开发过程中的主导地位。从大学的学术自由角度来看,大学课程开发本质上是学术自由与学术自治的内在组成部分,课程目标、内容、结构、实施等是大学教授学术研究的内在组成部分,影响大学课程价值创造最为重要的主体无疑是大学教授。另外,从课程的价值体现来看,大学课程设计与实施过程中重要的主体还包括学习者,课程价值主要通过课程学习者的认可来得到最终实现。

不同开发进程"课程"的内涵

课程开发(curriculum development)在当下实际行动过程中主要采用以泰勒(R.Tyler)为代表提出的被称为"泰勒原理"或"目标模式"的课程开发模式。泰勒围绕课程开发开展了系统理论与实践研究,1949 年首次出版的《课程与教学基本原理》专著是其课程研究观点的高度提炼。该书开篇即提出:"这本小书试图阐明一种基本原理,用于观察、分析、诠释教育机构的课程及教学计划。"①从其书名也可以看出,泰勒旨在阐述一种课程开发的"基本原理",后人将泰勒提出的课程开发"基本原理"称之为"泰勒原理"。《课程与教学基本原理》开篇即阐

---

① [美]拉尔夫·泰勒.课程与教学的基本原理[M].北京:中国轻工业出版社,2014:1.

述了"泰勒原理"的核心思想。

　　这里要揭示的基本原理,将从四个基本问题开始,它们正是制订任何课程及教学计划时都必须回答的问题,即:

　　1. 学校应力求达到何种教育目标?

　　2. 要为学生提供怎样的教育经验才能达到这些教育目标?

　　3. 如何有效地组织这些教育经验?

　　4. 我们如何才能确定这些教育目标正在得以实现?①

　　贯穿"泰勒原理"四个基本问题的核心是"目标",课程与教学计划的制订从"目标"出发,围绕"目标","选择经验"、"组织经验",最后通过对"目标"实现情况来评价"教育经验"的选择与组织情况。"目标"是课程开发的出发点与最终归宿,是贯穿课程开发基本原理与课程整个开发过程的灵魂与核心,故而"泰勒原理"常常又被称为"目标模式"。由于目标模式契合了人们课程开发的思维习惯以及策略上的可操作性,20 世纪 50 年代"目标模式"作为一种课程开发模式诞生以来,在课程开发实践中一直居于主导地位。目标模式在大学课程开发领域实践的典型表现就是,课程开发呈线性开发流程,从确立课程目标开始,然后进行课程体系与内容组织设计,形成课程方案,即大学课程实践领域通常所说的人才培养方案②。在设计课程方案基础上进行课程实施,在课程实施过程当中或结束之后进行课程评价。在大学课程开发过程中,往往还根据课程评价结果对课程目标、课程体系与内容等进行修改完善,从而形成相对独立而完整的循环过程。王伟廉教授根据目标模式的四个基本问题,结合我国课程开发实际状态,将目标模式的要点刻画成如图 1-1 所示。

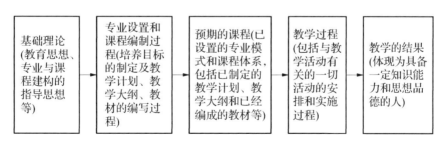

图 1-1　高等教育课程研究系统图

资料来源:王伟廉.高等学校课程研究导论[M].广州:广东高等教育出版社,2008:13.

---

　　① ［美］拉尔夫·泰勒.课程与教学的基本原理[M].北京:中国轻工业出版社,2014:1.

　　② 人才培养方案在本质上就是以文本形式呈现的课程方案,包括泰勒模式中的确定"教育目标"、组织"教育经验"。

20 世纪 70 年代开始，人们开始对目标模式进行反思与批判，先后出现了"实践模式""过程模式""批判模式"等，这些模式试图对目标模式进行颠覆性创新，而不是对目标模式进行简单的修修补补。当下，人们对目标模式的运行添加了一些新的要素，诸如创客空间、翻转课堂、MOOCs 等新技术、新媒体的运用拓展与丰富了目标模式的要素，优化了目标模式在实践运行中出现的问题。但这些变革在总体上并没有对"目标模式"进行颠覆性转型与创新，并没有弱化课程开发中对"目标"的"设计"，以及围绕"目标"形成的"生成系统"和"实施系统"的课程设计过程①。因为目标模式的核心特质——以目标为中心的课程开发线性运行方式并没有改变。正如有学者总结道："在新兴起的课程领域的概念重建运动中，课程理解也好，后现代课程观、批判的课程研究等新思潮也罢，它们尽管在学术和理论层面上为课程研究带来了很大影响，但很难切实解决课程实践领域的问题，也取代不了泰勒模式。正是在这个意义下，被新思潮所批判的、似乎已日益淡出人们视野的课程开发，尤其是以泰勒为代表的目标模式再次焕发了它的生命力，进而形成了课程论研究中课程开发与课程理解两种不同方式共生互补的基本样态。"②

课程开发实践中对目标模式的每一个过程如何进行精细地分析与优化便成为课程改革的重要议题。泰勒（R. Tyler）的学生，古德莱德（J. I. Goodlad）等人在承继"泰勒原理"基础上，提出的"课程层级论"深化了人们对动态维度或纵向维度"课程"的理解，有助于深化大学课程开发范式的创新。课程层级论主要以美国中小学课程为研究对象，将课程分为五个层级。

（1）理想的课程（ideological curriculum），是指研究机构、学术团体、课程专家等倡导、研制的课程。（2）正式的课程（formal curriculum），是获得州和地方学校委员会认可并被学校和教师采用的课程。（3）领悟的课程（perceived curriculum），是被认可并经由教师理解和领悟的课程。（4）实施的课程（instructional curriculum），是教师在教学过程中进入实施状态的课程。（5）体验的课程（experiential curriculum），是课程教学过程中所体验和学习到的课程③。课程层级论按照纵向行进过程对不同阶段的"课程"进行了建构，不同层级的"课程"呈现出不同形态与特点。古德莱德等人认为，每一个层级课程的完整建构需要从三个维度进行探究，一是课程的实体性探究，包括课程目标、学科内容以及教材等课程实体要素的本质和价值方面研究；二是课程的社会性探究，从政治学、社会学等维度探究课程所承载的利益关系及其内在逻辑关系；三是课

---

① 王伟廉.高等学校课程研究导论[M].广州：广东高等教育出版社，2008：13-15.
② 王鉴，单新涛.中国课程论百年发展的历程、特点与展望[J].课程·教材·教法，2020(10)：36.
③ 杨四耕.区域课程改革的瀑布模型及其推进策略[J].课程·教材·教法，2020(8)：13-14.

程的专业性探究,从课程设计、维护、评价等维度对课程建构本身的技术进行反思。

古德莱德等人所构建的课程层级论虽然以美国中小学课程开发为对象,但是对大学课程开发模式创新具有重要意义。课程层级论将前述不同主体层面课程与课程开发行进过程有机结合起来,形成课程开发过程的不同层级,特别是对不同层级课程从“实体性”“社会性”“专业性”等维度进行探究,形成了不同层级课程的完整内涵,同时不同层级课程又内在地包括目标模式中课程开发的四个基本问题。所以,课程层级论不是对课程主体与课程开发过程分离开来的简单分析,也不是简单化地对主体层面课程内涵的扩充,而是对目标模式的具体细化。但课程层级论存在的一个重要问题是,犹如瀑布模型的传统产品开发过程,课程开发模式呈现出从上至下的单向线性运行过程,形成瀑布型课程开发模式。然而,知识社会的不确定性与风险性等特征,要求课程开发及时适应市场与学习者对知识需求的迅速变化,需要超越瀑布型课程开发模式,形成敏捷型课程开发模式,优化与重建古德莱德等人所构建的课程层级论。

瀑布型与敏捷型课程开发模式的形象表达主要受到企业管理中项目管理方式的启发。瀑布型项目开发按照“需求、设计、开发、集成、测试和部署”的逻辑顺序进行,重要特点是,“完成前一阶段之后才能进入下一个阶段”,“在需求定义明确、可预测,每次都可以在明确制定偏差范围内生产出来同样产品,并且不太会发生重大变革的建筑和制造业等行业”[①]。而敏捷型项目开发的核心词汇——“冲刺”,用冲刺、冲刺计划会议、冲刺每日会议、冲刺检查会议和冲刺回顾会议等五个关键词来体现产品开发的实现过程[②]。敏捷型开发模式适应了软件开发等新型产品开发需求,适应了知识社会市场与用户对知识迅速变化的需求,对优化课程开发目标模式与课程层级论的重要启示在于,课程开发需要从传统的瀑布型向敏捷型开发模式转型。敏捷型开发模式的核心特征是,课程开发层级形成双向互动,不同层级课程在双向建构中生成,可以用图 1-2 进行呈现。课程开发向敏捷型模式转型以及具体建构路径主要表现在三个方面:其一,不同层级主体积极参与课程开发,充分发挥主体性作用。以“体验的课程”建构为例,学习者对课程的体验感往往决定了课程开发整个过程的绩效,而大学生在整个课程开发过程中往往发挥重要作用,学习者对课程的体验如何,课程从设计到实施的整个过程中对学习者的影响究竟如何,需要及时反馈到课程设计的起始阶段。其二,不同层级主体之间的信息只有及时互动,“敏捷地”传输到上一个层级或下一个层级,才能有效地构建课程。其三,大学课程只有在不同层级之间敏捷地进行

---

①　安晓东.敏捷开发模型的应用研究[D].对外经济贸易大学,2019:4-5.

②　安晓东.敏捷开发模型的应用研究[D].对外经济贸易大学,2019:6.

传输才有可能将课程理论知识与实践知识进行及时互动。如图 1 - 2 所示,敏捷课程开发模式与课程层级论的有机结合形成了敏捷型课程层级开发模式。

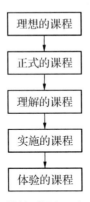

图 1 - 2 敏捷型课程层级开发模式

不同认知维度"课程"的内涵

上述从课程的主体层级、行进过程两个方面对大学课程内涵进行了解构,我们可以初步体验到大学课程的丰富内涵。倘若从对课程本质认知的维度来看,又呈现出不同认知维度"课程"的内涵。而认知维度"课程"内涵与前述主体层级、开发过程维度课程内涵的解释并非完全并列,而是有一定交叉与融合。从认知维度"课程"来看,主要分为七个方面。

作为知识的课程,即知识性课程,意指以知识形态呈现的课程。课程是客观知识的存在,是人的精神世界的产物,是独立于人的客观实在。按照波普尔的"三个世界"理论,知识性课程就是作为世界Ⅲ的客观知识的载体,就是布鲁贝克(J.Brubacher)所说的"深奥未知"或者是"处于已知与未知之间交界处"的"高深学问"①。知识性课程是课程的本体性存在方式,是课程方案开发的核心内容,对课程开发秉持的不同理念往往主要体现在对课程知识的倾向上。长期以来盛行的客观主义课程哲学倾向于课程知识的超越性,主张大学课程应该选取"经典的""永恒的"知识,通过对永恒真理的学习,达到形式训练目的,从而把学习者培养为智者,在精英高等教育阶段,客观主义课程哲学往往占据主导地位。20 世纪七八十年代以来,建构主义课程哲学开始盛行,"职业的""有权者的"知识成为大学课程知识的开发对象,学习劳动力市场所需要的知识,通过实质训练,把学习者培养为劳动力市场所需的人才,建构主义课程哲学一度盛行,并在课程哲学中占据主导地位。建构主义课程哲学是高等教育大众化与普及化阶段的产物。

---

① [美]约翰·S.布鲁贝克.高等教育哲学[M].杭州:浙江教育出版社,1998:2.

两种课程哲学的演化与消长成为大学课程应用转型的重要哲学背景,大学课程应用转型内在地包含对课程哲学的转型与反思,其重点是对课程知识的哲学倾向进行反思,诸如,什么知识最有价值,选择什么知识进入课程,衡量知识价值的标准是什么,究竟是为学习者创造价值还是创造技术价值抑或满足市场需求等等问题,大学课程应用转型的知识论、价值论、行动论等命题是知识性课程探讨的重要话题。

作为文本的课程,即文本性课程,意指以学术文件、学术方案形态呈现的课程。文本性课程是一个复杂的体系,是知识性课程实现的载体,也是不同层级课程得以实现的载体。文本性课程是不同层级主体以文本形式呈现的学术文件,主要包括以下几个方面:(1)教育部高等学校教学指导委员会发布的《普通高等学校本科专业类教学质量国家标准》,主要包括专业性质、培养目标、知识要求、能力要求、课程体系、教学规范、教学效果、质量保障等规范内容与具体要求①。(2)行业协会等组织发布的专业论证标准。诸如,国家住房和城乡建设部指导开展的建筑工程专业评估与认证工作中提出的《全国高等学校建筑学专业本科(五年制)教育评估标准》。该标准"一级指标"分为"教育质量""教育过程"以及"教学条件"三个方面,"二级(三级)指标"则对评估内容进行了展开②。(3)大学与学院组织层面研制的人才培养方案。(4)教师根据人才培养方案编制与选用的教材、教学大纲、考核大纲等。文本性课程的建构有两个关键要素,一是课程方案的理念目标、体系结构、内容构成等文本的表达;二是课程开发主体的结构,哪些主体参与课程开发,课程的利益相关者是否全部参与课程开发等问题。阻碍大学课程应用转型的一个重要原因就在于参与课程开发利益相关主体的缺失,特别是学习者、企业管理专家、企业技术专家等主体对课程开发参与的缺失,这是导致课程价值创造缺失或失衡的根源。因此,建构文本性课程概念的一个重要意图就是通过课程开发主体结构的完善来实现文本性课程方案的重建。

作为组织的课程,即组织性课程,意即课程具有组织属性,课程与一定的

---

① 2018年1月教育部发布了我国第一个《普通高等学校本科专业类教学质量国家标准》。该标准依据《普通高等学校本科专业目录(2012年)》,以专业类为单位,涵盖普通高校本科专业目录中全部92个本科专业类,是设置本科专业、指导专业建设、评价专业教学质量的基本依据。该标准中的各专业类教学质量国家标准的文本表达与内容构成基本一致,主要包括九项内容,分别是概述、适用专业、培养目标、培养规格、课程体系、师资队伍、教学条件、质量保障、附录等。另外,该标准依据不同专业类还具体列出了各专业类知识体系和核心课程体系建议,充分体现了"专业"视野中的"课程"以及由"课程"所建构起来的"专业"两者之间的相互建构。参见:教育部高等学校教学指导委员会编.普通高等学校本科专业类教学质量国家标准[M].北京:高等教育出版社,2018。

② 余寿文,等.中国工程教育专业认证及其国际实质等效性研究[M].北京:清华大学出版社,2021:61-62.

组织载体密切联系在一起,以特定组织为载体进行课程的设计与实施。如我国在 20 世纪 50 年代模仿苏联建立的教研组,及至 20 世纪 90 年代又逐步取消教研组,开始建立课程团队、课程平台等松散联合型或动态网络化的新型课程组织。教研组、课程团队、课程平台等课程组织具有课程开发意义。大学课程往往就是在特定的课程组织中设计出来,课程组织的主体结构、资源禀赋、知识生产能力等要素影响和决定了课程设计的内容与质量,课程建设目标的达成在很大程度上需要通过课程组织来实现,加强课程组织建设成为课程改革的题中应有之义。同时,课程组织还具有象征意义,课程组织一旦形成特定组织形式,往往成为特定学科课程或专业课程的象征,具有学科或专业课程规训功能。

作为教学的课程,即教学性课程、行动性课程或实施的课程,意即学术方案实施过程中的课程。奥恩斯坦(A.Ornstein)提出,课程在本质上就是一种行动计划,是儿童在教师指导下获取经验的过程[①]。从教学与行动角度来看课程开发的整体过程,课程设计固然重要,但课程设计无论多么完备,关键还是依靠大学教授对课程的教与学习者对课程的学这一行动性互动环节来完成,最终通过学习者创造的价值来实现课程的价值。从课程开发的整个过程来看,课程由课程设计与课程教学两个方面即文本性课程与教学性课程构成,而教学性课程在两者当中则居于核心地位。正如对于一种产品的评价,从用户视角来说关键是看产品能否为用户创造价值,而产品的设计与制作主要是产品设计者的责任,至于产品设计与制作的科学原理、制作方案等主要是产品设计者的工作,而产品的设计与制作最终通过用户的使用以及为用户创造的价值才能得到体现。课程设计与课程教学亦是如此,犹如用户视角中的产品使用过程,课程目标以及文本性课程目标的实现主要通过教学性课程来实现。因此,教学性课程或课程实施之于大学应用转型具有广阔的讨论空间,哪些主体参与课程实施、如何进行课程实施、课程实施的主要模式等成为课程开发中的关键问题。

作为主体的课程,即主体性课程,意指课程总是特定主体设计与实施的产物,大学理念、知识状态、时代需求等总是通过特定主体来型构课程。课程是特定主体的一种文化创造活动,是不同主体文化的载体,"在这种文化活动过程中,一方面,作为学习者个体,无论在精神上、人格上、文化上都通过经验的积累而获得身心的发展;另一方面,'文化'(包括知识体系、表达方式体系、价值体系和世界观体系)也借助每一个人类共同体成员而得到接纳、传递和创造"[②]。因此,课

---

① [美]艾伦·C.奥恩斯坦,费朗西斯·P.汉金斯.课程:基础、原理和问题[M].南京:江苏教育出版社,2002:12-13.

② 钟启泉.课程的逻辑[M].上海:华东师范大学出版社,2008:53.

程开发主体的组成结构成为影响课程开发的重要因素,因为不同课程主体在课程开发方面具有不同文化。大学教授主要基于学科文化进行课程开发;企业技术专家主要基于技术文化进行课程开发;企业管理专家主要基于企业对市场文化进行课程开发;学习者主要基于学生文化进行课程开发。任何单一主体的课程只能创造单一的课程价值,而多重主体协同开发课程往往形成多重价值的博弈与协调。随着社会对人才需求与课程价值追求的多样化,多重主体协同开发课程成为重要趋势。大学课程应用转型过程中主体性课程的建构有两个重要问题需要破解,一是课程设计主体结构的优化,如何促进课程利益相关者协同参与课程开发,学科专家、企业管理专家、企业技术专家、大学教授、学生等主体如何协同参与课程设计,促进课程价值创造的多元化;二是课程实施主体结构的一体化,如何促进教师课程与学生课程实施行动的一体化。课程设计与实施主体结构中教师与学习者是最为核心的两个主体,可以把多元主体在课程设计阶段所生成的课程以及转化到实施阶段主要由教师实施的课程总体上称为"教师课程"。而把进入到实施阶段之后呈现给学习者的课程方案以及学习者所实施的课程总体上称为"学生课程"。"教师课程"只有最终转化为"学生课程"才有意义,也才能形成完整的课程。因此,"教师课程"如何转化为"学生课程"成为大学课程应用转型过程中的重要问题。

作为理念的课程,即理念性课程,意指大学课程本身是一种理念的存在。大学课程作为人才培养的载体,往往是特定大学理念的产物与象征,大学的人才培养目标、使命、定位主要通过课程来呈现与实现。有什么样的大学理念就有什么样的大学课程。上述知识性课程、文本性课程、主体性课程、教学性课程当中的理念在课程开发过程中处于前置性地位,无论是在不同层面的课程抑或在不同行进过程的课程都处于前置性地位,是课程的统领。由于课程理念在课程开发过程中具有前置性地位,课程的建构往往成为理念交锋的场域。理念性课程建构的艰难之处在于两个方面,第一,大学课程实际上是特定大学理念的表达,目标设计、知识选择、教学实施等课程开发关键环节实际上都是对大学理念进行呈现。第二,大学理念传导到大学课程开发的全过程存在多重环节,如何在课程开发过程中形成传导机制,成为大学课程开发的重要难题。因为大学课程开发伴随着多重理念之间的博弈。首先表现为主体之间的理念差异,大学内部不同层级主体之间、大学内部与大学外部主体之间围绕课程利益的追求不同,必然存在理念差异。其次还表现为师生主体在大学理念、学科理念、专业理念、市场需求理念、知识应用理念等方面理念差异。当下大学应用转型与应用型大学课程建设难以深入的一个重要原因在于,缺少对大学课程应用转型深层次理念的认识与重建,因为缺少一种内在逻辑体系的改革思想,必然难以形成系统化的改革思路。

作为时代的课程,即时代性课程,意味着课程是时代的产物,时代造就了特定的课程。大学就是时代的产物,"大学像其他人类组织——如教会、政府、慈善组织——一样,处于特定时代总的社会结构之中而不是之外。大学不是孤立的产物,不是老古董,不会将各种新事物拒之门外;相反,它是时代的表现,是对现在和未来都会产生影响的一种力量"①。大学与时代之间的这种关系必然要通过课程反映出来,因为特定时代的社会政治经济文化科学技术等发展状态影响和制约了大学课程的知识选择与应用。中世纪大学课程内容的神学倾向就印刻着中世纪宗教影响的烙印;第一次工业革命后物理学、机械技术等科学技术知识进入近代大学,近代大学课程就印刻着近代科学的烙印;信息革命后,计算机科学与技术、网络技术、新媒体技术等成为通识课程的重要内容以及大学课程设计与实施的媒介与工具。同时,随着社会环境与人类自身的逐渐脆弱,生态安全、环境保护、疫病防控、人际交往等成为现代大学的必修课程,现代大学课程必然刻有现代信息技术以及相关影响的烙印。不同时代的大学课程都刻有鲜明的时代烙印,大学课程也往往成为特定时代的标志。大学课程应用转型就是当代需求的产物,是知识经济时代突破传统大学知识运行方式的产物。那么,究竟是哪些具体的时代因素推进大学课程应用转型,大学课程应用转型要适应乃至引领时代的哪些特征,以及如何适应乃至引领时代需求,这些都是大学课程应用转型过程中必须破解的难题。

上述从开发主体、开发进程、认知维度三个方面对课程内涵进行立体化剖析的目的旨在理解与建构大学课程的完整内涵②。这些不同主体、不同进程以及不同维度的课程内涵相互建构、有机联系,就犹如一个多面棱镜,折射出课程内涵的多义性与广博性,正所谓"横看成岭侧成峰,远近高低各不同","一千个读者就有一千个哈姆雷特"。对不同主体、不同进程以及不同维度课程内涵的内在逻辑进行有机整合之后,可以用图1-3简要勾勒出课程的整体性内涵,课程利益相关者即课程主体汇聚成一个开放而又呈现漏斗型的"跑道"。对课程内涵立体化解释的旨趣在于,为大学课程应用转型从哲学观念到操作策略的整体性建构奠定理论基础。

---

① [美]亚伯拉罕・弗莱克斯纳.现代大学论——英美德大学研究[M].杭州:浙江教育出版社,2001:1.

② 对于课程内涵的解释,除了开发主体、开发进程、认知维度之外,在课程研究历史上人们还通过其它方面对课程内涵进行了解读。如美国学者麦克尼尔(J.D.Mcneil)基于人们在课程建构过程中的哲学基础不同,相应地形成了人文主义课程、社会重构主义课程、系统课程、学术性课程等不同理念的课程。参见:[美]麦克尼尔.课程导论(第六版)[M].北京:中国轻工业出版社,2007.

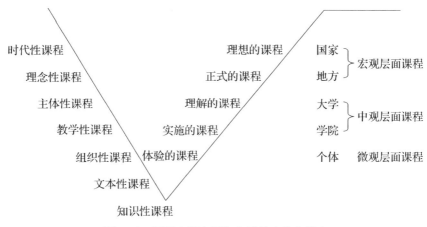

图 1-3　课程内涵多层与多维的立体化整合

三、大学课程内涵的逻辑图景

在对课程多层与多维内涵进行立体化整合的基础上,还需要进一步厘析课程内涵的内在逻辑关系,抽象出大学课程概念的逻辑起点,在此基础上构建大学课程概念的逻辑体系,从而勾勒出大学课程概念的逻辑图景。课程概念逻辑图景构建的重要路径是,对多层与多维内涵的构成要素进行分析,分析这些要素的内在逻辑关系。那么,多层与多维课程内涵究竟包括哪些要素?我们运用教育内外部关系规律来构建大学课程概念的逻辑图景。教育有两条最基本的规律:一条是关于教育与社会发展关系的规律,称为"教育外部关系规律";一条是关于教育和人的发展关系的规律,称为"教育内部关系规律"[①]。龚放教授从高等教育视角出发,对教育内外部关系要素的进一步解读值得我们借鉴。高等教育外部关系要素主要是,"高等教育与社会、高等院校与政府的关系,高等教育与政治变革、经济发展、文化融合、科技进步的关系";高等教育内部关系要素主要是,"高等教育与人的发展的关系,高等院校与学生的成人、成才的关系,大学教与学的关系,教师与学生的关系"[②]。龚放教授对高等教育内外部关系要素的详细分析具有重要理论价值,我们主要借鉴龚放教授的分析框架,对制约与影响大学课程的内外部关系要素进行具体分析,在此基础上勾勒出大学课程内涵的逻辑图景。

制约与影响大学课程的外部关系要素主要体现为政治、经济、文化、科技等方面发展情况。从政治因素来看,主要是国家的教育方针和教育政策。教育方

①　潘懋元.高等教育学[M].北京:北京师范大学出版社,1996:12-14.
②　龚放.课程和教学:高等教育研究的潜在热点[J].高等教育研究,2010(11):24.

针直接影响和决定了人才培养目标、课程目标等;教育政策直接影响了课程模块分类、思政课程设置、课程思政内容取向等。如国家主义的课程本位论就是强调政治因素对课程开发的决定性影响。从经济因素来看,市场需求、产业发展等直接影响培养目标、课程体系以及课程内容的设计。能力本位课程论、职业主义课程论、就业导向课程论等强调经济因素对课程开发的决定性影响。从文化因素来看,对大学课程的影响因素主要是狭义上的"文化",如社会文化影响课程目标、课程内容的设计与实施。人文主义课程观强调文化因素对课程开发的决定性影响。对近现代大学课程影响最大、最为直接的莫过于科技因素。虽然不同国家大学的近代化过程发生在不同历史阶段,表现形态也不完全一样,但总体而言,"科学技术是引起近代高等教育内部诸因素变化发展的根本外在原因"①,"由课程的变化所引起的新型高等教育制度的最终确立,便是欧洲高等教育近代化过程基本完成的标志之一"②。换句话说就是,近代大学与中世纪大学之间的分水岭就是科学技术进入大学课程。不仅如此,由于科学与技术两者之间分化与转化加速,大学课程对科学知识与技术知识的选择还出现了科学主义课程观与技术主义课程观两种不同取向,大学课程应用转型面临的主要矛盾之一就是课程内容上的科学主义与技术主义之间张力的消解、转换问题。另外,科技因素对课程开发的影响不只体现在课程知识的选择上,对课程开发的影响是全方位的,如在线教学技术的运用等对大学课程开发的影响极为深刻。

大学课程的内部关系要素非常复杂,历来对大学课程的内部构成要素众说纷纭,而内部关系要素及其逻辑关系的建构则是课程建构的核心。我们运用目标模式具体分析大学课程内部关系要素的构成,主要包括以下几个方面:课程目标;教师、学生等课程主体;知识、经验等课程内容;知识组织或经验组织等课程教学;课程评价。在前面内容当中对这些要素中的课程目标以及课程主体中的教师主体已经进行了详细论述,这里对其他要素做进一步阐述。从课程主体学生维度来看,具有独立学习能力是大学生与中小学生在认知能力方面的质的差异。从课程内容维度来看,大学课程与基础教育课程之间的一个重要差别在于课程内容的高深性与变动性,其本质是课程知识生产问题,课程知识究竟是如何生产的?是依据知识本身逻辑而生产课程,还是依据社会逻辑而生产课程,还是按照学习者身心发展需求而生产课程。从课程实施、评价维度来看,蕴含的问题非常复杂,大学课程是多重主体特别是师生互动中建构而成,是大学教师、学习者以及其他利益相关者共同追求价值创造的过程,不同主体对课程追求的价值取向不同,但共同特点是追求知识价值的创造。

① 黄福涛.欧洲高等教育近代化的基本动因分析[J].高等教育研究,1996(4):94.
② 黄福涛.浅析欧洲高等教育近代化的历史进程[J].辽宁高等教育研究,1996(5):82.

　　然而,运用目标模式分析大学课程内部关系要素的结构有其先天性缺陷,一是由于目标模式主要以课程目标为中心,缺少课程主体——人这个核心要素。在应用型大学课程建构过程中需要对教师、学生、企业技术专家等课程主体进行分析,形成课程利益相关主体的分析框架,促进课程主体集体行动的形成。二是对知识本体属性的认知缺少必要分析,不同性质知识、不同高深程度知识对课程建构也将产生影响。需要对科学知识、技术知识、工程知识、理论知识、实践知识等知识的不同属性进行必要分析,从而弄清楚不同属性知识之间转化衔接的机理。三是课程内部关系要素之间的关系究竟如何建构值得进一步反思,如何超越目标模式的单向线性行进路线,构建敏捷型课程开发模式,这是要对课程内部关系要素进行重建的重要内容。

　　在对大学课程内外部关系要素构成进行分析的基础上,进一步对这些要素的内在逻辑关系进行分析,从逻辑起点到逻辑体系构建大学课程内外部关系要素的逻辑图景,从而为课程哲学与开发实践的重建奠定基础。为了对大学课程内外部构成要素的逻辑图景进行分析,首先需要对大学课程逻辑起点与逻辑体系的本质内涵进行解读。究竟何为大学课程的逻辑起点? 逻辑起点是一个科学理论、思想体系或改革方案的最简单、最抽象的规定。黑格尔认为,逻辑起点"不以任何东西为前提""不以任何东西为中介";是揭示对象最本质的规定,理论体系的"全部发展都包含在这个萌芽中"①;是对象发展和认识发展的历史起点。一种思想体系或改革方案的建构其逻辑起点可以有多种选择,确立什么样的逻辑起点在很大程度上决定了这种思想体系或改革方略的科学性以及能否实现其理想和目标。前述从不同层面、进程、维度对大学课程的内涵进行了系统化解构与建构,对大学课程与基础教育课程进行了系统化比较,对大学课程内外部关系要素的构成进行了系统化分析,从这些分析中我们可以抽象出大学课程的逻辑起点及其内在逻辑体系。构成大学课程最简单、最抽象规定的逻辑起点理应是"专业知识",从逻辑起点出发,通过主体论、行动论、价值论构成大学课程的逻辑关系。

　　所谓专业知识意指在专业活动中运行的建立在通识知识基础之上的知识。具体来看,专业知识具有三个基本特征,其一,专业知识具有一切知识的普遍特性,是人类理性认识与实践的结晶,这种结晶既是人为建构的产物,又是客观的呈现,是主观性与客观性的统一。其二,专业知识具有专门性,归属于特定的学科,不同于通识知识,是在专业性活动中人为建构与客观呈现的知识。因此,专业知识往往具有高深性,需要具备一定的通识知识才能够去理解、运用、生产。其三,专业知识是专业理论与专业实践互动的产物,与特定的职业活动密切关

---

① ［德］黑格尔.逻辑学(上卷)［M］.北京:商务印书馆,1982:20.

联,既具有专业与职业自身内在的逻辑关系,又受到社会政治经济文化科学技术等因素的影响,因此专业知识具有社会性、实践性等特征。

专业知识之所以成为大学课程的逻辑起点,主要有以下几方面原因:首先,大学组织合法性存在的主要依据是通过专业课程来实现的。无论是认识论哲学还是政治论哲学,其运行的共同基础是高深学问、高深专业知识。其次,专业知识是大学课程内外部关系要素连接的中枢与纽带。政治经济文化科学技术等外部关系要素通过专业知识得到反映,内部关系要素也通过专业知识进行建构从而实现课程目标,内外部关系要素通过专业知识形成纽带,因此,知识性课程是理念性课程、组织性课程、教学性课程的基础。大学课程应用转型的关键就是知识性课程无法适应内外部关系要素的变化与调整,因此需要通过知识的选择与生产来实现这种变化需要。再者,专业知识成为大学课程的独特标志。纵观大学发展史,从中世纪大学到近现代大学,专业知识的生产、传播、应用是大学区别于其他社会组织的重要标志。作为大学核心职能的人才培养主要通过高深专业知识为载体的课程运行。虽然不同时期大学课程运行的专业知识在知识性质、高深程度等方面有一定差别,但高深性的专业知识是大学课程的基础材料,大学课程的目标设计、内容体系都是以专业知识为载体而展开。

进一步来看,大学课程的逻辑体系又是如何构成的?所谓逻辑体系就是一种科学理论、思想体系或改革方案的基本范畴在逻辑起点作用下形成内在逻辑关系,到达科学理论、思想体系或改革方案的终点,即逻辑终点。人们对科学理论、思想体系或改革方案的逻辑体系建构与解构过程既促进了人们对其本质的认识,又促进了其自身的进一步完善。因此,大学课程作为一种人为建构的活动或产物,是特定主体在一定理念作用下建构起来的,把特定知识作为载体,把特定价值作为追求,由此形成了大学课程在知识、主体、行动、价值、时间等维度的内在要素,这些内在要素通过知识论、主体论、行动论、价值论以及时间论得到展开,型构了大学课程的逻辑体系。主体是课程知识选择、生产、传播、价值取向、时间安排之所以可能的一切前提;知识的本体属性决定选择什么知识,构成了知识行动的基础;课程知识的生产、传播以及应用主要由行动构成,如何行动、行动方式等构成了课程实施的核心问题;课程知识行动的价值是知识行动的目标所在,价值目标是课程开发之所以可能的条件;知识行动、知识选择、价值评价等都存在时间的尺度。大学课程的逻辑体系通过知识论、主体论、行动论、价值论以及时间论之间的相互建构形成整体性课程。

另外,近年来大学本科教育改革得到持续推进,本科教育改革与课程改革既有区别又有联系,为进一步厘清大学课程的内涵,有必要对两个概念稍作辨析。大学本科教育有其特定的内涵与指向,主要指向三个方面:一是指向大学本质属性的认知,主要指向教学、科研、社会服务等不同职能孰重孰轻、不同职能如何统合于人才培养的问题,而且主要针对重科研轻教学的大学文化。因此,大学本科教育改革的内涵不同于基础教育改革,基础教育改革主要针对人才培养理念,主要针对知识的信念、知识与能力、知识与教学等基础教育的核心——主要指向课程。而大学本科教育则是一个系统工程,从大学理念、本质认知到职能关系的统合,致力于通过科研、社会服务来反哺与促进人才培养。

二是指向重视专业知识轻视实践能力的培养理念。我国大学本科教育比较重视专业理论知识的传播,而忽视专业理论知识与实践能力的有机结合,这种培养理念本质上是全面发展教育理念的缺失,没有将专业理论与专业实践有机结合起来。专业教育中的这种理念缺失不同于中小学重视知识的应试教育,基础教育课程改革注重应试教育向素质教育转轨的理念。因为大学本科教育改革主要不是素质教育与应试教育的矛盾,而是专业理论与专业实践分离的矛盾,这也是大学内外部推进大学应用转型改革的重要原因,在这个意义上大学本科教育改革的核心指向课程改革。

三是指向重视课程设计、教材开发等大学本科教育改革中"硬"层面的建设,而忽视教学法、教学效果等"软"层面的建设。基础教育课程改革主要针对注重知识传授、忽视学生主体对意义世界的建构、忽视教育的生活化建构等问题。大学本科教育改革内在地需要大学进行目标定位的类型化,不同类型大学采取针对性的课程开发理念与策略。

上述对大学课程内涵与逻辑的分析总体上分为三个步骤:第一步是对大学课程内涵的分析,从历史与现实、主体与客体、动态与静态等多重层面、进程、维度对大学课程概念进行了诠释与建构;第二步是在对大学课程概念进行分析的基础上运用教育内外部关系规律对影响与制约大学课程的内外部关系要素进行条分缕析;第三步是在大学课程内外部关系要素分析的基础上抽象出大学课程的逻辑起点与逻辑体系,分析了大学课程逻辑起点与逻辑体系的内涵、成因及其架构,形成大学课程内涵的逻辑图景。上述对大学课程内涵与逻辑分析的重要价值,不仅在于弄清楚大学课程的内涵与逻辑,更重要的是为大学课程应用转型的内涵、理念以及路径的建构奠定必要基础。下面关于大学课程应用转型面临的问题之源、破解之道分析正是基于大学课程内涵与逻辑分析基础上的建构。

第二节　大学课程应用转型的本质诉求

由于大学课程内涵的复杂多维性,我们无法用单一的维度或视角进行分析与构建,课程存在的形态、价值的生成、制约的因素等无法用传统的主体或客体单一的视角来分析。法国著名社会学家布迪厄(P.Bourdieu)的社会理论为我们分析复杂的课程问题提供了可行切入点。按照布迪厄的社会理论,大学课程在本质上就是一种惯习,无论是其存在的合理性抑或危机性,都源于大学课程作为一种惯习的存在,因此,大学课程应用转型的本质就是当代大学课程惯习的转向。把大学课程惯习作为大学课程应用转型的切入点就需要我们对大学场域究竟形成了什么样的课程惯习、当代大学课程惯习产生的原因究竟是什么等课程惯习的规律性因素进行反思。

一、大学课程应用转型的惯习转向本质

"惯习(Habitus)"是法国社会学家布迪厄在研究场域理论中使用的一个重要话语。"惯习"与"场域"(field)、"资本"(capital)等概念完整地构建了实践、社会实践的社会实在论逻辑。其中,惯习是布迪厄用来表达社会实践生成与运行的内在机制,是超越主观主义与客观主义对立的统一体,"它是一种同时具有'建构的结构'和'结构的建构'双重性质和功能的'持续的和可转换的秉性系统'(système de dispositions et transposables)"[①],也就是说,惯习在本质上就是一种习性、一种生存心态。惯习非被动、固化的习惯,而是人们在长期行动过程中形成的具有内在生成性与创造性的实践行动,是解读人们在长期实践过程中之所是、之所以所是的重要分析工具。惯习具有双重禀性,其优点是在社会运行过程中一旦形成一定惯习之后,可以促进社会高效地运转,降低社会运行成本;其缺点是在社会运行过程中一旦生成一定惯习之后往往成为制约社会实践创新的主要障碍。

大学课程惯习就是课程开发过程中从目标理念选择到设计实施过程所形成与体现出来的倾向、习性、方式的综合形态。这种综合形态不仅仅表现为客观存在的课程样态,也不仅仅表现为寓居于主体心理的课程样态,而且是大学课程设计与实施主体和作为客观存在的课程方案之间互动关系状态。运用布迪厄的社会理论,特别是其关系思维来分析课程,突破了传统的主客体分裂思维方式,突破了主观主义与客观主义的对立,促使我们走向社会实在主义分析。大学课程惯习的内涵还可以从其基本特征中进一步凸显出来。

课程惯习的群体性。惯习是人们在思维与行动过程中形成的一种群体性思维特征与行为状态,与特定场域联系在一起。大学场域既指向一个国家的大学系统,又指向一种特定类型或特定层次的大学亚系统。如从类型上指向研究型

---

① 高宣扬.布迪厄的社会理论[M].上海:同济大学出版社,2004:作者自序 3.

大学系统、技能型院校系统,从层次上指向本科院校系统、专科院校系统。相应地,大学课程惯习指向两个方面,既指向一个国家整个大学系统的课程惯习,又指向大学系统在类型分化过程中形成的亚系统大学课程惯习。不同亚系统形成的大学课程惯习自然产生一定差异,这就需要我们探讨不同亚系统大学课程惯习的主要特征是什么?为何产生这些特征差异?这些特征差异究竟是如何产生的?对于大学课程应用转型这一命题而言,从惯习产生的场域来看就是要分析这些亚系统场域的主要特点,改变亚系统课程惯习本质上就是改变亚系统场域。

课程惯习的历史性。惯习是主体与客体在长期互动过程中形成与发展起来的,惯习一旦形成之后就具有顽固性、持续性,对人的影响无时无处不在,成为规训人们思维与行动的无形力量。惯习的历史性特征意味着大学课程惯习是在特定历史时序中形成与发展起来的,对于大学课程应用转型而言,就需要分析当代大学课程惯习的重要特征究竟是什么?是在什么样的特定历史时空中建构起来的?建构的机理究竟是什么?理想的应用型大学课程主要特征是什么?在此基础上可以构建课程惯习应用转型的逻辑机理与策略路径。

课程惯习的结构性。惯习是通过特定要素建构起来表现为一定结构的思维特征与行动方式。分析无时不在、无处不在的惯习,就需要分析其究竟是由哪些要素建构起来的,这些要素具有什么样的结构特征。只有弄清楚惯习所建构起来的要素与结构才能弄清楚惯习的本质究竟是什么?惯习又是如何影响人们思维与行动的?对于大学课程惯习的分析同样如此,要想弄清楚一定大学系统的课程惯习,就需要弄清楚构成大学课程惯习的基本要素是什么?这些要素是如何建构起来的?大学课程概念内涵与逻辑图景的复杂性导致大学课程惯习的要素与结构异常复杂,宏观、中观、微观不同层面的课程设计与实施具有不同的思维与行动方式,分析课程惯习的结构要素就需要从不同主体层面、不同行进过程、不同维度具体分析其要素与结构。从主体维度来说,包括国家、区域、大学、教师、学生等不同层面的设计与实施主体。从客体维度来说,包括课程目标、课程方案、课程知识等不同层面的设计与实施问题。课程惯习的分析需要从这些维度与层面来深入分析其产生机理,特别是课程主体与课程客体如何相互建构了课程惯习。

课程惯习的隐蔽性。惯习作为人们思维与行动的一种心理状态在表现形态上具有隐蔽性,是一种由心理活动而导致的行动上的"习惯性"。大学课程惯习的隐蔽性意味着课程惯习一旦形成即成为影响人们课程开发的重要因素,这种影响无时不在、无处不在,往往成为课程设计与实施的直接影响因素。也就是说,课程惯习在表现形式上具有隐蔽性,但这种隐蔽性对场域主体的行动影响却具有明朗性。因此,布迪厄的"惯习"与库恩(T. Kuhn)的"范式"(paradigm)、福柯(M. Foucault)的"规训"(discipline)具有同样的指向与意义。惯习一旦形成之后使得人们在一个时期内总是在一定范式作用下运行,成为规训人们课程开发无形同时又不得不遵循的思维与行动力量。因此,构建新的课程惯习就需要弄清楚当代课程惯习的主要特征是什么,将人们看不见的位于"冰山"下面的课程惯习暴露出来,弄清楚课程惯习对人们的影响机制主要是什么,如何具体影响课程设计与实施的过程。

二、当代大学课程惯习的主要表征

社会惯习总是在一定社会形态中形成,当社会形态与社会条件发生转型时,社会惯习就自然需要进行相应转型。当代中国大学课程改革已经进入到多重矛盾叠加时期,大学内外部环境促使我们对当代大学课程惯习进行明朗化、直观化、系统化地表达与呈现,大学课程应用转型的本质就是对当代大学课程惯习进行解构,生成一种新的大学课程惯习。这种转型不是对当代大学课程惯习表象的转型,而是对当代大学课程惯习进行深层次地转型,这就需要在深入调查基础上对处于隐蔽状态下的当代大学课程惯习进行理性思考。当代中国大学课程惯习主要表现在以下几方面。

课程目标追求的两极化失衡

大学系统形成了两极分化现象,一极主要是以学术研究能力为目标的研究型大学,一极主要是以技术技能为目标的技能型院校。研究型大学课程主要以理论为目标,课程内容主要以纯粹知识为取向,不以特定的职业与岗位需求为取向,弱化科学的技术化过程,弱化市场和就业岗位所需要特定技能与实践能力的培养。技能型院校课程主要以特定岗位的技能为目标,弱化技术的科学化能力、技术上升为科学原理的认知能力,弱化技术创新能力的培养。两种课程目标的区隔,反映在两种类型院校课程模式的差异性上,课程内容体系、课程教学方式、课程评价方式等方面形成显著差异。

课程内容体系的刚性化规定

课程内容体系的一个重要特点是主要按照学科知识认知的需要,从通识到专业、基础到高深的学科知识认识发展顺序进行课程体系结构的设计。如教育部 2007 年发布的《大学英语课程教学要求》规定,大学英语课程尽量保证在本科总学分中占 10%(16 学分左右),刚性规定的科目还包括思政课程等。这些刚性化规定的内容一方面是学科知识体系认知与发展的需要,另一方面还有政治教化、社会化发展、国际化交流等素质与能力发展的要求。但从总体上来看追求学科认知顺序的发展目标在刚性化规定中具有重要指向。为了适应课程体系结构的刚性化规定,形成了相应的课程管理中的刚性规定,如课程经费分配的整齐划一,课程管理方式、课程管理部门设置、课程评价方式等方面形成高度一致性,课程管理中的诸多刚性规定在一定程度上降低了课程改革主体推进课程改革的主观能动性。

课程开发过程的单向线性化运作方式

大学课程开发主要受目标模式的影响,形成了方案制定—课程实施—课程评价为主要流程的单向线性运行方式。这种单向线性运行方式的基本特征主要表现为以下几个方面,一是注重课程方案的设计,往往认为课程方案设计好之后就能实现课程的目标;二是缺少对课程方案的"施工",特别是师生主体在课程方案"施工"过程中存在问题的关注,忽视课程在实际运行中的发生的各种变化与可能,从而形成课程开发的单向线性运行过程;三是注重课程开发的线性过程,缺少对课程开发过程的反思、讨论和变革;四是课程的评估主要由两种主体构成,大学外部的政府机构或政府附属机构以及大学内部的职能机构,缺少教师与学习者等课程直接利益相关者主体的参与,教师与学习者往往成为评估对象,而不是评估主体。课程评估方面存在的更重要的问题是课程评估主要发生在课程实施之后,而缺少课程方案认证和课程方案的形成性评估。对课程开发的单向线性运作流程的反思,需要我们从封闭的设计过程走向开放的开发过程。

课程体系的二元分立

新中国成立后,在苏联模式的影响下,形成了一元化课程体系,专业基础课程和专业课程在课程体系中占主导地位。由于强调专业对口,强调专业和职业岗位的对应,导致专业划分过细、专业数量过多;课程的通识性、基础性薄弱,导致学习者不能适应岗位变化和职业变化的需要。为了改变苏联模式中过分强调专业教育的弊端,从 20 世纪 80 年代开始,大学教育领域推行素质教育改革,理工科大学重点推行人文素质教育改革,文理科大学重点推行科技素质教育改革。素质教育主要针对专业划分过细、专业课程过多而引发专业人才片面化发展的问题。理工专业人才缺乏必要的人文素质,人文社科专业人才缺乏必要的科技素质①。到 20 世纪 90 年代中期,"素质教育课程"和"专业教育课程"的二元课程体系结构逐渐形成。在二元课程体系结构的形成与发展过程中也暴露出很多问题,诸如这种二元结构的课程之间如何实现有机融合? 高等教育的本质是高级专门人才的培养,在实施专门教育、培养高水平专门人才的同时,如何实现素质

①　大学教育领域中的素质教育在很大程度上有别于中小学主要针对"应试教育"的素质教育。

教育目标,促进人的全面自由发展;如何实现素质教育课程的专业教育化、专业课程的素质教育化,从根本上实现二元课程体系结构的融合,是中国大学课程面临的又一个难题。

当代大学课程惯习的主要表征倘若借用赫伯特·马尔库塞(H.Marcuse)所批判的"单向度人"这一话语来表达,可以称为"大学课程单向度惯习"。马尔库塞认为由于发达资本主义社会关系的规训,资本主义社会中人的思维与行动方式的单一、自由与批判精神的缺失导致了人的单向度惯习。当代大学课程惯习的上述种种表现可以统称为"大学课程单向度惯习"。大学课程单向度惯习从产生根源来说,是适应了传统社会,特别是工业社会知识运行方式的需要,适应了科学—技术、理论—实践、主体—客体的二元分立与单向运行的关系。所以,上述种种表现的大学课程单向度惯习对大学课程开发的影响总体上主要体现为以下几个方面:一是课程目标上注重理论知识学习,弱化技术知识与实践能力的培养;二是课程开发主体上难以发挥企业等重要主体的教育功能;三是课程价值创造的单一,主要是知识本体价值,而弱化了知识对主体发展价值以及知识的产业化与市场化应用价值;四是课程知识运行方式上,不同性质知识之间转换能力薄弱。总体而言,大学课程单向度惯习造成了大学课程价值创造的单向度,成为大学课程应用转型的主要动因与关键指向所在,需要进一步深入分析大学课程单向度惯习形成的主要成因。

三、当代大学课程惯习的主要成因

泰特(M.Tight)在综述 20、21 世纪之交北美以外地区、讲英语国家高等教育研究概貌时,对大学课程研究列出了六个"主要问题",其中之一便是"如何鼓励学生培养用人单位期待的各种可迁移的技能"[①]。从泰特的分析也可见一斑,大学课程单向度惯习不仅是中国大学课程存在的主要问题,也是世界高等教育课程改革领域存在的普遍性问题;不仅是地方本科院校、新建院校等第二方阵院校面临的问题,也是第一方阵院校面临的问题。第二方阵院校课程单向度惯习的主要成因则是沿袭了第一方阵院校的课程惯习,第二方阵院校具有发展路径依赖的特点。如何破解课程单向度惯习,"培养用人单位期待的各种可迁移的技能",需要我们深入剖析大学课程单向度惯习产生的原因。

传统与现代文化对大学课程的影响

这是从社会层面来考察大学课程单向度的形成原因。"中国高等教育的基

---

① [英]马尔科姆·泰特.高等教育研究:进展与方法[M].北京:北京大学出版社,2007:81-82.

本矛盾是'道'与'艺'的矛盾",长达几千年的中国高等教育一直处于"人文"阶段,传播的学问或曰课程内容主要是"明明德","以修身为本,进而齐家、治国、平天下、配天地"①,以"修平"为核心的学问重在传播治术之道而不是生产实践问题。与"修身"学问相对应的教育机构主要是在两条并行的制度与机构中实施,一条是科举制度及其相应的教育机构——翰林院、国子监、太学等,由科举考试而导向的教学和学习内容;另一条是书院体系。书院体系与科举制度紧密相连,相辅相成,其教育内容主要是对儒家经典的"反叛",这种"反叛"实际上仍然被规训在儒家经典的视域之内。"一方面,书院在其学术研究中,并不完全拘泥于经典的儒家正统观点,而是对它进行多方面的评论和修改,与国家正统观点相对立。可是,另一方面,书院给为封建王朝势力服务的儒家经典提供了新的生机,从根本上维持了封建王朝秩序。"②中国传统高等教育的制度与机构设计特别是课程内容设计对中国近现代高等教育的影响根深蒂固。虽然中国高等教育机构在近代出现了"断裂带",中国近现代大学先后模仿日本、欧洲以及美国大学的传统,但是重"人文"的思维根深蒂固。近代中国大学课程主要模仿欧美模式,从模仿德国走向模仿美国,新中国成立后至 20 世纪 80 年代主要模仿苏联模式,20世纪 90 年代中期逐步形成具有中国特色的大学课程模式,逐步形成所谓的当代中国大学课程惯习。诸如,成人目标方面重人文轻科学、课程内容方面重道轻艺、科学知识与技术知识之间关系方面重基础轻应用、重理论轻实践等价值取向,成为大学课程目标设计与知识选择方面的重要"基因",是大学课程单向度惯习产生的重要原因。

在中国传统社会文化对大学课程产生深刻影响的同时,现代工业生产方式也对大学课程产生了深刻影响,主要表现在两个方面:一是流水线式生产方式。所谓流水线式生产方式就是从生产目标的确定到产品生产的整个过程形成如流水般从高位向低位流动的单向、不可逆生产过程。其特点是,生产过程中存在着高位目标与低位产品之间关系,目标决定产品;生产过程中注重预制的目标,产品评价主要依靠预制的目标,生产过程中若干高位要素决定与影响低位要素的生产方式。流水线式生产方式的优点是适应了人类顺向思维、简化思维的需要,促进了人类行动的高效与便利;这种思维方式的缺点是抑制了逆向思维、发散思维、批判思维的发展,而这些是人类获得创新的重要思维方式。大学课程开发的目标模式就是流水线生产方式的典型表现,目标研制、经验组织、教学实施、绩效评价的整个过程呈现流水线式开发过程。流水线式课程开发方式的重要缺陷是,注重确定性结果,抑制创新思维;注重结果评价,弱化过程干预;强化客观目

① 涂又光.中国高等教育史论[M].武汉:湖北教育出版社,2003:359,1,6.
② [加]许美德.中国大学 1895—1995:一个文化冲突的世纪[M].北京:教育科学出版社,2000:27.

标与客观知识的统领,弱化未知因素的影响;注重教师主导地位,弱化学生主观能动性;等等。流水线生产方式所形成的思维方式成为大学课程单向度惯习产生的直接原因,是课程目标两极分化、课程开发过程单向线性运作等单向度惯习产生的重要原因。

二是通过专业化分工提高效率与降低成本。在课程开发上,通过课程开发主体的专业化分工提高课程知识的专业化与提高课程知识的深度,通过课程教学的大班化提高课程知识传播效率。工业化生产方式对大学课程开发的影响是全方位的,以至于形成了课程开发的工业化思维方式,诸如,流水线生产方式、专业化分工、注重效率等为核心的思维方式对大学课程开发产生了深刻影响,是大学课程惯习产生的主要原因。特别是中国传统文化与工业化思维方式裹挟在一起,对大学课程开发的双重影响,成为大学课程惯习形成的重要社会背景。

大学课程本体的复杂性

大学课程的复杂性前已详细述及,毫无疑问,由于大学课程本体的复杂性,必然导致大学课程改革的复杂性,这种改革的复杂性表现在若干方面。这里主要从两个方面阐述大学课程改革的复杂性是如何导致大学课程单向度惯习的问题。首先,大学课程建构过程中主体与客体之间常常处于分立状态。大学课程是人为规划的产物,大学课程既是由人来制定也是由人来执行。从主体视角来看,由于大学课程建构主体的复杂性,在不同主体层面往往形成不同主体的课程,而且往往主要形成教师本位课程。教师本位课程的主要特征是,教师主体在构建课程过程中主要从教师主体视角进行课程建构,作为社会或学科代言人的教师按照社会逻辑或学科逻辑进行课程的建构,而忽视学生发展的内在要求。从客体视角来说,大学课程的建构主要强调大学课程是主体建构的学术方案,包括人才培养方案、科目体系、知识大纲等知识体系,是外在于主体世界的客观知识。从客体视角来建构课程容易导致两个重要问题,一是在课程设计与实施过程中,由于学习者无法参与到课程设计过程,而课程管理者、教师等往往从主体自身出发进行课程设计,课程管理者、教师等主体自身对课程的理解进行建构课程,从而导致课程的学习主体外在于课程,这是制约课程功能发挥的重要根源。所以,如何充分发挥学习者在课程建构中的地位与功能成为课程改革的重要难题。二是作为客观知识的课程成为课程主体人为设计的工具,主要基于主体的视角决定课程知识选择的标准、方式、途径,诸如选择什么知识、选择的价值标准、如何选择知识、为谁选择知识等课程设计与实施的核心问题。传统课程设计与实施过程中主客体之间的分立是导致课程价值创造问题的主要根源,也是课程出现诸多异化现象的源头。

其次,大学课程改革本身的复杂性还表现在大学课程建构路径的依赖性,往往以研究型大学生产的知识、课程知识为中心,对研究型大学生产的知识进行"简化"和"平面化",作为课程知识的主要来源。课程知识体系的组织主要依赖研究型大学的学科逻辑范式,课程方案的讨论主要局限于大学内部,课程学习的主要参与者和受益者——学生以及用人单位等主体极少参与课程方案的讨论,忽视课程方案建构的学习者逻辑与社会逻辑的渗透与运用。

大学课程学术的特殊性

这是从大学课程研究的视角来探讨大学课程单向度惯习的形成原因。从高等教育理论研究的整体状况来看,主要着眼于高等教育或大学与外部社会关系的阐释,而较少关注高等教育或大学内部关系,聚焦于大学内部课程层面的研究则更少。大学课程作为一个学科或领域长期以来重视不够,大学课程研究往往是应景式研究较多,而长期关注大学课程某一个领域的研究较少,形成某一大学课程研究流派的研究则更少。长期以来理论范式的缺乏是大学课程研究难以形成中国特色话语体系的重要原因。从课程研究领域自身来看,主要关注基础教育课程与教学研究。"在我国'教育学'这个一级学科中,'课程与教学论'与'高等教育学'是两个并列的二级学科。……这种分类法首先暗示着课程与教学研究主要是以基础教育为研究对象的。"[①]如课程研究领域中的建构主义、后现代主义等课程哲学,以及建立在这些课程哲学基础上形成的实践模式、过程模式、批判模式等课程模式主要关注基础教育课程。

高等教育研究领域疏于课程研究的一个重要原因在于,分属于不同学科与专业大学课程内容的高深性与动态性特点。大学课程内容的高深性课程知识主要是处于"深奥未知"或者是"处于已知与未知之间交界处"的"高深学问"[②],从而难以把大学课程作为一个专门研究对象,难以把大学课程研究上升到大学课程哲学高度进行研究。"高等教育所传递所探讨的知识,却有极强的专业性。例如凝聚态物理,或者基因工程、非线性理论等等,没有相应的知识背景,一般的教育研究人员很难入得其门,更别说'窥其堂奥'了。这也是中小学课程与教学论研究持续热门而大学课程与教学论研究无人问津的原因之一。"[③]正是由于大学课程内容的高深性造成了人们对大学课程问题的"忽视",既包括高等教育研究人员,也包括大学内部不同学科专业人员对大学课程研究的"忽视"。

造成对大学课程问题"忽视"的本质是,课程问题究竟是高等教育"专业内部"问题还是"专业外部"问题?(1)如果说是"专业内部"问题,课程是掌握高深

---

① 张红霞,吕林海,孙志凤.大学课程与教学:原理与问题[M].北京:教育科学出版社,2015:前言 1.
② [美]约翰·S.布鲁贝克.高等教育哲学[M].杭州:浙江教育出版社,1998:2.
③ 龚放.课程和教学:高等教育研究的潜在热点[J].高等教育研究,2010(11):24-25.

学问的专业人员的内部问题,无须交给"外行"人士研究,如此,大学课程在高等教育研究领域,或严格意义上是在高等教育学研究领域得不到应有的重视则是情有可原的。(2)如果说大学课程不仅存在"专业内部"的问题,还具有一定意义上的"专业外部"的问题,因为大学课程不仅仅是单门课程内容的建构问题,还包括诸如公共课程与专业课程的关系、专业课程体系的建构、课程治理、课程实施等复杂问题,那么,大学课程就不完全是"专业内部"的问题,也是"专业外部"的问题,因为大学课程的建构涉及从形而下到形而上不同层级的问题。两相比较来看,大学课程由于知识的高深性这一重要特征,一定程度上决定了大学课程某一特定学科或专业的"专业内部"问题,这是大学课程研究被"忽视"的重要原因。与此同时,由于大学课程还具有超越知识高深性的"课程"特征,具有课程的一般特征,从而决定了大学课程不完全是"专业内部"问题,同时还是"专业外部"问题,"就像战争意义太重大,不能完全交给将军们决定一样"①。

大学课程研究被弱化的另一个重要原因是大学课程内容的动态性。所谓大学课程内容的动态性意指大学课程是"教学学术"与"科研学术"互动与互生的产物②,大学课程内容处于动态的创新过程之中。大学课程之所以是两种学术互生与互动的产物,一方面是师生之间教学与交往的载体,有关教与学的学术必然成为大学课程内生的一种学术,即博耶(E.L.Boyer)所说的"教学学术"。另一方面是大学课程作为"学科"的产物,大学课程是特定学科知识生产的结果,学科知识的生产也必然成为大学课程内生的一种学术,即博耶所说的"探究学术"。所以,大学课程既是教学学术的产物,又是探究学术的产物,是教学学术与探究学

---

① [美]约翰·S.布鲁贝克.高等教育哲学[M].杭州:浙江教育出版社,1998:32.
② "学术"作为一个概念的内涵具有复杂性。这里从大学课程的发生学视角将学术的内涵拓展为"教学学术"与"科研学术"或"探究学术"的二分法主要借鉴了博耶的学术分类思想。博耶将大学学术工作分为四种类型——"教学学术""探究学术""应用学术""整合学术"。这里有两个问题值得进一步探究,一是博耶的四分结构能否概括大学学术工作的完整性问题,是否还包括其他学术工作类型,是否还存在学术类型之间的转换,也就是"学术转化"等问题。譬如有学者基于大学"工作的结构",提出"行政学术"概念,将大学学术结构概念拓展为"科研学术""行政学术"等类型。二是大学学术类型的统合问题。对于学术内涵的解构涌现了多重视角分析,基于不同视角对大学的"学术"内涵建构出不同学术类型,丰富了我们对大学"学术"内涵的认识。进一步的问题是,对学术内涵进行解构的同时,需要追问的是,如何把大学的"学术"统合起来。这就需要进一步反思大学内部活动作为一种学术从发生学的视角来看究竟源于什么?这里尝试构建"学科学术"概念,并把"学科学术"作为大学内部学术多样化形态与内涵统合的基础。之所以用"学科学术"来统合大学的多样化学术,原因在于"学科"是大学的基本材料,是"知识"的载体与归宿,大学围绕知识而产生的知识生产、传播、应用等职能都源于学科的功能。应该说,无论是博耶的学术结构,还是关于"学科学术"架构,主要是基于"学术"本体视角的分析,从"大学""学科"的维度,对"学术"本体性特征进行分析。倘若从课程本体的视角对学术的分析则又会呈现有关课程的多样化"学术"内涵,本书在结语部分还构建了"课程学术"概念,并分析了"课程学术"的多样化内涵与形态。

术相互建构的产物。而"探究学术"的一个重要特点是知识的动态性,知识随着社会政治经济文化的变动,特别是产业需求的变动处于动态更新之中。另外,知识也处于主体认知内在逻辑的不断更新之中,探究学术的动态性必然导致教学学术与课程学术之间处于动态调适与相互建构之中。

大学课程内容的动态性与高深性两个特征相互影响、相互建构,在一定程度上导致了大学课程研究主要处于经验研究状态,主要以"教改"研究的方式呈现。诸如,行政部门设置了大量教改研究项目、很多学术期刊设置了教改研究栏目、教师职称晋升要求撰写教改论文、教学管理中设置专项经费等。但"教改"研究主要是学科教师、教学管理人员开展,导致教改研究成果提出的理论与方法难以将课程研究上升到一般规律层面、难以上升到课程哲学层面,对课程改革长期以来悬而未决的难题难以提出具有说服力和原创性的理论基础与改革方案,这是导致大学课程单向度惯习长期形成、持续发展以及难以解决的重要原因。

第三节　大学课程应用转型的研究进路

上述对大学课程应用转型的惯习转向本质、大学课程单向度惯习的表现形态与主要成因进行了详细分析,基本呈现了大学课程存在的主要问题,特别是第二方阵院校大学课程存在的主要问题成为推动大学课程应用转型的重要原因。对上述问题复杂性的分析告诉我们,对大学课程单向度惯习的破解是一个系统工程,需要形成具有内在逻辑自洽的技术路线,采取系统化的方法策略,从而形成严密的研究结构设计。

一、研究的技术路线

大学从超然于社会需求之外的象牙塔逐步走向社会轴心机构,必然引发大学理念、目标、组织、制度的变革。应用型大学课程如何与社会互动,如何适应乃至引领社会需求,我们着重从下列三个问题入手,形成应用型大学课程建构的技术路线。一是应用型大学课程的理论基础建构,二是应用型大学课程的开发框架设计,三是应用型大学课程的哲学基础探究。总体上循着理论基础—开发框架—哲学基础的技术逻辑路线构建应用型大学课程论。

所谓应用型大学课程的理论基础,意指作为一种类型大学及其课程的合法性与合理性的理论依据。运用"秩序"概念对大学组织运行的核心材料——"知识",构建"知识秩序"概念,通过"知识秩序"来构建应用型大学课程的理论基础。

主要围绕大学及大学课程应用转型前后的核心差异与关键共性以及应用型大学与职业型院校之间比较来构建应用型大学知识秩序。大学应用转型前后大学的本质并没有发生变化，仍然是普通高等教育，而不是高等职业教育。普通高等教育的本质属性可以归结为学术性，转型前后的关键共性是学术性。对于大学课程而言，学术性是大学课程应用转型前后的关键共性，大学课程应用转型前后所追求的目标是一样的，其本质仍然是一种学术方案。大学课程应用转型前后的核心差异主要表现在课程知识的学术材料、学术取向、学术追求等方面不同，追求学术的应用性，把学术的应用性、实践性作为大学课程的逻辑起点是大学课程应用转型前后的核心差异。所谓学术性的应用性就是课程的建构主要按照学科逻辑，同时兼顾学科在实践中的应用或基于实践需求建构课程。从课程逻辑体系的构成来说，课程主体、课程知识、课程行动、课程价值等方面追求课程的学科逻辑与实践逻辑的统一。以课程知识为例，应用型大学课程基于学科建构课程，同时也基于实践建构课程，追求课程在学科与实践方面的统一。大学课程应用转型之前，大学课程的逻辑起点是学术的学科性、学术性，课程主体论、知识论、行动论、价值论等课程逻辑体系主要围绕学术的学科性、学术性而建构起来。大学课程应用转型之后，大学课程的逻辑起点是学术的应用性、实践性，课程主体论、知识论、行动论、价值论等课程逻辑体系主要围绕学术的应用性、实践性而建构起来，追求课程的学科逻辑与实践逻辑的统一，这就是大学课程应用转型前后的核心差异。

应用转型之后应用型大学课程与高等职业教育课程之间仍有本质性差异。职业教育的本质属性可以归结为职业性，两者之间在办学理念、办学目标、办学要素以及办学模式等方面存在着本质性差异。高等职业教育课程的本质属性是职业性，所谓职业性就是课程主要按照职业岗位的逻辑进行建构。从课程逻辑体系的构成来说，课程主体、课程知识、课程行动、课程价值等方面追求职业岗位的具体要求。以课程知识为例，职业教育课程追求基于岗位知识的结构来建构课程知识，课程体系与知识体系的设计以岗位能力结构作为课程知识结构的建构逻辑。简言之，大学课程应用转型的本质是对传统普通本科课程在理念上追求单一学术性、在价值创造上追求单一学科价值、在行动方式上处于断裂状态的知识行动等这些课程单向度惯习反思与反叛基础上进行的超越，这种超越奠基于应用型大学知识秩序，基于应用型大学知识秩序核心特征——知识创价这一逻辑起点，从课程理念到课程设计再到课程实施整体性重建课程框架。

所谓应用型大学课程开发框架，意指在应用型大学课程理论基础之上型构的课程实践策略。从应用型大学课程的体系设计来说，主要围绕应用型大学课程体系中通识课程与专业课程以及两者之间关系的建构来展开。从课程体系结构来说，如果把大学课程主要分为通识课程与专业课程，那么，大学课程应用转型的对象是否就是专业课程？还是既包括通识课程又包括专业课程？正如前所述，大学应用转型的根本原因在于传统工业社会向知识社会转型对大学人才培养、科学研究、社会服务等方面的系统性变化，人才培养目标转型必然要求大学课程进行系统性变革。从课程体系结构来说，大学课程应用转型不仅仅是专业课程的应用转型，也必然包括通识课程的应用转型。在课程体系应用转型过程中，由于通识课程与专业课程在目标追求、知识性质等方面的差异，两种类型课程应用转型的目标追求、方式方法等方面自然有一定差异，诸如，两种不同性质课程的内部逻辑关系究竟有何差异，两者如何更加体现学术的应用性，如何更加体现对人的终身发展的价值等等问题。超越通识课程与专业课程之间关系的重建，更重要问题是如何超越大学课程知识体系的分裂，走向知识体系的统一，为课程知识的价值创造奠定基础，从而在知识层面解决课程价值创造的分裂问题。

大学课程应用转型理论框架与开发框架的构建从根本上来说是构建一种新的课程哲学基础。所谓大学课程哲学基础意指奠基于理论基础与实践框架之中的认识论。正如维特根斯坦所言，"洞见或透识隐藏于深处的棘手问题是艰难的，因为如果只是把握这一棘手问题的表层，它就会维持现状，仍然得不到解决。因此，必须把它'连根拔起'，使它彻底暴露出来；这就要求我们开始以一种新的方式来思考。……一旦我们用一种新的形式来表达自己的观点，旧的问题就会连同旧的语言外套一起被抛弃。"①要想把应用型大学课程改革问题"连根拔起"，必须用一种新的课程哲学作为应用型大学课程理论基础与实践框架的基础，作为不同类型大学课程开发的哲学基础，从而让传统课程的"旧的问题就会连同旧的语言外套一起被抛弃"。一种新的课程哲学的建构也并非空中楼阁，必须建立在理论与实践探索基础之上。

从理论层面来说，需要用一种新的理论工具来破解大学课程应用转型面临的多重难题，学术性与实践性、学术性与应用性、学术性与职业性、应用性与职业性、理论性与实践性、通识性与专业性等之间一系列矛盾与问题的解决需要用一种新的理论进行解读与重构。我们从知识社会的本质特征——知识创造价值出发，构建一种新的课程哲学——知识创价课程哲学，着重讨论谁来创造知识的价值、知识创造什么价值、如何创造知识的价值、知识创造何时的价值等问题的内在逻辑关系。知识创价课程哲学建构的根本目的不止于课程哲学理论本身，更重要的目的是破解大学课程应用转型面临的问题，特别是长期以来困扰大学课程理论研究中面临的重要问题。

---

① ［法］布迪厄，［美］华康德.实践与反思：反思社会学导引［M］.北京：中央编译出版社，1998：1.

从实践层面来说,需要用这种新的课程哲学来破解大学课程应用转型过程中面临的多重实践难题。理论创新一方面具有知识增量的价值与意义,同时还指向大学课程应用转型实践中的问题,特别是迫切需要解决的具体问题,诸如,大学课程理论逻辑与实践逻辑转换问题、通识课程与专业课程中知识创造价值问题、课程体系设计问题、课程实施问题等,解决这些问题既需要课程理论基础的创新,也需要课程实践策略的创新。

上述从理论层面与实践层面对应用型大学课程的系统化重构,必然需要用一种新的认识论作为知识创价课程的认识论。基于知识创价课程所立基的问题主要是理论与实践、科学与技术之间关系的破解,我们把社会实在论作为知识创价课程的认识论。社会实在论作为认识论的主要价值在于,打破传统课程主观主义与客观主义分裂的认识论。传统课程认识论主要有两种倾向,一种倾向是主观主义,强调课程的社会性,课程是理论或实践层面的一种社会性建构,从而使课程最终走向主观主义。当下很多课程理论便是主观主义的呈现,这是课程理论难以为学科教学与教师所应用的重要缘由。另一种倾向是客观主义,强调课程的实在性,课程是理论或实践层面的一种客观实在,从而使课程最终走向客观主义。这是目前很多教改研究的重要表现,仅仅从学科课程的特殊性与实践出发,难以将学科课程开发的实践经验上升到一般性规律,从而使得教改研究失去了推广应用价值。把社会实在论作为知识创价课程的认识论,意味着大学课程要照顾到课程理论与课程实践的建构性。这种建构性既是一种主观建构,这种主观建构无论是在理论层面还是实践层面都是在历史性、逻辑性、实践性等不同视域分析基础上建构起来的,是历史与逻辑、理论与实践的辩证统一,同时这种建构又不是主观随意的建构,是建立在实践、客观实在基础上的建构,这种客观建构是一种客观的自然生成,无论是在理论层面还是实践层面,都强调其客观实在性,在理论层面就是强调对传统理论流派的精细分析,对理论来源的精细分析;在实践层面强调对实践中存在问题的精准分析。通过社会实在认识论实现应用型大学课程对传统大学课程认识论的超越。

二、研究的方法策略

历史维度的分析

知识创价课程的建构理应是大学课程应用转型改革过程中历史性地生长出来的一种课程框架,而不是强加于大学课程改革实践的一种标签或符号。如何使知识创价课程哲学与应用型大学课程改革实践在相互建构中生长与发展起来,首先需要我们从历史维度梳理大学应用转型的演进过程。从历史维度梳理大学课程改革的演进过程,赋予一种新的课程理论、框架、哲学的历史方位。知识创价课程理论的历史分析需要我们弄清楚应用型作为一种类型的历史建构过程、大学知识秩序的形成与发展过程、知识创价课程建构的历史基础、社会基础等问题,特别是政治、经济、文化等外部因素究竟是如何推进大学与大学课程应用转型,这些外部因素又是如何发挥作用的,发挥作用的表现方式是什么等问题。在此基础上,还要进一步分析推动大学与大学课程应用转型的内部因素主要是什么,主要表现形式是什么。分析大学内外部因素又是如何相互作用并将这些力量聚集起来作用于大学课程。历史维度的研究就是试图清晰地呈现大学课程应用转型的历史逻辑,并从历史逻辑中推演出知识创价课程理论、框架、哲学生成的历史必然性。

逻辑维度的重构

在历史分析的基础上,还需要从逻辑维度对课程进行重构。"一个实际存在的社会是比一台蒸汽机、一株植物或一个动物更加高级得无法计量的一个创造物;而且认为就是把他们最好的思想用来分析这个社会也不过分。"①解构大学课程这个复杂的"创造物"就需要用"最好的思想"来进行分析。"最好的思想"从哪里来,首先需要我们对大学课程研究的内在逻辑进行梳理与重构。以往有关大学课程研究主要是从"知识"出发进行理论与实践研究,形成三条课程研究逻辑路线并相应地构建了三种课程论。

第一条逻辑路线是从高等教育"合法存在"的基础——高深学问出发,形成了"高深学问课程论"。这是站在主体视角,从知识本体高深程度,构建的大学课程理论逻辑。布鲁贝克(J.Brubacher)将高等教育合法存在的哲学区分为认识论哲学与政治论哲学,高等教育认识论哲学主要追求高深学问"问题和答案"的价值理性,而高等教育政治论哲学主要追求高深学问"问题和答案"的工具理性,不同高等教育哲学建构了大学职能相应的理念基础与行动方式。对于大学课程而言,"深奥的教材如何选择,教材应有怎样的结构和组织,学习的动机应如何形成,学习成绩如何评价"等"大学课程"的构建问题就是特定高等教育哲学影响的产物②。布鲁贝克把"高深学问"作为大学课程的逻辑起点,对大学课程建构的关键问题进行了论述,从总体上构建了"高深学问课程论"。这些论述集中体现在布鲁贝克的《高等教育哲学》以及《教育问题史》等著作当中。

第二条逻辑路线是从认识论出发,形成了客观主义课程论与建构主义课程

---

① [英]鲍桑葵.关于国家的哲学理论[M].北京:商务印书馆,2006:1.
② [美]约翰·S.布鲁贝克.高等教育哲学[M].杭州:浙江教育出版社,1998:12.

论。客观主义课程论主张把客观知识作为课程开发的逻辑起点,强调课程知识建构的核心是对客观知识的生产、选择、传播以及习得;建构主义课程论主张把学习者对知识的自我建构作为课程开发的逻辑起点,强调学习者在"活动"与"经验"中对知识的自我建构。客观主义课程论在我国基础教育课程改革中长期占据主导地位,特别是"凯洛夫教育学"在我国移植与传播以来,"双基""应试"成为课程开发的重要元素。两种课程论的争论主要在基础教育领域展开,源起于世纪之交基础教育课程改革对课程理论的反思与挑战。这里有必要对世纪之交基础教育课程改革的政策驱动过程进行简要回溯,并分析其中蕴含的课程理念转向。1999 年 1 月国务院批转的《面向 21 世纪教育振兴行动计划》提出:"2000 年初步形成现代化基础教育课程框架和标准,改革教育内容和教学方法,推行新的评价制度,开展教师培训,启动新课程的实验。"1999 年 6 月召开第三次全国教育工作会议,中共中央、国务院作出的《关于深化教育改革 全面推进素质教育的决定》提出:"调整和改革课程体系、结构、内容,建立新的基础教育课程体系,试行国家课程、地方课程和学校课程。"2000 年发布的《国家中长期教育改革和发展规划纲要(2010—2020 年)》明确提出"推进课程改革",2001 年 5 月国务院发布《国务院关于基础教育改革与发展的决定》强调,"加快构建符合素质教育要求的新的基础教育课程体系",在"启动新课程实验""建立新的基础教育课程体系"以及"推进课程改革"等政策号召下,2001 年 6 月教育部印发《基础教育课程改革纲要(试行)》,正式启动新中国成立后新一轮课程改革——"新课程改革"。世纪之交的短短几年之间,政府部门围绕课程改革密集颁布了新的政策,主题直指用新的课程理念来重建基础教育课程体系,对改革开放以来的基础教育课程进行六个"改变"①。这六个"改变"集中体现了"新课程改革"的主导思想,即用建构主义课程哲学推动"学校课程体系的价值转型",超越客观主义课程哲学主导下形成的"为知识技能所主宰、为升学考试所左右,目标单一、内容死板、过程僵化"②等基础教育的诟病。所以,"新课程"改革的核心理念是"为了每一位学生的发展",主张重视儿童、重视生活,强调儿童在生活实践中进行知识的自我建构。

由于建构主义课程论的相对主义倾向诱发了人们对基础教育质量的担忧,在"新课程改革"开始后不久即有学者提出要认真对待"轻视知识"的教育思潮,要求回到重视知识的改革轨道上来。两种课程哲学的分歧引发了长时间争论并

---

① 教育部.基础教育课程改革纲要(试行)[EB/OL].http://www.gov.cn/gongbao/content/2002/content_61386.htm

② 钟启泉.课程的逻辑[M].上海:华东师范大学出版社,2019:3.

一直延续至今①,教育部 2014 年印发《关于全面深化课程改革 落实立德树人根本任务的意见》首次提出"核心素养体系"概念,强调制订"学生发展核心素养体系和学业质量标准",强调研制"中小学各学科学业质量标准和高等学校相关学科专业类教学质量国家标准,根据核心素养体系,明确学生完成不同学段、不同年级、不同学科学习内容后应该达到的程度要求"。不难看出,以"核心素养体系"为中心,"学业质量标准""教学质量国家标准""程度要求"为关键词构成的改革路径,意味着这场基础教育课程改革进入"深化阶段",这种"深化阶段"一方面是坚持与延续"新课程改革"的主导思想与基本架构,另一方面带有对十多年"新课程改革"的纠偏与修正,集中体现为用"核心素养体系"统合两种课程哲学的分歧。

这两种课程哲学对大学课程改革产生一定影响,但影响的范围与程度毕竟有限,因为大学课程改革有其自身特殊性。譬如,大学课程主要围绕"高深学问"而在学术自由的精神追求与高深学问的多重标准之间展开博弈。学术自由的精神追求体现为,大学课程作为高深学问是学术自由精神的化身,为了实现对高深学问的理解与创新需要大学自治与学术自由的支撑,而大学自治与学术自由反对客观标准,反对统一标准,追求"无止境的前沿"与"无止境的转化"。而高深学问的多重标准意味着,大学课程作为高深学问既有其客观标准又有其主观标准,是客观标准与主观标准的统一。因为大学课程价值的创造既需要市场需求与职业标准的评价标准,这些评价标准具有客观实在性;同时大学课程价值的创造又要满足学术标准与个体需求的评价标准,而这些评价具有主观相对性。因此,大学课程在学术自由的精神追求与高深学问的多重标准之间的博弈,导致大学课程无法用客观性的"课程目标""学术标准"从课程哲学到课程开发的整体性建构,也无法用主观性的"学术目标""学术自由"从课程哲学到课程开发的整体性建构,这就是大学课程改革的困境。大学课程在高深学问、学术目标、学术自由、市场准则、岗位需求、主体发展等多重维度的内在价值与外在价值的互动与博弈中展开。再如,由于大学课程的开发与大学的科研、社会服务、文化引领等职能密切联系在一起,特别是与大学科研紧密相连,大学教授的科学研究工作直接制约与促进了作为高深学问的课程的开发。这就是为什么大学课程主要以本科教育改革的形式呈现,把本科教育改革作为一个系统工程进行,从科研、社会服务

---

① 这一争论在学界称为"钟王之争",争论的核心可以概括为"教育生活化"与"轻视知识"之争。王策三教授分别于 2001、2004、2017 年发表了《保证基础教育健康发展——关于由"应试教育"向素质教育转轨提法的讨论》《认真对待"轻视知识"的教育思潮——再评由"应试教育"向素质教育转轨提法的讨论》《恢复全面发展教育的权威——三评"由'应试教育'向素质教育转轨"提法的讨论》等论文;钟启泉教授分别于 2004、2005、2006 年发表了《发霉的奶酪——〈认真对待'轻视知识'的教育思潮〉读后感》《概念重建与我国课程创新——与〈认真对待'轻视知识'的教育思潮〉作者商榷》《课程人的社会责任何在》等论文。

与教学、专业建设与教学、协同育人、质量文化等若干关系维度进行展开①。大学课程是本科教育改革的核心或主要部分,而围绕大学课程的认识论与知识论则是大学课程改革的永恒话题。这就是大学课程改革的特殊性所在,与中小学课程改革的相似之处在于,都是立基于知识论与认识论基础上而构建的课程理论与开发框架。不同之处在于研究范畴体系存在巨大差别,从知识论与认识论衍生出了课程内部与外部的诸多范畴。

第三条逻辑路线主要也是从认识论出发型构了个人知识课程论。个人知识课程论以王一军教授的探索为代表,主张把"个人知识"作为大学课程建构的逻辑起点,立足高等教育大众化、生存方式数字化、社会组织学习化等时代转型背景,围绕大学课程的知识本体问题,把大学课程概念化为"秩序",提出大学课程从高深学问秩序向个人知识秩序转型与重建的必然,并由个人知识秩序的建构引发对学术自由的追问②。个人知识课程论对大学课程本质的探讨追求思维范式的变化,这就是从"什么知识最有价值"的追问转向"谁的知识最有价值"的追问,并在阿普尔论述的基础上构建了"个人知识最有价值"的课程哲学。个人知识课程论的核心议题是如何实现"人"这一课程主体对世界的自我建构,这与建构主义课程论追求的教育目标具有内在一致性。个人知识课程论留下了许多值得进一步深思与探讨的话题,诸如,知识究竟处于何种状态?是否存在纯粹知识?当我们从"什么知识最有价值"转向"谁的知识最有价值"追问的时候,是否遇到"不同类型知识背景下什么知识最有价值""知识如何才能最有价值"等问题,特别是社会多样化背景下不同主体对不同类型知识的追求是否导致课程类型差异等问题。对这些问题的追问与探讨进一步深化我们对知识创价课程的理解。

上述几种课程研究逻辑路线存在的共性问题主要是,缺少对大学课程知识的本质属性、存在状态、高深程度等的必要分析,而是纵横交错地交织在一起,要么从某一种知识论出发,在研究的过程中抨击其他知识论;要么综合运用几种知识论来反叛另一种知识论。上述几种课程论对当下大学课程改革的指导意义受到一定掣肘,主要有两个原因:

一是没有从知识社会——我们所处的重要时代背景出发对课程进行建构。

---

① 这一特征可以从近年来教育部接连颁布的人才培养改革、本科教育改革、课程改革等多项指导性文件内容框架中总结出来。诸如,《教育部关于全面深化课程改革 落实立德树人根本任务的意见》(教基二〔2014〕4 号)、《教育部关于加快建设高水平本科教育 全面提高人才培养能力的意见》(教高〔2018〕2 号)、《教育部关于深化本科教育教学改革全面提高人才培养质量的意见》(教高〔2019〕6 号)以及"六卓越一拔尖"计划 2.0 的系列指导性文件。

② 王一军.当代大学课程秩序论:在"高深学问"和"个人知识"之间[M].北京:教育科学出版社,2014:22-24,36-37.

知识社会的加速发展必然要求课程开发进行范式性转型,如何基于知识价值的变化以及知识价值实现机制的变化,对课程开发要素进行整体性重建,是课程哲学必须思考与面对的课题,上述课程哲学对时代重大转型与需求缺少必要反思与针对性。需要我们基于知识社会的本质特征,重建应用型大学知识秩序,重构应用型大学课程哲学。

二是缺少对大学课程改革特殊性的关注。大学课程改革面临着不同于中小学课程改革的范畴体系。从大学课程与"外部"关系来看,面临着课程教学与科学研究、社会服务,课程教学与劳动力市场需求,课程教学与岗位实践,课程教学与专业建设,课程教学与学科建设等之间关系;从大学课程的"内部"关系来看,面临着理论认识与实践认识,科学知识与技术知识,知识与技能,人文素养与科学素养、工程素养等之间关系。大学课程与中小学课程改革面临的范畴体系具有很大差异,很多情况下无法用中小学课程开发原理与课程哲学进行探讨,需要构建不同于中小学课程的话语与范式。同时,由于大学课程知识本体的高深性特征,大学课程改革探讨难以上升到形而上的课程哲学层面,往往成为高深学问的特定学科话语中的经验性探讨。因此,大学课程哲学重建的难点在于,既要建立在作为高深学问的学科课程改革的具体经验基础之上,又要超越具体经验上升到一般认识与一般规律的课程哲学层面。

策略维度的整合

在历史反思、逻辑重构的基础上需要进一步细化应用型大学与课程研究的具体策略。对于具体的研究策略,当下一个普遍趋势是实证主义取向,一味追求数理统计方法的运用,而忽视对问题的深度思维分析。1930 年代美国著名医学教育学家弗莱克斯纳(A.Flexner)在《现代大学论——美英德大学研究》一书中对缺乏深度思维分析的研究进行了批判。对什么是"假研究"、什么是"伪研究"、什么是"真研究"进行了深入剖析[①]。弗莱克斯纳提出:

(1) 收集信息——即使是精确的信息——不是研究。(2) 收集大量的描述性材料——在家政学、社会科学和教育学领域这种做法相当普遍——不是研究。(3) 未经分析的和无法分析的资料,不管收集得多么巧妙,都不构成研究部。(4) 报告不是研究。(5) 检查不是研究。(6) 女售货员、速记员、女招待、院长、破产者和诉讼当事人富有同情心的叙述,学校制度,教育系学生的喜怒哀乐,招生中怀疑学生是更爱父亲还是更爱母亲,有没有图表、曲线和百分比,这些也都不是研究,在美

---

① 引文中的序号为本书作者添加,目的是便于读者逐条分析弗莱克斯纳的方法论思想。

国以外的任何其他地方也都不会称之为研究。那么,什么是研究?虽然学术合作也是一种旨在获得真理的努力,不能被排斥在外,但研究不是通过雇用他人而是个人独自作出的静悄悄的和艰苦的努力。这种旨在获得真理的努力是目前人的思想在一切可利用的设备与资源的帮助下能够做的最艰难的事情。①

弗莱克斯纳的观点具有重要价值,对我们构建应用型大学课程的重要启示是,不要再一味收集资料、描述图表等,需要从课程理论到课程实践整体性地构建应用型大学课程论;需要从课程设计到课程实施整体性地构建课程开发策略;需要将社会、大学、学生等利益相关者对课程价值的追求进行整体性地协调。为了实现对应用型大学课程构建的"深度思维分析",对这些问题进行深度系统地思考,在研究策略的思维方式上采用"后现代课程观"。

后现代课程观为应用型大学课程构建提供了可操作的思维策略。正如施瓦布(J.J.Schwab)所说,"课程领域已步入穷途末日,按照现行的方法和原则已不能继续运行,也无以增进教育的发展。现在需要的是适合于解决问题的新的原则……新的观点……新的方法"②。作为一种思维方式的"后现代"是对"前现代"和"现代"的反叛。"前现代"的一个重要特点是"生态、认识论以及形而上学意义上的平衡或相称在内的宇宙和谐观",强调"人与自然共存"③。而"现代"思维方式则以笛卡尔和牛顿为杰出代表,"笛卡尔方法论假定的是确定性的获得,牛顿主义的可预见性假定的是一个稳定的、对称的和组织简单的宇宙"④,课程开发的"目标模式"正是"现代"思维方式的催生而产生。"预定的目标、经验的选择和指导、评价。……在此教育不是自己的目的。并非来自自身;它指向外在的目标并受其控制。"⑤"后现代课程观"就是对"前现代"与"现代"思维方式的挑战,打破传统课程开发上的"稳定状态""人为设计程序""目的外在于学习者"、课程设计与实施的线性程序等特征。应用型大学课程论的构建注重后现代课程观的运用,目的旨在实现弗莱克斯纳提出的对问题"深度分析"。

后现代课程观的运用首先意味着对传统大学课程理念与实践的批判。对知识社会的不确定性与风险性,通过对课程中的"目标""经验""经验组织"以及"评价"等确定性的瓦解与批判,对课程既定流程的解构与寻求新的整合。"寻求对

① [美]亚伯拉罕·弗莱克斯纳.现代大学论——美英德大学研究[M].杭州:浙江教育出版社,2001:107-108.
② [美]多尔.后现代课程观[M].北京:教育科学出版社,2000:229.
③ [美]多尔.后现代课程观[M].北京:教育科学出版社,2000:25-26.
④ [美]多尔.后现代课程观[M].北京:教育科学出版社,2000:35.
⑤ [美]多尔.后现代课程观[M].北京:教育科学出版社,2000:74.

主体客体、心灵身体课程人教师学生我们他们等进行折中的但却是局部的整合。不过这一整合是动态的过程；它是协商的而不是预定的，是创造出来的而不是被发现的。"①。后现代课程观作为一种新的课程设计思维方式具有很强的批判性，解构多于建构，我们将借鉴后现代课程观的解构方法，对传统大学课程的研究方法、理论范式、实践模式批评与反思的基础上建构一种新的课程哲学，从新的课程哲学出发，从课程开发理论到课程开发实践对应用型大学课程进行整体性重建。当然，任何一种方法都是"双刃剑"，后现代思维方式亦不例外，如解构重于建构等，都是对后现代思维方式的批判。本书在后现代思维方式的运用上，力图注重调查、访谈等方法的运用，使后现代的批判建立在实践研究的基础上。

三、研究的结构设计

为了系统破解大学课程单向度惯习，构建一种新的应用型大学课程哲学，本书从三个方面展开论述，首先是研究的源起与总体立论，从大学应用转型与大学课程惯习之间关系分析入手，追溯大学应用转型改革的源起与演进，分析大学应用转型改革的动因，在此基础上，分析大学课程应用转型在大学应用转型改革中的关键地位。把应用型大学课程存在的问题概念化为"大学课程单向度惯习"，通过对大学课程单向度惯习的本质内涵、主要表征以及产生原因的系统化分析，对传统大学课程进行深度反思，提出大学课程应用转型的本质是课程惯习转向。从场域与惯习的视角分析大学课程转型就成为一个系统工程，需要在重建应用型大学课程哲学的基础上，系统重建课程。需要从技术路线、方法策略等方面对研究进行系统设计，这些内容构成了本书的第一章。

为了从场域与惯习转向的视角来重建课程，研究首先构建作为一种类型的应用型大学内在机理的理论框架，构成本书的第二章。运用哈耶克的"秩序"概念，从秩序维度来分析应用型大学之所以成为一种类型的内在逻辑及其建构机理。首先对应用型大学作为一种类型的基本内涵、形成机理、价值旨趣进行分析，从"型"、大学的"型"、大学的"应用型"等概念入手来分析"应用型大学"作为一种"型"的建构机理，通过类型化机理分析获得应用型大学的历史建构性、生成合理性以及存在合法性的价值基础与逻辑前提，从而使得应用型大学成为一个科学概念与一种理想类型。在此基础上我们进一步分析应用型大学的秩序本质。"秩序"作为一个宏大概念，任何一个社会组织或一项社会活动的秩序都非

---

① ［美］多尔.后现代课程观［M］.北京：教育科学出版社，2000：83-84.

常复杂。倘若要想获得某种社会组织或社会活动的秩序的全部特征,就需要从某个维度进行分析,然后将若干维度综合起来才能获得这个社会组织或社会活动的秩序的总体特征。而这种归纳式分析路径存在一定的风险,把若干维度秩序的分析归纳起来之后能否反映与还原总体性秩序? 对秩序从若干维度进行解构之后的每一部分是否具有独立的价值与意义? 这种综合与分析、还原与化约面临的风险值得反思。因为人们对社会组织或社会活动的认知与实践无法像"2=1+1"那样进行数学还原,也无法像"1+1=2"那样进行数学化约。囿于逻辑思维的局限,我们姑且只能在这样的风险中采用归纳式分析,运用伯顿·克拉克(B.Clark)对大学本质的分析框架,从大学运行的核心材料——"知识"着手,基于知识社会的特质来建构应用型大学知识秩序的本质特征——"知识创造价值"("知识创价")及其核心命题。归纳式分析的一个好处是可以从宏观上把握大学本质特征,分析应用型大学作为一种理想类型大学的基本特点及其建构机理。

在应用型大学知识创价课程本质特征、理论框架构建的基础上,第三章构建了知识创价课程的理论框架。主要分析三个问题:其一,知识创价课程的基本内涵与核心要素,包括课程、知识、价值、知识行动等,从历史溯源与现实需求两个维度分析知识创价课程作为一种课程哲学如何可能。其二,知识创价课程面临的主要命题,主体维度的谁来创造知识的价值、本体维度的选择什么知识创造价值、客体维度的知识创造什么价值、实践维度的如何创造知识的价值、时间维度的知识创造何时的价值等问题。其三,通过对知识创价课程基本内涵、核心要素、主要命题的分析与梳理,我们提出知识创价课程建构的核心问题——大学课程设计与实施过程中理论逻辑与实践逻辑之间的衔接转换问题。我们重点分析两种逻辑的内涵、特征、优势以及劣势,针对从理论逻辑向实践逻辑转换过程中存在的问题以及应用型大学课程惯习转向的本质诉求,我们提出了超越逻辑转换的路径,运用社会实在论认识论形成应用认识,生成应用逻辑的应用转型路径。因此,第二、三章的内容旨在为不同学科专家提供一个分析应用型大学知识秩序与课程论框架的逻辑论。

本书第四、五章是在对应用型大学课程论框架进行重建的基础上进一步深入到课程体系设计与实施设计层面,分别形成知识创价课程体系论与实施论。如何将知识创价课程"体系"与"实施"的探讨上升到一种"论"的高度,也就是形成具有一般指导意义的"体系论"与"实施论",首先需要充分认识大学课程的特殊性。正如前所述,大学课程的重要特点之一是课程知识的高深性,不同学科与专业课程的内容需要相应学科专家进行设计与实施,这也是大学课程难以成为一个独立研究领域的重要原因。因为要使一项研究达到科学化水平,就需要有一个学术共同体来共同研究这个对象。而大学课程开发主体则是由不同学科领域专家构成,这些学科领域专家的学术角色首先是学科专家,课程开发角色往往是由学科专家而衍生的一种教育角色,而不是以课程开发为研究对象的大学课程研究专家。这是大学课程开发难以达到科学化的重要原因,即对大学课程开发的研究往往是学科专家衍生的学术,具有一定的依附性,因此,实现大学课程开发科学化的主要路径是,大学课程研究专家为学科专家提供课程开发的方法论工具,这就是本书第四、五章要解决的问题。

从课程开发的操作层面来说,主要包括课程体系与课程实施两个过程。从当下大学课程体系设计的实际运作来看,主要从人文素质教育课程、专业教育课程、隐性课程等三个维度进行课程体系设计,因此,我们运用知识创价课程哲学探索构建了人文素质教育知识创价课程、专业教育知识创价课程以及隐性教育知识创价课程。上述关于课程体系设计问题的探讨构成了本书第四章。本书第五章主要从课程实施维度来探索知识创价课程的实施设计,主要从宏观层面与微观层面构建了两个不同层面课程实施的基本逻辑、现实障碍以及策略路径。无论多么完善的课程哲学以及课程方案与课程内容设计,只有通过科学的课程实施才能将课程哲学进行实践。本章梳理了课程实施的内涵与外延,对传统课程实施概念进行了重构,告诉人们课程实施需要完整理解课程方案与课程内容设计的哲学基础,在此基础上从不同层面来实施课程。本书分别从宏观与微观两个层面构建了宏观层面知识创价课程实施与微观层面知识创价课程实施,分析了如何将知识创价课程哲学在不同层面课程情境中实施的总体策略。

本书结语部分既是对本书观点的统合,也是对本书观点的升华。通过知识创价课程论框架的理论建构,在体系设计与实施设计的基础上,再回到应用型大学课程的知识创价这一逻辑起点,对知识创价课程的逻辑论、体系论、实施论进行统合,型构了内在价值与外在价值统一的知识创价课程。

在任何理解之前,先有表达;

在任何表达之前,先有关于重要性的感受,并且进一步简约为这样的"三位一体"的短语:理解、表达、重要性。

——汪丁丁·《思想史基本问题》

第二章　应用型大学及其知识秩序分析

对应用型大学的理性认识首先需要从应用型大学之"型"的生成机理即"类型化"的机理展开研究,需要回答:应用型大学之"型"的内涵究竟是什么? 这种"型"的认知与实践是如何建构起来的? 人们为什么追求这种"型"的建构? 建构这种"型"的价值旨趣主要是什么? 等等。通过类型化机理的研究来分析应用型大学作为一种类型的合法性。

第一节　应用型大学的类型化机理

目前对应用型大学建设难以深入、向何方深入、如何深入等瓶颈问题的深层次认识难以得到令人信服的回答,一个很重要原因就在于对应用型大学作为一种"型"的内在机理认识的匮乏。只有深化应用型大学作为一种独特类型的内在机理的研究,才能促进大学内外部主体理解并参与大学应用转型改革,形成大学应用转型改革的集体价值旨趣,继而为大学课程应用转型理论的构建奠定基础。

一、应用型大学类型化的逻辑意蕴

"人类心灵是从不加分别的状态中发展而来的"[①],随着人类事务的复杂化,

---

① ［法］爱弥儿·涂尔干,马塞尔·莫斯.原始分类[M].北京:商务印书馆,2012:3.

"分类"成为人类的一种基本思维方式。正如康德所说："一切以一个理性理念……为基础的人为的组织，都不能只通过对所发生的情况的偶然总结和任意联系而得到研究，而要根据某种处于理性之内……的原理以及以之为基础的计划才能进行，这就有必要进行某种分类。"①涂尔干(E.Durkheim)认为："所谓分类，是指人们把事物、事件以及有关世界的事实划分成类和种，使之各有归属，并确定它们的包含关系或排斥关系的过程。"②这种对"事物、事件、事实"的"类和种"的关系进行建构的过程即类型化，其根本目的就是把这些"类和种"的本质特征及其内外部关系建构起来，明确不同性质"类和种"之间的界限，从而提升人类对事物的认知理性与实践理性。

要想真正认识人类的"分类"，必须认识到"分类"在本质上是"名副其实的社会制度，唯有社会学才能够追溯和说明它的起源"③。"类型化"的过程蕴含了丰富的社会意义，不仅包含建构过程本身的机理，还包含建构的环境、建构的社会过程、建构的个体与社会心理过程等复杂的因素。究竟是什么力量导致了人们要把事物按照一定的方式进行分门别类？是外部社会结构的作用还是人类心灵认知设计的驱使？是主体自身还是外部强加的建构？要理解大学的类型化、应用型大学之所以成为一种类型，我们就要充分认识到大学的分类，不仅是"技术分类"，还是"符号分类"④；不仅是实体分类，还是意义分类；大学分类是多重意义作用的产物。

大学类型化是人们对一种特定类型大学的建构过程，这种建构既是人们对大学组织属性和社会功能认知与实践的产物，又是大学发展历史与逻辑的统一。中世纪大学滥觞过程中生成两种"法团"，"一个'universitas'，与教师的'collège'保持区别和独立"⑤，即后人所说的"教师型大学"与"学生型大学"，是人类最初对大学类型化探索的产物。"巴黎大学和博洛尼亚大学提供了两种原型，前者的这种作用尤其明显，其他所有大学都真正是亦步亦趋地以它们为自己的典范。"⑥随着大学内外部关系复杂化程度的提高，康德以大学系科为中心，从逻辑起点到逻辑体系、从分类目的到分类功用构建了大学内部完整的分类框架。康德从"理性理念"逻辑起点出发，构建了大学内部的系科"分类原理"，把系科按照"对于政府的关系"分为高等系科和低等系科两个等级，"属于较高等级的，是那

①　[德]伊曼努尔·康德.论教育学(附系科之争)[M].上海：上海人民出版社,2005:64.
②　[法]爱弥儿·涂尔干,马塞尔·莫斯.原始分类[M].北京：商务印书馆,2012:2.
③　[法]爱弥儿·涂尔干,马塞尔·莫斯.原始分类[M].北京：商务印书馆,2012:2.
④　[法]爱弥儿·涂尔干,马塞尔·莫斯.原始分类[M].北京：商务印书馆,2012:109.
⑤　[法]爱弥儿·涂尔干.教育思想的演进[M].上海：上海人民出版社,2003:126-127.
⑥　[法]爱弥儿·涂尔干.教育思想的演进[M].上海：上海人民出版社,2003:127-128.

些其学说内容和是否公开宣讲为政府所关切的系科;与此相反,那种只关切科学本身的系科则被称为是处于较低等级的"①。把高等系科按照"被政府用于其目的的动机"即"理性"建构"品级次序",渐次分为关于"永恒福利"的神学、"公民性福利"的法学、"身体福利"的医学②,进而形成从高级到低级不同等第的系科。康德对大学系科的分类已经超越了对大学本体认识论意义上的分类,不同类型系科之间的"违法争执"与"合法争执",以及"两个由同一最终目的统一起来的派别间的争执"实现"低等系科变成高等系科"③的系科转化路径、资源获取以及目的实现等带来的各种变化,体现了对大学系科进行分类的实践价值,指认了不同类型学科知识的价值取向与行动诉求,从而实现不同类型大学之间的区隔。

第一次工业革命在英国的发生促进了英国新大学运动的产生并推动了一批不同于牛津、剑桥等传统大学的"新大学"的创建,如1828年建立的伦敦大学、1851年创立的欧文斯学院等。以1826年创立的伦敦大学为例,"与传统大学相比,伦敦大学不仅取消了传统大学中的神学部,代之以理学部和工学部,而且在各学部引入大量近代新型课程"。而且"伦敦大学的学部构成不仅与传统大学有别,即使与传统大学有同样名称的文学部、法学部和医学部也引进许多新科目"④。当然,这种技术型大学在后来的发展过程中,"为了提高本身的学术水平及在社会上的声誉,尤其是取得与传统大学同样的学位授予权,各地城市大学也逐渐在课程中引进有关社会和人文方面的课程"⑤。与传统大学一样,"追求共同的教育价值观"。

新大学之"新"主要体现在学科、课程之"新"。相对于中世纪大学而言,新大学的知识运行方式仍以师生之间的授受为主,但不同的是知识性质发生了变化。这种新大学是为"所有在技工和巨富之间的人"设置的⑥,在传统的神学等学科知识之外增加了大量的科学和技术知识。这种新的大学类型被后人称为"技术型大学"。19世纪后半叶,美国社会经济的迅速发展特别是工业化进程的加速发展,对科学技术在深度与广度方面的发展提出了新要求,这为研究型大学的发轫既创造了条件又提出了内在要求。1876年约翰·霍普金斯大学的创立标志着研究型大学的诞生,"首次把培养研究生放在第一位,使授予博士学位和开展研究生教育成为一所学院变为大学的标志,使学者们第一

① [德]伊曼努尔·康德.论教育学(附系科之争)[M].上海:上海人民出版社,2005:62.
② [德]伊曼努尔·康德.论教育学(附系科之争)[M].上海:上海人民出版社,2005:64.
③ [德]伊曼努尔·康德.论教育学(附系科之争)[M].上海:上海人民出版社,2005:76.
④ 黄福涛.外国高等教育史[M].上海:上海教育出版社,2003:143-144.
⑤ 黄福涛.外国高等教育史[M].上海:上海教育出版社,2003:148.
⑥ 王承绪.伦敦大学[M].长沙:湖南教育出版社,1995:18.

次能够在自己的专门领域把教学与创造性的研究结合起来"①。不难发现,在大学系统内外部因素的综合作用下,每次一种新的大学类型的生成都使大学系统的基因发生了或多或少的突变,通过生成一种新的大学类型促进了大学在知识的或生产或传播或应用等方面运行方式的变化和能力的提升。

那么,究竟什么是应用型大学?应用型大学在现代大学系统中类型化的区分特征究竟是什么?"为了能够标出一个类别的界限,就必须分析出事物究竟是根据什么特征才被认为是汇成一类的,又是根据什么特征才被区分开来的。"②广义上的应用型大学,顾名思义就是以知识的应用为使命,强调人才培养、科学研究、社会服务等职能中知识应用能力的大学。客观而论,无论是中世纪大学,还是近现代大学,都是为了追求知识的应用而建构起来的。从发生学的视角来看,中世纪大学就是适应中世纪社会对知识应用的需要演化而成,13 至 15 世纪是中世纪大学发展的黄金时期,堪称最初的"应用型大学"。中世纪大学"只有在等待与呼唤它的日趋复杂和重要的社会需要中才能出现"③,主要以两类高深知识的应用为使命,一类是适应宗教发展需要的神学知识,一类是适应中世纪社会需要的医学、经贸等世俗知识。正如法国史学家雅克·韦尔热(Jacques Verger)所言,"中世纪大学的最大特征,也许是以无限的努力将用于学习(和祈祷)的闲暇中的文化(文化的某些分支),过渡到工作境界"④。近现代大学则是适应近现代社会对知识应用的需要改革而成,以满足社会发展需要的科学技术知识的生产、传播、应用为主要标志。毋庸赘言,"应用是高等教育的应有之义,没有哪一个高等教育机构是完全无用的"⑤。

狭义上的应用型大学是现代大学系统内部分化的产物,是一种相对于研究型和技能型院校的、致力于科学知识技术化应用的大学。其核心特质是生产直接服务于社会经济发展需要的技术性知识,培养直接服务于社会经济发展需要的技术性人才,在科学知识与技术知识的转换过程中追求应用理性的发展。从理性视角来看,"科学知识"是人们对事物本质的分析与认知,往往表现为对认知理性、理论理性的追求及其成果⑥,体现为人们在认识世界的过程中追求纯粹知识的内在理路与认知方式的合理化。人们对认知理性的追求往往容易导向科学至上的唯理主义,而忽视经验在"先天综合判断"⑦中的渗透与参与。"技术知

① 黄福涛.外国高等教育史[M].上海:上海教育出版社,2003:186.
② [法]爱弥儿·涂尔干,马塞尔·莫斯.原始分类[M].北京:商务印书馆,2012:102.
③ [美]约翰·S.布鲁巴克.教育问题史[M].济南:山东教育出版社,2012:458.
④ [法]雅克·韦尔热.中世纪大学[M].上海:上海人民出版社,2007:161.
⑤ 王建华.高等教育的应用性[J].教育研究,2013(4):55.
⑥ 邓晓芒.康德《纯粹理性批判》句读[M].北京:人民出版社,2010:28.
⑦ 邓晓芒.康德《纯粹理性批判》句读[M].北京:人民出版社,2010:120–121.

识"是人们对行动方式的分析与认知,往往表现为对实践理性、技术理性的追求及其成果①,体现为人们在行动中的意志自由,追求行动目的的正确与方式的合理化。人们对实践理性的追求往往容易导向技术至上的经验主义,而忽视认知在"后天综合判断"②中的还原与深化。

两种理性在目标指向、价值追求、优先地位等方面的差异成为哲学家们争论的焦点,韦伯(Max Weber)从理性的合理性角度阐释理性内部的冲突与分野,超越了传统理性的内在张力,而哈贝马斯(Jürgen Habermas)则用交往理性来调和两种理性的分工与指向③。"面对当下的诸多挑战,我们必须放弃以往那种绝对的、普全的理性主义,也必须填补由此留下的空白。"④为此,我们有必要构建指向知识在认知与行动、理论与实践之间转换的"应用理性"。"应用"意指科学知识向技术知识转换的技术化过程,这种技术化过程的实现不仅要求主体具有科学知识的技术化能力,而且由于科学知识与技术知识在情境中创造性转换的需要,还内在地要求主体具有技术知识向科学知识转换的科学化能力,实现科学知识(理论)与技术知识(实践)的双向转换。这种双向转换的内在逻辑与方式的合理化就必然成为理性分工的一种独特指向,要求主体在对认知理性与实践理性进行反思与批判的基础上,追求两种理性合理内核的融合与边界的贯通,架设"纯粹知识"与"经验性知识"之间"相互依赖"的桥梁⑤,形成追求理论认知在实践中的应用、实践知识还原为理论解释的"应用理性"。

应用型大学类型化主要指向狭义上的应用型大学。作为逻辑事实,应用型大学类型化是诸多国家大学系统在分化过程中的产物。联合国教科文组织针对国际高等教育发展现状,经过反复征求意见与讨论后批准的《国际教育标准分类法》(2001 年修订版)是一个代表性的描述性分类法⑥。该分类法以"一定教育理

---

① 邓晓芒.康德《纯粹理性批判》句读[M].北京:人民出版社,2010:28.

② 邓晓芒.康德《纯粹理性批判》句读[M].北京:人民出版社,2010:115.

③ 王晓升.从实践理性到交往理性——哈贝马斯的社会整合方案[J].云南大学学报(社会科学版),2008(6):34-35.

④ 朱葆伟.理性与合理性论纲[J].湖北大学学报(哲学社会科学版),2011(6):19.

⑤ 邓晓芒.康德《纯粹理性批判》句读[M].北京:人民出版社,2010:90.

⑥ 这里很有必要对分类法进行必要解读,人们对事物分类有多种维度的分类方法,正所谓"横看成岭侧成峰,远近高低各不同"。如果按照人们对事物主观分析的维度进行分类可以分为描述性分类法与规划性分类法。前者是根据高等教育系统发展现状,分类主体人为地设计一种分类方案并进行类型的归属,这种分类法不强调导向作用,主要是描述性的统计功能;后者是有关主体特别是政府主体根据发展需要而人为设计的一个分类,这种分类法的重要目的是规划客体发展的战略方向,使之符合主体的需要。两种分类法的共同特点是强调分类标准的人为设计性,而弱化分类标准与客观事物自身发展状态的相互建构。

念指导下的课程为大学的分类标准"①,将高等教育分为5—8级的4个等级。其中6级系4年或4年以上课程的"学士或同等高等教育",相当于我国的本科教育。6级又分为两类,一类课程的主要特征是传授"学术知识",为科学研究做准备,即研究型大学;另一类课程的主要特征是传授"专业知识、技艺和能力",为科技应用工作做准备,即应用型大学。1960年美国加州议会立法通过《加州高等教育总体规划》,这是一个极具代表性的规划性分类法,将加州大学系统分为初级学院、州立学院和加州大学等三类,从教学、科研、招生等方面规划了不同类型之间的边界,其中州立学院主要定位于"应用型"②。"尽管40多年来加州高等教育发生了巨大变化,但其公立系统的分工形式及结构仍然保留着1960年总体规划的精髓。"③

现代大学就如一座"充满无穷变化的大都市"④,相对于中世纪大学和近代大学比较单一的知识秩序而言,现代大学知识秩序日益复杂化。中国现代大学系统由于政策导向、资源分配、管理体制以及传统文化等方面因素的影响,形成了研究型和技能型两极化发展的格局。研究型大学的知识秩序以认知理性为核心特征,技能型院校的知识秩序以实践理性为核心特征。两极化发展的知识秩序存在的一个突出问题是对知识经济社会本质属性认知的偏颇。20世纪90年代后期,通过升格、合并、改制等"新建"的普通本科院校,为了更好地适应社会需求,在两极化发展格局中开辟出了一条新的具有类型化特色的发展路径,提出向应用型大学转型的战略目标。应用转型的战略目标在初期主要是外延式转型,如由专科向本科的层次转型,由单一学科向多学科的学科生态转型,由单一的知识传播方式向知识生产、传播、应用一体化的知识运行方式转型等。当下应用转型的战略目标则主要是内涵式转型,如由专业、学科思维向产教融合思维转型,由理论型或技能型向理论与实践结合型的办学理念转型,由单一办学目标向整体性办学模式转型等。内涵式转型涉及对应用型、应用型高等教育的本质究竟是什么等问题的追问与反思。

我们要回答这些问题,就要厘清大学类型化的核心特征是什么,即究竟如何区分不同类型大学的秩序。哈耶克(Friedrich August Hayek)用"秩序"(Order)来型构社会状态,旨在说明社会结构的复杂性与自生自发性,强调"这样一种事

---

① UNESCO Institute for Statistics (UIS).International Standard Classification of Education:ISCED 2011[M].UIS,Montreal,Quebec,2012.

② 教育部国家教育发展研究中心组译.美国加利福尼亚州高等教育总体规划[M].北京:人民教育出版社,2005:215-217.

③ 陈厚丰.高等教育分类的理论逻辑与制度框研究[M].广州:广东高等教育出版社,2011:134.

④ Clark Kerr.大学的功用[M].南昌:江西教育出版社,1993:26.

态……无数且各种各样的要素之间的相互关系是极为密切的,所以我们可以从我们对整体中的某个空间部分或某个时间部分所作的了解中学会对其余部分做出正确的预期"①。知识是大学运行的基本材料②,知识秩序自然是大学秩序之维的核心,成为大学理性的表现形态。所谓知识秩序,就是大学在知识的属性认知、运行方式等方面形成的理念、制度及实践的综合状态,体现为大学知识运行的组织基础、主体间关系、终端产品呈现以及知识体系等方面的结构状态。区分大学类型化的核心就是形成不同类型的知识秩序以及相应的理性分工。在应用型、研究型、技能型院校之间的区分上,我们就可以通过分析三者知识秩序的生成机理、内部要素结构状态及知识秩序与外部要素的关系,来把握各类型的内在逻辑。

应用型大学类型化是适应知识经济社会对知识秩序转型的内在要求而产生的。相对于工业社会,知识经济社会的变化与转型集中体现在知识价值的革命,"知识与智慧的价值的创造成为生产价值的主要内容"③,以及由此导致的知识运行方式转型,如知识社会责任的提高、知识生产主体构成的多元化、知识生产场景的跨部门与跨组织、知识运行过程从单向线性走向双向互动等④。对于以知识为基本运行材料的大学而言,其知识秩序必然发生相应的转型:不仅要追求知识对主体发展的认知价值;追求知识的本体价值,即"世界Ⅲ"⑤客观知识本身的学术价值,表现为知识增量、学科逻辑完善等纯粹学术价值;更重要的是要追求知识的应用价值、追求多种价值的统一,即追求知识创造价值,可以简称为知识创价。应用型大学类型化的目的就是适应知识经济社会与复杂时代的变革要求,构建以知识创价为核心特质的知识秩序。

应用型与研究型、技能型院校在知识秩序上的区分就在于:研究型大学知识秩序的基本特征是以发展科学知识的认知理性为目标,为了科学知识本身而创造、传播知识,追求科学知识的本体价值与长期价值,与产业之间保持一定张力,轻视知识的应用价值,忽视科学知识的技术化应用,忽视知识对社会经济文化和学习者个体发展的价值。技能型院校知识秩序的基本特征是以发展技术知识的

---

① [英]弗里德利希·冯·哈耶克.法律、立法与自由(第一卷)[M].北京:中国大百科全书出版社,2000:54.

② [美]伯顿·克拉克.高等教育新论——多学科的研究[M].杭州:浙江教育出版社,1988:107.

③ [日]堺屋太一.知识价值革命[M].北京:东方出版社,1986:54.

④ [英]迈克尔·吉本斯,等.知识生产的新模式:当代社会科学与研究的动力学[M].北京:北京大学出版社,2011:4.

⑤ 波普尔(Karl Popper)的"三个世界"理论认为存在着 3 个世界:"物理客体或物理状态的世界"(简称世界Ⅰ)、"意识状态或精神状态的世界"(简称世界Ⅱ)以及"思想的客观内容的世界"即"客观知识世界"(简称世界Ⅲ),参见:卡尔·波普尔.客观知识[M].舒炜光,译.上海:上海译文出版社,1987:114.

实践理性为目标,追求技术知识的传播、技能的娴熟,基于技术知识满足市场的需要,忽视技术知识的科学化过程。应用型大学知识秩序的基本特征则是以发展应用理性为目标,弥合认知理性与实践理性的断裂,创建两种理性之间的关联,促进科学知识技术化与技术知识科学化之间的互动,追求知识的中长期应用价值,强调为社会经济和学习者的发展直接创造价值。不难发现,国内外大学进行应用转型改革的一个重要背景就是适应知识经济社会的知识生产与运行方式。相对于研究型与技能型院校而言,应用型大学作为一种大学类型,具有特定的内涵、定位以及功用,追求知识运行效率与价值的最大化,为社会经济发展直接创造价值成为应用型大学最为鲜明的特质。

二、应用型大学类型化的建构机理

"分类绝不是人类由于自然的必然性而自发形成的"[①],分类在本质上是人为建构的产物,是习性、资本和场域相互作用的产物。所以,在社会空间中理解"事物、事件、事实"的"类和种"之间本质关系的建构机制就成为一种非常复杂的认知与实践活动。大学作为人类的一种复杂社会组织,在其悠久的历史发展过程中,形成了复杂的组织结构,产生了多样的社会功用,蕴含了多种利益相关者的理念与实践。因此,理解应用型大学类型化的建构机理就是揭示作为"社会宇宙"(Social Universe)的大学系统中"掩藏最深的结构,同时揭示那些确保这些结构得以再生产或转化的机制"[②]。按照布迪厄的社会理论,人类对事物的分类主要有社会建构和认知建构两种不同意义的建构方式,进而走向社会实践性建构之路。

社会建构意义上的类型化

从社会建构意义上来说,人类类型化的行动实践本质上是"用社会物理学(social physics)的方式透视社会:它将社会看作一种客观的结构,可以从外部加以把握,可以无视居处于其间的人们的各自看法而从物质上观察、测量和勾画这种结构的关联结合"[③]。正因为大学是社会中的大学,大学的知识秩序必然受到社会需求、社会生产等表现形式的社会结构的影响,社会建构类型化的典型特征是大学外部主体推进创建适应社会需求的大学。1789年法国资产阶级革命爆发后,针对中世纪大学不能适应新兴资产阶级社会发展需要的情况,1793年国

---

① [法]爱弥儿·涂尔干,马塞尔·莫斯.原始分类[M].北京:商务印书馆,2012:7.
② [法]布迪厄,[美]华康德.实践与反思:反思社会学导引[M].北京:中央编译出版社,1998:6.
③ [法]布迪厄,[美]华康德.实践与反思:反思社会学导引[M].北京:中央编译出版社,1998:7.

民议会通过法案关闭了 22 所中世纪大学,创建了一批以技术知识的开发、传授为使命,以培养技术人才为主要目标的技术型院校。其中,一种类型是专门学院(Écoles Spéciales),按照"传授一门科学(une science)、一门艺术(une art)或一门专业(une profession)"的宗旨进行设置①;另一种类型是综合理工学院(École Polytechnique),其核心特征是在教学内容方面把科学理论知识与实用技术知识有机结合起来,在教学形式方面把传统课堂讲授与实践现场讲授有机结合起来②。历史地看,法国的技术型院校实属近代世界高等教育史上最早探索应用型大学类型化的机构。美国南北战争结束后,工农业发展对科学技术开发与人才培养的需求日益增长,"赠地学院"的兴起以及"威斯康辛思想"(Wisconsin Idea)的萌发则是适应美国现代工农业发展对高层次科技人才与科技研发的需要,创建一种以走出"象牙塔"为使命的、新的"社会服务型大学"。社会服务型大学的社会服务方式不同于中世纪大学,亦有别于英国的"新大学",大学在人才培养和科学研究两种职能之外增加了直接为社会提供技术性知识服务的新功能。我们从"赠地学院"的名称就可以看出,这类院校是通过国家"赠"予其办学资源而产生的、以满足社会需求为导向的大学。

正如涂尔干所说,"分类图式不是抽象理解的自发产物,而是某一过程的结果,而这个过程是由各种各样的外来因素组成的"③。对于这些由社会结构所决定的"外来因素","不仅类别的外在形式具有社会的起源,而且把这些类别相互连接起来的关系也源于社会"④。社会建构意义上的应用型大学把社会需求作为大学知识秩序型构和运行的理念目标与行动实践,"表达了它们建构于其中的那个社会"⑤,是"各种各样的外来因素"影响的结果,且这种影响带来其在大学理念、治理模式、课程设计、服务方式等方面与传统大学的区分与转型。社会建构意义上的类型化容易导向客观主义的危险境地,"它将自己构建的各种结构看作自主实体,赋予它像真实的行动者那样'行为'的能力,从而使抽象的结构概念物化(reify)了"⑥。要克服和解决这种社会建构意义上的类型化所带来的弊端

---

① 黄福涛.外国高等教育史[M].上海:上海教育出版社,2003:125.

② 这里之所以用"实践现场讲授"来概括,大致包含以下内涵:第一,与传统的经院哲学的思辨、理论传授等相区别;第二,强调知识传播方式的核心是讲授;第三,讲授的现场不等于生产车间实践教学,当时还没有形成完整的实践教学,而是知识,特别是技术知识在传统课程中的运用,包括模拟实践运用的讲授。所以,实践现场讲授既包含传统课堂中科学知识向技术知识转换或技术知识在实践情境中的演练,也包括个别可能存在的在生产场所的现场教学。

③ [法]爱弥儿·涂尔干,马塞尔·莫斯.原始分类[M].北京:商务印书馆,2012:8.

④ [法]爱弥儿·涂尔干,马塞尔·莫斯.原始分类[M].北京:商务印书馆,2012:97.

⑤ [法]爱弥儿·涂尔干,马塞尔·莫斯.原始分类[M].北京:商务印书馆,2012:77.

⑥ [法]布迪厄,[美]华康德.实践与反思:反思社会学导引[M].北京:中央编译出版社,1998:8.

和矛盾,一方面,大学需要理解、甄别、判断真实的社会需求,把握社会发展规律,探究社会发展趋势;另一方面,大学需要拥有理想,在实践中发挥主观能动性,充分发挥想象力,引领社会需求,"不断满足社会的需求,而不是它的欲望"①。

认知建构意义上的类型化

人们对大学认知图式的建构是应用型大学类型化型构的另一种方式。涂尔干在考察大洋洲人的原始分类后发现,他们"并不是从规范他们行为的角度出发,甚至也不是从证明他们实践的考虑出发,才在其部落的各种图腾之间划分宇宙的。对他们来说,图腾观念是最基本的,他们必然要把他们所知道的其他所有事物都与图腾联系起来"②。在很大程度上,人们在认知和实践过程中建构认知图式的一个重要旨趣就在于运用认知图式来联系"他们所知道的其他所有事物",从而准确理解认知和实践的对象。认知建构意义上的分类的一个重要价值就在于建构事物的本质特征及其内外部关系,帮助人们理解事物,满足人们对事物的好奇,满足人们对事物在社会空间中意义与价值的认知,从而有助于人们深化对普遍联系的世界的理性认识。毋庸置疑,这种认知建构意义上的分类就使人们把一般意义的观念上升到认识论与本体论的高度,通过对事物类型认知图式的建构来深化对事物的认知。

认知建构意义上的类型化就是人们根据自身的理念、认知乃至价值取向进行认知图式的建构,旨在深化对何为应用型大学、如何成为应用型大学等方面的认知。其典型表征是大学领导者所宣称的目标使命、文化标识、政治修辞等一套有关应用型大学的"符号系统","符号系统不仅仅是知识的工具,还是支配的工具。……符号系统是能对构造世界发挥作用的社会产物,即它们不只是照样反映社会关系,还有助于构建这些关系"③。作为一种"符号系统"的应用型大学有助于促进人们对大学意义的认知,深化人们对应用型大学本体与实践的认知,统一人们的行动;甚至作为大学的一种理想类型,成为人们行动的目标追求。

人们对社会需求与大学属性评判的差异,导致对应用型大学的类型化形成不同认知。在应用型高等教育究竟属于专业教育、职业教育、技术教育抑或应用科学教育方面的博弈与调适就是在对应用型大学的本质认知上的分歧;对法国的技术型院校、德国的应用科学大学(Fachhochschule,FH)、英国的城市大学、

---

① [美]亚伯拉罕·弗莱克斯纳.现代大学论——英美德大学研究[M].北京:中央编译出版社,1998:3.

② [法]爱弥儿·涂尔干,马塞尔·莫斯.原始分类[M].北京:商务印书馆,2012:95.

③ [法]布迪厄,[美]华康德.实践与反思:反思社会学导引[M].北京:中央编译出版社,1998:13-14.

美国的服务型大学①等办学模式的依赖与突围就是在应用型大学实践路径上的分歧。因此,应用型大学类型化建构就必然提出具有本土特色的多样认知,如新型大学②、应用科技大学③、应用技术大学④、教学服务型大学⑤、创业型大学⑥等概念表达,以及由应用型内涵本身派生出的工程应用型⑦、应用型文科、应用型理科⑧等亚类型。这些概念表达蕴含了应用型大学知识秩序的核心特征——追求知识生产、传播、应用的一体化,在强调知识本体价值、认知价值的同时追求知识的应用价值。

两种不同意义上的类型化建构过程伴随着诸多表现形式,无论是社会建构还是认知建构意义上的类型化都会派生出外部建构与内部建构意义上的应用型大学。大学外部主体对大学类型化的建构即外部建构,政府机构、雇主、技术专家、学生家长、用户等外部主体对大学理念、课程设置、治理结构产生诉求,并通过政策引导、经费资助、市场参与等方式参与大学类型化的建构。大学内部主体对大学类型化的建构即内部建构,大学管理人员、教师、学生、校友等内部主体依据组织特性、文化传统、学术特长对大学类型化进行建构。无论外部主体还是内部主体,每种主体都用不同方式参与大学类型化的建构,而问题的症结在于如何形成类型化建构的合力。

走向社会实践性建构的类型化

大学是人为的大学,也是为人的大学。人们在建构实践中无法将纯粹的理性认知与社会影响割裂开来,任何一种应用型大学类型化的生成都不是理想类型意义上的建构,而必然是作为大学人的个体与群体以及外部利益相关主体围绕特定的知识、权力、利益、声誉等对大学认知与实践的"单打独斗"或"集体竞争"⑨。复杂的类型化建构既是"表象组织"建立的过程,亦是权力和利益争夺的过程;建构过程不可能是自然的、纯粹的,而必然是习性、资本和场域相互作用的产物,成为一种象征性社会实践⑩,此即人们按照自己的理解与主观愿望,不断

① Cummings William K.The Service University in Comparative[J].Higher Education,1988(4):1
② 柳友荣.新型大学:"型"在何处[J].重庆高教研究,2017(4).
③ 刘教民.建设应用科技大学 培养和造就高技能人才[J].教育发展,2013(17).
④ 牟延林.思考应用技术大学的中国价值[J].中国高教研究,2015(6).
⑤ 刘献君.经济社会发展转型与教学服务型大学[J].高等教育研究,2013(8):2.
⑥ 付八军,龚放.创业型大学本土化的实践误区[J].江苏高教,2019(1).
⑦ 夏建国.深化产教融合 加快建设高水平工程应用型大学[J].中国高等教育,2018(2):25.
⑧ 孔繁敏,等.建设应用型大学之路[M].北京:北京大学出版社,2006:224.
⑨ [法]布迪厄,[美]华康德.实践与反思:反思社会学导引[M].北京:中央编译出版社,1998:14.
⑩ [法]皮埃尔·布尔迪厄.区分:判断力的社会批判[M].北京:商务印书馆,2015:封底.

走向认知建构与社会建构的双重互动运作,在社会实践过程中建构应用型大学,从而弥补主观主义与客观主义的缺陷。

在知识经济社会,大学逐步走向社会的中心。由于大学与社会的边界越来越模糊,大学内外部利益相关主体的资本占有、价值取向等方面存在差异,这加剧了应用型大学类型化建构方式的复杂性。应用型大学在改革过程中出现的诸多问题,往往源于对大学类型化的意义认知与建构方式的偏颇或缺失。应用型大学类型化的建构倘若源于大学内部的力量、大学的一厢情愿、纯粹学术的理想,那么往往导向类型化的认知建构。应用型大学类型化的建构倘若源于大学外部的力量、社会的广泛参与、对社会利益的追求,那么往往会导向类型化的社会建构。克服两种建构方式的缺陷,走向社会实践性建构成为应用型大学类型化生成的关键,而生成社会实践性建构的关键在于促进个体行为与集体行为、外部主体与内部主体的协调与互动,这就需要通过价值导向来促进大学内外部主体力量的集聚。

三、应用型大学类型化的价值旨趣

我们如果离开特定的价值追求,就无法讨论一种社会事实的建构过程。人们追求应用型大学的类型化既是利益相关主体认知与实践的需要,也是大学组织自身生存与发展的需要。在布迪厄看来,一种复杂的社会建构往往具有"符号表象""性情倾向""物质属性"等方面的价值指向[①]。符号表象即一种类型的特定风格所表现出来的象征性符号;性情倾向是对一种类型特有的情感归属与趣味追求;而物质属性则表现为追求一种特定类型所能够获取的经济利益以及能够转化为经济利益的等级地位、权力、资本等物性资源[②]。按照这一分析框架,我们可以解读大学内外部利益相关主体对应用型大学类型化建构的多重价值追求及其对类型化建构的促进机制。

探索独特学术风格的价值旨趣

应用型大学类型化的建构具有探索独特学术风格的价值旨趣,追求与研究型、

---

① [法]布迪厄,[美]华康德.实践与反思:反思社会学导引[M].北京:中央编译出版社,1998:12-15.

② 布迪厄在分析影响人类事务或事物的社会建构核心因素时,使用了"物质属性"这个概念,意指物质属性要素,与符号风格、情感属性等要素相对立。我们在这里分析时将"物质属性"转换为"物性资源",旨在符合中文语境的认知习惯。物性资源即具有物质属性或能够转化为物质属性的要素禀赋,大学追求的物性资源主要为等级地位和办学资源等;等级地位涵盖社会地位、社会声誉等;办学资源涵盖行政权力资源、学术权力资源、学术市场资源等。

技能型院校在学术风格上的区分。英国新大学运动中诞生的欧文斯学院即现今的曼彻斯特大学,其在创建之初就把追求独特的学术风格作为首要目标,"地方教育机构永远无法指望与牛津剑桥的声望一争短长,相反,它们必须为自身确立一种不同的宗旨"①。"地方大学在开展纯粹研究的同时公开宣称志在服务工业,体现着一种独特的优点。"②"致力于创造一种新的大学模式,以科学为中心,以研究为取向,与地方工业保持直接关联。"③"回应地方的需求,打造与周边社区更紧密的联系。"④欧文斯学院追求的这些独特学术风格不同于传统大学,其强调知识生产与传播在产业实践中的应用,成为现代应用型大学的先驱和成功典范。

应用型大学探索独特学术风格集中体现在知识秩序的重构上,这就是为什么应用转型院校在知识的本体认知、行动主体、行动过程等方面追求一种独特的风格。在知识的本体认知方面,应用型大学包容客观主义、个人主义、建构主义、社会实在主义等诸种知识本体论,指向科学知识与技术知识、形式知识与暗默知识等多种性质的知识,旨在为追求知识价值的最大化提供知识本体论基础。在知识的行动主体方面,应用型大学强调大学管理者、教师、学生、技术专家、用户等多主体参与知识的运行,旨在从不同主体角度出发创造知识的价值。在知识的行动过程方面,应用型大学强调知识行动从"生产—传播—应用"的单向线性运行走向双向互动,形成知识运行的一体化,旨在形成科学知识的技术化与技术知识的科学化之间的互动。这些学术风格旨在追求创造知识的多重价值,与研究型、技能型院校形成区分,从而"避免学术跟风""防止学术殖民化"⑤。而这些独特学术风格的形成依赖于大学教师与管理者在知识运行场域形成新的学术路径,形成不同于传统大学的知识运行惯习。由于应用型大学教师与管理者的学术训练主要来自研究型大学,加上研究型大学在大学系统内部优势效应的影响,应用转型过程中这些主体需要扬弃研究型大学的学术风格,摆脱习得的知识运行惯习与依赖的学术路径。这就是较之于制度设计、政策环境的应用转型,学术风格乃至大学文化的应用转型要艰难得多的重要原因。

---

① [英]萨拉·巴恩斯.英国的市立大学与牛津剑桥理念的胜利//哈佛燕京学社主编.人文学与大学理念[M].南京:江苏教育出版社,2007:443.

② [英]萨拉·巴恩斯.英国的市立大学与牛津剑桥理念的胜利//哈佛燕京学社主编.人文学与大学理念[M].南京:江苏教育出版社,2007:445.

③ [英]萨拉·巴恩斯.英国的市立大学与牛津剑桥理念的胜利//哈佛燕京学社主编.人文学与大学理念[M].南京:江苏教育出版社,2007:427.

④ [英]萨拉·巴恩斯.英国的市立大学与牛津剑桥理念的胜利//哈佛燕京学社主编.人文学与大学理念[M].南京:江苏教育出版社,2007:428.

⑤ [英]萨拉·巴恩斯.英国的市立大学与牛津剑桥理念的胜利//哈佛燕京学社主编.人文学与大学理念[M].南京:江苏教育出版社,2007:443.

追逐一种情感归属的价值旨趣

应用型大学类型化建构过程还伴随着情感归属的价值旨趣。正如涂尔干所说:"分类所划分的不可能是概念,分类所依据的也不可能是纯粹知性的法则。因为要使观念能够根据情感而成体系地加以安排,那么这些观念就必然不可能是纯粹的观念,它们本身应该是情感的产物。"①情感归属在分类过程中之所以能够发挥关键作用,是因为人们在类型化的理性建构过程中无法脱离情感的参与。理智与情感相伴而生,人们不仅在对于事物的本质认知及其行动指向上附着其特有的情感经历,而且在新的认知与实践情境中还会产生新的情感反应,甚至情感归属还把对事物的认知与实践导向特定的方向,以至于情感归属在分类中成为一种"支配角色"②。

类型化建构过程中情感归属的核心是知识的应用趣味。知识运行不是纯粹为了生产知识而生产知识,知识生产有着中长期的应用取向。大学把破解社会经济发展中的关键技术问题、培育学习者的知识应用能力作为知识运行的趣味,有着明确的实践倾向,从社会实践中提出知识生产、传播的课题。同时,大学也不是为了技术知识的熟练化运用,并不止于熟练掌握孤立的技术技能,而是强调技术问题在科学原理层面的解释与重构。在这些不同性质、类型知识的相互转化过程中,大学内外部利益相关主体自然蕴含着认可与否定、赞成与回避等情感上的价值取向。从情感上提升人们对应用趣味的认同,促进情感、认知、意志、行动在知识运行过程中的良性互动,把情感归属作为应用型大学类型化的"支配角色",成为类型化建构过程中的内在要求。

追逐多样物性资源的价值旨趣

应用型大学类型化的建构还有对诸多物性资源的追逐。物性资源是事物存在与发展的基础,人们对事物风格与情感归属的追求往往都以物性资源的追求为基础。应用型大学的核心优势是科学知识的技术化应用能力与技术知识的科学化还原能力,这使应用型大学在知识的运行中获得优越性,提升了应用型大学的社会地位与社会声誉,乃至于提高了应用型大学在大学系统中的"等级地位"。这就是应用型大学致力于科学知识技术化应用能力的提升、人才培养水平的提高,特别是通过学位点的增设等路径来升格办学层次的重要原因。类型化建构过程中,通过为社会创造独特的价值,大学还可以获取更多的办学资源。这有利于大学在政府设计与管控的"重点""工程""规划"等项目的竞争中争夺办学资源;有利于大学在人力资源、科技研发、社会服务等学术市场的竞争中争夺教授、

---

① [法]爱弥儿·涂尔干,马塞尔·莫斯.原始分类[M].北京:商务印书馆,2012:99.
② [法]爱弥儿·涂尔干,马塞尔·莫斯.原始分类[M].北京:商务印书馆,2012:100.

生源、合作项目、经费捐赠等办学资源。因此,类型化建构过程自然就伴随着对权力与资本的追逐,这就是为什么应用转型高校在类型化建构过程中呈现出等级化、行政化、资本化交织发展的现象。

由于学术资源的相对稀缺性,大学倘若背弃自身的本质属性,则有可能把类型化建构的目标异化为对等级、权力、资本等物性资源的追逐。为了防止这些异化现象的产生,应用型大学在科学知识技术化过程中需要坚守大学本质,彰显大学自治,与市场之间保持一定的边界;在追求创造市场价值的同时,侧重于科学知识的技术化开发、技术化试验,而不是市场化售卖。"巴斯德式应用"是应用型大学可资借鉴的科学知识进行技术化应用、解决社会实践中技术难题的一个经典模式。巴斯德(Louis Pasteur)是19世纪法国的一位化学教授,是近代微生物学的奠基人,他紧密结合社会经济发展需要从事化学研究。特别是法国在葡萄酒与啤酒生产、鸡瘟与狂犬病防治等方面遭受前所未有困难的时候,他从科学家的角度,将这些社会经济发展中的瓶颈问题、应急问题作为研究对象,从基础科学层面展开研究。他在破解这些实践问题的科学原理基础上,为农户等提出具有操作性的技术,如试验出独特的牛奶消毒法、研发出狂犬病疫苗等。这些在原创性科学知识生产基础上开发出的原创性技术,直至今天仍然应用在相关领域,甚至还没有可以替代的技术。不仅如此,巴斯德还根据理论和实践问题研究的需要,拓展传统学科研究的界限,开创了微生物学等新的研究领域,在解决实践问题的同时实现了学科创新。破解了社会实践中瓶颈问题背后的科学原理、提出了可操作的技术之后,巴斯德的应用性实践就结束了。他没有将开发的技术转化为商业化的产品,更没有依托开发的技术开办企业或参与到企业的商业化生产当中,而是发表了研究成果之后又回到自己的科学研究领域,这就是"巴斯德式应用"的真谛。巴斯德为社会提供了服务,但他的服务是"学术性的""适可而止的","像一名科学家那样提供服务"①。所以,科学知识的技术化应用本质上是一种学术性实践,需要遵循独特的"实践逻辑"。一个可行的范式是大学教授保持"实践感",致力于解决"科学遇到的实践矛盾","注重于现时,注重于它在现时中发现的、表现为客观性的实践功能"②。

---

① 美国著名教育批评家弗莱克斯纳(A.Flexner)在探讨"什么是学术研究""研究究竟由什么构成""学术研究与社会服务的关系"等有关大学学术研究的本质问题时,提出了关于"真正的科学家""大学教授对待实践的正确态度"等观点和命题。他称赞巴斯德的"科学家精神",他认为,真正的科学家,研究选题的确立、研究方法的运用乃至研究成果的推广,都应该内置一种科学家精神,不仅要探索科学自身发展的逻辑,而且要蕴含社会经济发展需要的直觉或使命。正是在这个意义上,巴斯德是名副其实地"像一名科学家那样提供服务"。参见:[美]亚伯拉罕·弗莱克斯纳.现代大学论——英美德大学研究[M].杭州:浙江教育出版社,2001:113.

② [法]皮埃尔·布迪厄.实践感[M].南京:译林出版社,2012:131.

第二节　应用型大学的知识秩序分析

既然应用型大学在类型化过程中与研究型、技能型院校的核心特征形成一定张力，接下来就需要具体分析应用型大学作为一种类型的内部运行机理。我们将大学内部构成要素及其运行方式概念化为"知识秩序"，把"知识秩序"作为大学内部运行机理分析的核心之维，分析应用型大学知识秩序的基本内涵、历史基础、分析框架、基本特征、实现路径及其意义旨趣，并通过不同类型大学知识秩序之间的比较来凸显应用型大学的基本特征。

一、大学的知识秩序分析视角

大学是一种复杂的社会组织，用"秩序"概念来分析大学内部要素的结构状态与生成机理以及大学与外部要素的复杂关系，可以把握和型构大学组织运行的轨迹。哈耶克用"秩序（order）"来型构社会状态旨在说明一种社会结构的复杂性与自生自发性，强调"这样一种事态……，无数且各种各样的要素之间的相互关系是极为密切的，所以我们可以从对整体中的某个空间部分或某个时间部分所做的了解中学会对其余部分做出正确的预期"①。大学作为一种"人为设计"的社会组织，具有"复合秩序"的总体特征，我们可以从不同维度来分析大学的秩序。从时空维度来看，大学组织存在着时间秩序、空间秩序等；从职能维度来看，大学组织存在着教学秩序、科研秩序、社会服务秩序等；从治理维度来看，有大学组织还存在着制度秩序、文化秩序、结构秩序、学术秩序、行政秩序等。总结起来，大学就是不同维度中"秩序"的复合形态。

大学组织区别于其它社会组织的核心特点是运行材料不同，大学是围绕"知识"运行的社会组织，知识是大学运行的基本材料②。大学的人才培养、科学研究及社会服务等职能在本质上是知识的生产、传播及应用③。"知识秩序"自然是大学秩序之维中的核心，是反映和分析大学秩序最为核心的维度。由理念、制度、职能、治理等综合而形成不同类型的大学组织，都是围绕知识的生产、传播、

---

① ［英］弗里德利希·冯·哈耶克.法律、立法与自由（第一卷）[M].北京：中国大百科全书出版社，2000：54.
② ［美］伯顿·克拉克.高等教育新论——多学科的研究[M].杭州：浙江教育出版社，1988：107.
③ ［美］伯顿·克拉克.高等教育新论——多学科的研究[M].杭州：浙江教育出版社，1988：107.

应用设计而成。所谓知识秩序就是大学在知识的属性认知、运行方式等方面形成的理念、制度及实践的综合状态,体现为大学知识运行的组织基础、主体间关系、终端产品呈现以及知识体系等方面的结构状态。大学类型化之间区分的核心就是形成不同类型的知识秩序,形成相应的理性分工。应用型、研究型、技能型院校之间的区分,就可以通过分析三者知识秩序的生成机理、内部要素的结构状态及其与外部要素的关系来把握各自类型的内在逻辑。

对大学知识秩序的具体分析还可以通过不同学科视角来深化人们对大学知识秩序的理解与建构。其中经济学视角的分析就是进入知识社会后分析大学知识秩序的一个极为重要的视角,旨在强调大学知识秩序的本质性目的,着重从如何提高知识运行效率的视角来深化人们对大学秩序运行的认知。经济学视角分析知识秩序具有多重意义。第一,运用经济学的观点来研究知识秩序具有方法论意义。正如福柯(M.Foucault)在其著作《知识考古学》中"以考古学的方法梳理人类知识的历史"[①],福柯并非从"考古学"的学科出发,而是把"考古学"作为研究"知识"的"历史"发展过程的一种方法论和研究视角。经济学视角分析的方法论意义在于,主要不是从"管理学""文化学""社会学""教育学"等视野的研究,不是强调"知识"的"治理体制""文化生产""社会再制""心理影响"等,而是从经济学视角研究大学知识秩序,强调"知识"创造的"价值"。第二,具有明确研究对象的意义,指向大学运行的核心材料——"知识",而不是大学的"管理""文化""空间""心理"等要素,强调对大学运行的核心材料——"知识"的"经济学"视野研究。第三,具有强化研究背景的意义,把知识经济时代作为研究背景,研究知识经济时代背景下大学知识秩序的状态、生成及转型。知识社会是人类历史上的一个崭新时代,从 20 世纪七八十年代初现端倪,知识社会发展至今所创造的价值与体现的变化超越了人类以往所有社会。知识社会最为本质的特征就是知识成为社会资源的中心,知识或依附于知识的要素成为最有价值的生产要素。

在经济学研究领域的漫长发展史上,"价值"是公认的最为核心的范畴,是考察一切社会经济活动最为基本的范畴,能否创造"价值"是经济学考察问题的出发点和最终归宿。而创造教育的"价值"很早就引起了人们的兴趣。为了培育"自由行动者",康德曾系统论证了"实践性教育"的"三重价值追求"——"个体的价值""公共的价值"以及"整个人类的价值"。康德将"教育"分为"自然性的教育"和"实践性的教育",其中"把人塑造成生活中的自由行动者的教育"就是一种理性的"实践性教育","这是一种导向人格性的教育,是自由行动

---

① [法]米歇尔·福柯.知识考古学[M].北京:生活·读书·新知三联书店,2007:封底.

者的教育,这样的自由行动者能够自立,并构成社会的一个有机组成部分,而又意识到其自身的内在价值"①。通过教育中的核心要素,特别是大学组织运行的核心材料——知识来创造价值即知识创造价值思想迁移到教育中来,其贡献首推日本教育家牧口常三郎。牧口形成了系统化的创价教育思想,他提出教育的真谛即是"创价",教育需要通过"唤起学生兴趣""注重思维方法""强调学生践行",需要通过行动来创造"善、美、利"的价值,从而构建了独特的"创价教育学"思想。

经济学视域中大学知识秩序的构建,就是大学把知识作为创造价值的基本材料。大学构建一定知识秩序的终极意义就是将"知识"创造的"价值"作为自身改革与发展的尺度。对知识的信念与选择、对知识价值的判断、对创造知识价值的主体与对象的选择、如何创造知识的价值等问题的追问,形成了经济学视域中大学知识秩序的基本框架。这些问题分别形成了价值主体论、知识本体论、价值本体论、价值实践论、价值时间论等命题。不同时代的大学以自身特有的理念引导着大学的理念目标、组织结构、制度设计以及运行实践,而围绕"知识"创造"价值"所形成的这些命题则是大学的永恒主题,不同历史时期大学围绕知识价值的创造对这些问题的不同取向与不同选择形成不同类型知识秩序,从而形成经济学视域中不同历史发展阶段与不同类型的大学。

二、大学知识秩序的历史演变

从知识秩序视角分析欧洲中世纪大学诞生至今的整个历史演化历程,大致形成三种知识秩序。

中世纪大学的知识秩序图景

在中世纪大学产生之前,"古希腊和古罗马时期并没有我们在过去的七八个世纪里所谓的这种'大学'。它们有高等教育,但这与大学的术语不是一对同义词"②。中世纪大学是一个历史概念,特指 12 世纪前后在欧洲产生的一种被称为"university"的组织。这种组织在最初有两种类型,一种是"教师组合",另一种是"学生组合",后人把这两种组合统称为"中世纪大学"。经过数个世纪的迁移与演化,及至 18 世纪末近代科学知识逐渐进入大学课程与大学内部学术组织,大学的知识运行状态发生重要变化。人们常常把 12 世纪前后产生的"法团"至 18 世纪末近代科学进入大学课程与学术组织之前这段时间的大

---

① [德]伊曼努尔·康德.论教育学(附系科之争)[M].上海:上海人民出版社,2005:15.
② [美]哈斯金斯.大学的兴起[M].北京:北京出版社,2010:6.

学组织统称为"中世纪大学"。根据对萨莱诺大学、博洛尼亚大学、巴黎大学等几所典型中世纪大学知识运行的综合分析,可以大致勾勒出中世纪大学知识秩序的基本特征。

中世纪大学作为中世纪社会的"知识中心"①,其职能主要是知识传播,以大学学术人员为主体,以知识传播为主要方式,主要以宗教知识、神学知识为主体,着力追求为教会、学习者发展以及知识传播价值的创造。作为"学生组合"的博洛尼亚大学就是联合起来抵制来自包括教师等各方面的威胁,形成一种自我保护机制,促使教师传授的知识为学生发展创造最大化的价值。"因为在早期,学生们的学费是教师们生活的全部来源。教师们不得不接受约束,按照一整套明细规定行事,以保障每一个学生都能学到与他所支付的学费相等值的知识。"②以"三科四艺"中的"修辞学"课程为例,"到了13世纪,这些教师开始在一些大学里,尤其是在意大利和法兰西南部的大学里占据了一席之地。他们(指修辞学教师)推销自己商品的方式可以和现代商业管理课程的自我推销方法相媲美——简短并且非常实用,不会将时间浪费在过时的古典作家身上,所学的一切都是新鲜的、时髦的,并且能学以致用"③。

从课程设置来看,中世纪大学继承和发展了古希腊的自由教育思想,以"艺学院(Faculté desarts)"为载体④,并作为神学院、法学院、医学院的基础。艺学院在中世纪巴黎大学中的地位,"其实就像是一间公用的前厅,任何人要想进入其他三个系都必须先经过它。学生必须先在这个系里耗上一定的时间,才能继续攻读神学、医学或法学方面的课程"⑤。根据涂尔干的考察,"13世纪初开始出现了研习大纲,详细开列出学位候选人们必须修读的知识领域,但具体开出的不是问题,而是书目。研习逻辑,就包括学习如何阐释亚里士多德的《工具论》(Organon);研习物理,就在于阐释亚里士多德的《物理学》(Physics)和《自然短论》(Parva Naturalia);诸如此类。为了提取出这些书所包含的知识,就需要用解经的方法来研读这些书"⑥。经过艺学院的研习之后进入专业性学部,研习各个学部的课程。以医学部课程为例,"直到17世纪初

---

① [美]哈斯金斯.大学的兴起[M].北京:北京出版社,2010:32.
② [美]哈斯金斯.大学的兴起[M].北京:北京出版社,2010:14 - 15.
③ [美]哈斯金斯.大学的兴起[M].北京:北京出版社,2010:37.
④ 对于"艺学院(Faculté desarts)"的翻译,这里引用了李康在翻译涂尔干的著作《教育思想的演进》时的译法,正如李康对此译法的注解,"关于'艺学院'的译法(而不是'文学院'或'人文学院'等更能为现代读者所接受的措辞),当然是想要突出'自由七艺'的源流,也依据了赵敦华《基督教哲学1500年》的译法。"参见:[法]爱弥儿·涂尔干.教育思想的演进[M].上海:上海人民出版社,2003:139.
⑤ [法]爱弥儿·涂尔干.教育思想的演进[M].上海:上海人民出版社,2003:142.
⑥ [法]爱弥儿·涂尔干.教育思想的演进[M].上海:上海人民出版社,2003:185.

期,医学部的课程设置仍同以往一样包括生理学、病理学和治疗学,并且都是以课程讲解为主,所使用的教材主要是加仑(Galen)和希波克拉特(Hippocrates)的著作,偶尔也讲解部分阿维森纳的医学"①。本—戴维在《学术中心》一书中曾描述了中世纪大学课程的总体特征,"被法律、神学和医学的职业性学部所主宰的传统的大学,它们不允许真正的思想和言论的自由,因为它们常遭国家和教会的控制"②。中世纪大学课程的僵化与教条,远离社会发展需求,脱离学术训练等问题,使得中世纪大学到了中世纪末期逐渐走向衰弱,需要一种新的大学来取代中世纪大学。

近代大学的知识秩序图景

不同民族国家大学的近代化起始时间、进程、内容等不尽相同。18世纪末19世纪初新的大学理念应运而生,在黑格尔、施莱尔马赫、费希特等一批新人文主义者的影响下催生了以纯粹知识为目的的大学理念及大学课程观。"他们相信存在和人(客体和主体)的二元论。世界在理论上的理解只能在普遍的或绝对的认识中发现,'实践'被看作一个相对的变量,现实的组织能从这种绝对的认识推演出来。哲学的任务就在于发现和分析'真理本身'(truth as such),因而,一切学术研究和科研(Wissenschaft)被唯心主义者解释为哲学。"③这是一种新的大学理念,"为了达到这个目的,大学仍须训练学生成为公务员、教师和医生,但是这种训练必须采取一种明显的无目的的寻找真理的过程的形式。……18世纪的学院和职业学校制度,主要是为了满足专制主义官僚政治的需要,和这种制度相对照,新的大学的概念旨在自由地和独立地决定它与国家和社会的关系"④。洪堡将这些新人文主义理念系统化并付诸一些实践,提出"由科学达至修养"为核心内涵的德国古典大学观。综合起来看,近代大学知识秩序的基本特征主要表现在以下几个方面:

在知识本体的选择方面,以科学知识为主。与中世纪大学相比,近代大学在知识本体的性质上有了很大扩展,不仅仅包括人文知识,自然科学、工业技术也进入课程。以柏林大学为代表的近代大学面临着知识多元化以及大学内外部关系复杂化趋势,对比,洪堡提出,"就总体而言,绝不能要求大学直接地和完全地为国家服务;而应当坚信,只要大学达到了自己的最终目标,它也就实现了,而且是在更高的层次上实现了政府的目标,大学由此所产生的影响远远超过政府的

① 黄福涛.外国高等教育史[M].上海:上海教育出版社,2003:103.
② [美]伯顿·克拉克.研究生教育的科学研究基础[M].杭州:浙江教育出版社,2001:5.
③ [美]伯顿·克拉克.研究生教育的科学研究基础[M].杭州:浙江教育出版社,2001:5.
④ [美]伯顿·克拉克.研究生教育的科学研究基础[M].杭州:浙江教育出版社,2001:6.

范围,远非政府的种种举措所能企及"①。洪堡认为"纯学术",追求自由与大学自治应该成为大学内外部组织原则,大学应当主要创造知识的"纯学术"价值。因此,近代大学在知识运行方式方面,在注重知识传播的同时强调知识生产,即教学与科研相统一,这方面与中世纪大学相比有了质的扩展。与此同时,在知识价值追求方面,近代大学在追求知识的学习者发展价值的同时,还追求知识的政治价值、社会价值,特别是追求知识的科学技术价值,这与中世纪大学具有质的差异。

现代大学的知识秩序图景

现代大学为了追求知识运行效率与价值的最大化,通过追求专业化分工寻求自身特色,大学类型的多样化与发展水平的层级化发展到了极致,形成了两极化发展趋向②:一极是向精英化方向发展,以基础研究为重点、以拔尖创新人才为重点培养方向的研究型大学,并形成以研究型大学为标杆的向上延伸的层级化追求目标;一极是向大众化方向发展,以技术技能训练为重点,以技术技能型人才为重点培养方向的技能型院校,并形成以技能型院校为标尺的向下延伸的追求目标。

研究型大学知识秩序的总体特征主要表现为,以发展科学知识的认知理性为目标,追求知识的自在价值,为了科学知识本身而创造、传播知识,追求科学知识的本体价值与长期价值,与产业保持一定张力,轻视知识的应用价值,忽视科学知识的技术化应用,忽视知识对社会经济文化和学习者个体发展价值的追求,知识运行处于"自娱自乐"的断裂状态的行动过程。知识性质上主要是高深的纯粹知识,知识组织上主要以大学教授为单一主体,知识运行上以知识生产和传播为主,研究型大学的知识秩序适应了知识从科学到技术的单向、线性运行方式。

---

① ［德］威廉·冯·洪堡.论柏林高等学术机构的内部和外部组织(节选)//陈洪捷.德国古典大学观及其对中国的影响［M］.北京:北京大学出版社,2006:200-201.

② 从逻辑上来看,对于研究型、技能型类型化机理的形成与反思本身就是一项非常值得研究的工作。由于研究型与技能型院校产生时间较长,人们在观念上认识时间长久,已经形成许多约定俗成的观念与看法。而对于这两种类型的合理性与合法性究竟源于什么仍然没有得到彻底解决。如有职业教育研究者就提出,"我国高职教育的大规模发展已超过了20年,经过这20多年的发展,作为高职教育办学实体的高职院校已真真切切地确立起来了,然而高职教育的理论研究一直未能清晰地回答一个问题,甚至也一直没有认真对待过一个问题,即高职教育为什么可以在高等教育中作为一种类型而存在? 究其原因,大概就在于人们一直把关注点主要聚焦于作为高职教育的物质基础的高职院校办学基础条件建设。然而高职院校发展到今天,当其内涵建设要向更高水平发展时,这一问题就到了必须认真回答的时候了。"参见:徐国庆."双高计划"高职院校建设应主要面向高职教育发展的重难点［J］.职教发展研究,2020(1):1-2.

技能型院校知识秩序的总体特征主要表现为,以发展技术知识的实践理性为目标,追求知识的实践价值,追求技术知识的传播,追求技能的娴熟,基于技术知识满足市场的需要,忽视技术知识的科学化过程。知识性质上主要是追求相对高深的技术知识,知识组织上追求与市场主体的合作,知识运行上以单向应用为主,追求技能的熟练化。技能型院校适应了狭窄的专业化训练,知识专业化分工的静态社会需要,没有考虑到知识的动态变化,特别是没有考虑到基于情境的技术,引发科学发现,科学没有应用于技术。

这种两极化发展的知识秩序存在的一个核心问题是对"知识社会"本质属性认知的偏执。随着知识经济社会的加速发展,知识生产从模式Ⅰ向模式Ⅱ、学院科学向后学院科学转型的特征愈益凸显,知识运行主体的构成趋向多元化,知识运行过程从科学知识到技术知识的单向线性运行走向双向互动,知识的自反性、社会责任不断提高①。知识运行的这些特征使得知识不仅具有自在价值,而且这种自在价值不同于传统生产要素如土地、资本等在社会中的价值②,更重要的是强调主体自为的行动过程——主体基于认知发展、知识发展、市场应用等多种需要而创造价值。所以知识创造价值即知识创价是知识经济社会最为核心的特征③,主要表现为不仅追求知识的认知价值,还追求知识的本体价值和知识的应用价值。这种认识消弭了对"知识社会"认识的诸多偏执,诸如知识价值的自发性、知识运行方式的单向性等传统知识本质属性与行动方式的认识。为了追求知识创价,知识经济社会就必然呈现出知识本体认知的多元化、知识行动主体的协同化、知识行动过程的一体化以及创造知识价值的复合化等知识秩序特征。大学应用转型的目的就是适应复杂时代和知识社会的变革要求,突破传统大学的知识秩序,构建一种新的知识秩序。相对于研究型与技能型院校而言,应用型大学作为一种大学类型,具有特定的内涵、定位以及功用,追求知识运行效率与价值的最大化,为社会经济发展直接创造价值理应成为应用型大学最为鲜明的特质。

三、应用型大学知识秩序的分析框架

大学知识秩序演变过程的分析为应用型大学知识秩序的构建奠定了历史基础。应用型大学知识秩序的本体论分析还需要通过对大学知识秩序主要命题的

---

① [英]迈克尔·吉本斯,等.知识生产的新模式:当代社会科学与研究的动力学[M].北京:北京大学出版社,2011:4.
② [日]堺屋太一.知识价值革命[M].北京:东方出版社,1986:212-222.
③ 周作宇.协同创新:集体知识创价行动[J].现代大学教育,2013(5):2-3.

分析来进一步揭示其内涵特征,需要通过知识运行过程中知识的来源、行动、目标、测度统一于价值创造目标,形成以价值为中心的主体问题、本体问题、实践问题、时间问题以及知识本体问题等命题。应用型大学知识秩序的主要命题包括五个方面:第一,价值主体论问题,主要是关于谁来创造知识价值与为谁创造知识价值的问题;第二,知识本体论问题,主要是关于选择什么知识来创造价值的问题;第三,价值本体论问题,主要是关于知识创造什么价值的问题;第四,价值实践论问题,主要是关于如何创造知识的价值问题;第五,价值时间论问题,主要是关于知识创造何时的价值问题。这些问题相互建构、互为条件,围绕这些问题所形成的理念、制度以及实践构成了应用型大学知识创价的主要命题与分析框架。

价值主体论

价值主体论是关于大学对知识运行主体和利益相关者的选择、协调、评估,诸如,哪些主体参与知识的运行,主体之间如何形成协同关系,在知识行动过程中为哪些利益相关者创造价值等命题。价值主体包括两个方面:一是大学协同哪些主体参与知识创价活动,即创价主体问题;二是大学的知识创价行为为哪些利益相关者创造价值,即价值受益主体问题。价值主体论是大学发展史上长期争论不休的问题。中世纪大学形成的"学生型大学"与"先生型大学"等不同类型在本质上就是不同主体围绕价值追求的分歧而形成不同类型大学。现代大学关于高等教育合法存在的"认识论"和"政治论"哲学、"公司大学"的兴起与传统大学进入"废墟"等争论在本质上就是形成不同创价主体的大学以及追求为不同受益主体创造价值[①]。

在对价值主体论的讨论与争论中,康德与奥尔特加·加塞特(O.Y.Gasset)的大学理念颇具代表性。康德从学科与政府之间关系维度系统分析了创价主体与受益主体两者之间关系。他从知识创造"实践理性价值"还是"认知理性价值"的角度,将大学系科划分为"高等学科"和"低等学科","属于较高等级的,是那些其学说内容和应否公开宣讲为政府所关切的系科"[②],"高等系科"创造现实价值,追求实践理性价值。而"只关切科学本身的系科则被称为是处于较低等级的"[③],"低等系科"创造"认知理性价值"。加塞特面对大学价值创造的异化,对

<hr />

① 客观上说,从中世纪大学至今从来没有一所大学真正属于某个特定的"主体",这也是大学不同于其他社会组织的地方,大学利益相关者的高度复杂性导致了这里所谓特定"主体"的大学只能是为了方便讨论而已。

② [德]伊曼努尔·康德.论教育学[M].上海:上海人民出版社,2005:62.

③ [德]伊曼努尔·康德.论教育学[M].上海:上海人民出版社,2005:62.

科学的迷信而导致大学本质的沦丧,提出了"教育经济原理"。他认为,大学创造知识价值的逻辑应该是"以学生为基础,而不是以教师或知识为基础"。他提出,"(教育的)经济原理不仅指需要对所提供的教学内容和题材进行充分利用,它还有更深远的意义:高等教育机构以及大学的建设都必须以学生为基础,而不是以教师或知识为基础,大学必须是按照学生比例体现规模大小的一个机构"①。加塞特的核心观点在于,大学首先应该为学生的发展创造价值,而不是为大学教授等主体创造价值,更不是创造知识本身的价值。换句话说就是,创造学生主体发展价值应该是大学知识行动的中心。

随着知识社会的加速发展,关于价值主体问题远比康德与加塞特所处时代复杂得多。为了追求多重价值的创造,适应知识应用情境开发的需要,应用型大学需要积极寻求企业、政府等知识的利益相关主体参与知识行动过程,突破传统大学内部学术人的单一主体行动,从而使得知识行动过程中的主体关系变得复杂化。不仅形成了大学管理者、教师、学生、学科专家、技术专家、用户、雇主、校友等主体间关系,而且在此基础上形成了教师与学生、学生与用户等之间的个体—个体、个体—集体关系。因此,从价值主体视角来看,应用型大学知识秩序的关键问题是多重主体协同参与知识行动,形成集体行动的内生动力。

如何形成多重主体的集体行动,大学是核心主体与关键主体,需要大学转变观念,形成利他主义的大学理念。从传统的以自我为中心变革为以他人为中心,这里的"他人"包括学习者、技术应用者、市场需求者等主体,这种利他主义的办学理念是对传统大学理念的颠覆。大学不再是象牙塔,大学不再以知识为中心,而应该以社会需求、学习者需求为中心。这种利他主义的大学理念必然需要大学进行全方位、系统化的转型。诸如,服务是大学行政运营的理念,组织结构的设计以实现最优化的服务为标尺;大学不以自身的成功为评价尺度,而是以学习者成功、以客户的成功为评价尺度。当客户成功、学习者成功了,大学才能成功。由于社会服务的无限性,大学还意味着承载着教育、技术、服务的一体化的功能,承载着社会革新的功能,创新性地将多元化的功能融合在一起。利他主义理念构建的核心目的,就是促进大学与利益相关者形成集体行动,突破传统大学以自我为中心、以知识为中心的行动,为主体的集体化塑造理念基础,成为大学价值主体论的关键理念。

知识本体论

知识本体论是大学对知识分类与选择的信念,决定把何种知识作为大学运

① [西班牙]奥尔特加·加塞特.大学的使命[M].杭州:浙江教育出版社,2001:70.

行的材料,选择什么样的学习经验,通过什么样的活动项目为学生发展创造最大化价值。这些问题的解决与价值主体对价值的理念、对知识的理念密切关联,因此,知识本体论具有中介作用,与价值主体论、价值本体论密切关联。以大学课程为例,由于课程往往是大学理念争论的焦点,面对人类积累的浩瀚知识海洋,在有限的大学教育阶段究竟选择什么样的知识传授给学习者? 如何让学习者在知识海洋中自由驰骋? 如何实现知识价值的最大化? 关于知识本体论的这些问题是不同时代大学校长、学科专家、大学教授、家长、学生、雇主等大学利益相关者围绕知识问题争论的焦点。

中世纪大学作为中世纪社会的"知识中心"[①],宗教知识、神学知识是中世纪大学运行的基本材料,课程主要是"三科四艺"。"文科的课程主要是逻辑学和哲学,以及通过亚里士多德的'自然方面的著作'的学院式研究所能理解的自然科学。"[②]"人文学科所开设的科目都是为以后学习其他专业作准备的,通常来说,这不仅是学习神学所必需的,而且也是未来想成为律师和医师的人所必需的。"[③]传授百科全书式内容的中世纪大学,如何让学生在有限的时间内掌握这些内容是先生们争执的重点,无论是"学生大学"还是"先生大学",课程选择上注重在有限时间内实现知识传播价值的最大化,在艺学院主要教授最"一般"的知识,而专业性学院主要教授"实用"的知识。

及至近代大学,科学与技术进入大学。大学究竟应该生产、传播科学知识还是技术知识成为大学争论的焦点。进入知识社会以来,进一步围绕科学知识与技术知识、通识知识与专业知识、理论知识与实践知识之间关系展开争论。应用型大学主要围绕这些知识本体论问题而展开。

价值本体论

价值本体论是大学对知识价值的理念、判断、认可等方面的信念,通过知识创造什么价值等方面的争论。价值本体论亦是大学史上长期争论的一个问题,围绕知识创造什么价值,不同流派提出了不同主张。一些典型的流派,如,要素主义强调学科知识价值的创造;改造主义强调知识改造社会的效用价值;永恒主义注重古典名著中永恒真理的传承与习得;结构主义则强调知识中的结构最有价值[④]。为了培养"自由行动者",康德系统论证了"实践性教育"的"三重价值追

---

① [美]哈斯金斯.大学的兴起[M].北京:北京出版社,2010:32.
② [美]哈斯金斯.大学的兴起[M].北京:北京出版社,2010:38.
③ [美]哈斯金斯.大学的兴起[M].北京:北京出版社,2010:39.
④ 王伟廉.高等校课程研究导论[M].广州:广东高等教育出版社,2008:41.

求"——"个体的价值""公共的价值"以及"整个人类的价值"①。教育史上人们对知识价值本体的看法主要形成三种取向——社会本位价值观、个体本位价值观以及学科本位价值观,在不同历史阶段、不同类型大学围绕知识价值的创造中,三种价值观此消彼长。

知识社会中大学对知识创造价值的评判标准与追求取向发生了重要变化。主要表现在价值追求的对象发生转型,从追求知识的单一价值创造走向追求多重价值的创造。不仅追求知识对学习者发展价值、学科发展价值即知识的认知价值与发展价值,更重要的是如何实现市场化应用,为用户创造价值即知识的应用价值。知识的自在价值即知识作为"世界Ⅲ"的客观知识的学术价值,表现为知识增量、学科完善等纯粹学术价值。知识的认知价值是知识对主体认知水平和认知能力的发展价值。知识的应用价值是知识在实践应用中的价值,包括为用户创造经济价值、生产模拟产品、形成生产方案、制作策划书等。从价值本体视角来说,三种价值的区分具有重要意义,每一种价值都具有独立地位,而且三种价值之间相互管理关联,共同构成了应用型大学知识秩序的价值本体论。

随着知识应用情境的凸显,知识的市场化应用在很大程度上成为知识生产与传播的内生动力,知识的应用价值往往倒逼其他价值的生成。吉本斯等人提出的知识生产模式Ⅱ理论揭示了知识社会基于应用情境进行知识生产的新特点,知识的市场化应用在很大程度上成为知识生产与传播的内生动力,知识的应用价值往往倒逼其他价值的生成②。英国课程理论专家斯腾豪斯(L.Stenhouse)提出的"过程模式"(the process model)课程理论即反映了这种趋势。"过程模式"注重课程从编制到实施"过程"的整合,而不是仅仅注重课程的"预设";注重课程的"过程性价值",而不是仅仅注重课程方案的"设计性价值",更不是停滞于知识本身的价值③。

价值实践论

价值实践论是大学对知识行动方式的理念、选择、路径的信念,如何创造知识价值等方面的争论。价值实践论是教育发展史上长期争论的话题之一,如何创造教育价值,在大学发展史上不同哲学观点、不同实践方式的争论此消彼长、争论不休。洪堡为代表的德国古典大学观主张,由科学达至修养,教学与科研相统一,大学创造未来的价值就是为国家创造价值。弗莱克斯纳极力推崇德国古

① [德]伊曼努尔·康德.论教育学(附系科之争)[M].上海:上海人民出版社,2005:15.
② [英]迈克尔·吉本斯,等.知识生产的新模式:当代社会科学与研究的动力学[M].北京:北京大学出版社,2011:8.
③ [英]唐尼·凯利.教育的理论与实践——引论[M].南昌:江西教育出版社,1989:238.

典大学影响下所形成的"施特莱斯曼式教育"。施特莱斯曼博士是德国社会科学领域的一位著名学者,"他先是获得良好的中等教育,然后在大学获得哲学方面非以'特定'用途为目的普通教育。大学毕业时,作为一个有知识的人,他开始从事商业活动。对世界大战与战后形势所带来的新问题,没有任何人曾学过或有可能学过如何去处理,但没有经过'特殊'训练绝不是什么障碍"。"施特莱斯曼通过训练已做好方法论方面的准备。德国 75% 的大学生后来从事实用性职业这一事实并不重要。他们所受的教育使他们能够运用经过教学和研究训练出来的思维能力去处理所遇到的问题。"①因此,"施特莱斯曼式教育"的核心特点是,大学课程采用"非特定"的教学内容、"非特殊"的学习训练,"他们所受的教育使他们能够运用经过教学和研究训练出来的思维能力去处理所遇到的问题"②。因此,"施特莱斯曼式教育"是"哲学性"教育,通过"一般性""哲学性"的思维方式训练解决"特定"问题。

　　进入知识社会后,如何满足"客户"的价值诉求、特别是学生的价值诉求,成为大学面临的重要课题。"研究型"大学形成了追求知识自在价值的行动惯习。主要表现为追求知识生产的效率和原创性,知识行动主要处于知识生产与传播阶段,弱化知识的市场化应用与产品开发。"技能型"院校形成了追求技术技能熟练化运用的行动惯习,主要表现为追求直接为劳动力市场创造最大化价值,知识行动主要处于知识的传播阶段,弱化知识的科学化还原。因此,如何适应知识社会中知识在应用情境中开发与运行的需要,知识行动突破大学自娱自乐的生产与传播过程,追求知识在实践中的应用,形成知识生产—传播—应用过程的一体化。还需要基于应用情境需要,形成知识生产的倒逼机制,知识行动从单向线性走向双向互动,这就是应用型大学的知识价值实践论问题,即知识应用问题。

　　知识应用本质上就是科学知识的技术化过程。科学知识的技术化关涉到两个问题:一是技术化过程涉及科学化还原,二是技术过程涉及行动主体在认知过程中形式知识与暗默知识的转换,因此,知识行动就成为知识的科学化与技术化、形式知识与暗默知识的互动过程。美国学者司托克斯(D.E.Stokes)提出的象限理论揭示了 20 世纪中叶以来日本、美国等发达国家大学和研发机构的知识行动"同时受两个目标('认识'和'应用')的影响"③,将科研定位于应用并引发基础研究的巴斯德象限的真实图景。日本学者竹内弘高等人提出的知识创造理

　　① [美]亚伯拉罕·弗莱克斯纳.现代大学论——美英德大学研究[M].杭州:浙江教育出版社,2001:288.

　　② [美]亚伯拉罕·弗莱克斯纳.现代大学论——美英德大学研究[M].杭州:浙江教育出版社,2001:288.

　　③ [美]D.E.司托克斯.基础科学与技术创新:巴斯德象限[M].北京:科学出版社,1999:10.

论所勾画的知识创造模型,也直观地描述了知识社会当中企业等社会组织在认知、过程、时间三个维度形成知识创造的螺旋式运动过程①。司托克斯的象限理论以及竹内弘高等人的知识创造理论所揭示的知识社会中的知识行动本质上就是"知识应用",实际上是揭示了知识社会中应用型大学知识的价值实践之所以"如是"以及"如何是"的理论。

价值时间论

价值时间论是大学对知识创造价值的时间维度考察。究竟应该是面向过去还是面向未来?是迎合现有的消费需求还是创造未来的消费需求?中世纪大学的主要职能是保存与传播知识,大学的这一职能定位与中世纪社会需求与文化特征相吻合。"亘古不变"的永恒宗教经典是社会的轴心知识,这种时代背景自然要求大学创造的价值是面向过去的知识、面向永恒的知识。近代化过程中科学技术知识加速发展,市场对新技术需求旺盛,如何生产新技术,并将新技术即时转化为产品,成为大学评判知识价值创造的标准,由于在知识价值创造时间维度方面的变化,自然撼动了中世纪大学的知识运行方式。

知识社会中的知识分化与发展呈加速度与深化发展态势,市场需求呈多样化发展态势,特别是随着科学知识技术化、技术知识市场化的加速度发展,需要知识生产能够迅速反映市场用户需求,这给大学知识行动带来了前所未有的挑战。而不同性质知识在价值的时间评价方面具有不同特性,基础科学知识生产具有周期长的特性,这就要求研究型大学能够根据知识生产规律对关键核心技术、基础科学知识进行长周期生产,不以时间长短为价值判断标准。而技术知识具有即时化生产、即时化消费等特点,这就要求技能型院校根据技术知识行动的特点,注重技术转化与训练,为市场和用户创造即时价值。而如何能够敏锐发现市场与用户需求,将技术知识转化为科学命题,同时能够将高深科学知识转化为市场与用户需求的技术知识,在科学知识的技术化与技术知识的科学化的不间断转化中创造价值成为应用型大学知识行动的追求,也是价值时间维度对应用型大学知识行动的评价。

如何才能创造引领未来社会需求的知识是应用型大学的核心价值追求。创造未来社会需求知识的价值取向意味着大学的知识行动是一种探索过程,重点不是学习已有的、过去的知识,在传承过去知识的同时,更重要的是创新知识,探索引领未来的知识。这就意味着应用型大学应该有自己的独立判断,而不是追随已有的知识发展方向、知识创新模式;意味着应用型大学需要构建新技术应用

---

① [日]竹内弘高,野中郁次郎.知识创造的螺旋——知识管理理论与案例研究[M].北京:知识产权出版社,2006:46,80.

的生态群落;形成一种新的技术应用环境,在知识创新的过程中不仅仅限于知识的某一项技术创新,而是构建一种技术创新和应用的生态群落,形成技术开发者、技术应用者、技术消费者三方共赢的技术应用链;这就意味着应用型大学知识行动与传统大学相比需要进行系统转型,研发体系、服务体系、生产体系、流通体系形成一体化设计,相应地改变传统的治理结构,转变传统的矩阵型组织结构,形成以项目为载体的流动型组织结构。

第三节　应用型大学知识秩序的逻辑理路

一、应用型大学知识秩序的核心特征

通过对应用型大学知识秩序逻辑框架的分析可以将应用型大学知识秩序的核心特征概括为——知识创造多样化价值,即知识创造价值或知识创价。那么,究竟什么叫知识创价以及如何实现知识创价等问题就具有重要分析价值,成为构建应用型大学课程论的核心概念。

"知识创价"之"知识"

知识创价就是知识社会中的主体通过知识行动为社会经济文化和学习者的发展创造价值。知识创价的第一个核心概念是"知识"。知识是一个内涵复杂的概念,可以从历史、哲学等不同维度进行深入分析。我们主要讨论知识社会中知识的性质与价值变化问题,主要从知识与知识社会的互动中理解两者内涵,因为只有到了知识社会,人们才有可能深刻理解知识的本质属性与价值功能,才有可能构建起对知识本体的全面认知。

对知识在社会经济发展中功用的研究可以追溯至很早。亚当·斯密(A. Smith)在1776年出版的《国民财富的性质和原因的研究》中详细论证了知识、教育对社会生产和社会良性运行的贡献[①]。20世纪初出现了"知识经济""信息经济"等与知识社会相关的表述和思想,如约瑟夫·熊彼特(J.Schumpeter)的《经济发展理论》(1912年)、弗兰克·奈特的《风险、不确定性和利润》(1921年)当中有很多关于知识在社会经济发展中的特殊功用。二战结束前人们已经把目光从

---

① [英]亚当·斯密.国民财富的性质和原因的研究[M].北京:商务印书馆,1974:341-345.

传统社会中的"土地""资本"等要素转向"知识"在整个社会中发生的范式性变化。一批社会学家首先关注到了这种范式性变化。丹尼尔·贝尔(D. Bell)的"后工业社会"、阿尔温·托夫勒(A. Toffler)的"超工业社会"、约翰·奈斯比特(J. Naisbitt)的信息社会、消费社会等着眼于社会整体性变化与转型的表述,这些表述中的一个共同要素就是,知识之于其他要素在社会转型中的巨大功用,知识在现代社会中的地位正在发生范式性变化,其中对经济发展的冲击首当其冲。这种范式性变化主要表现为知识的功能与价值超越了传统社会中的要素,知识成为一种新的最为重要的资本,这种范式性变化成为现代社会经济发展的核心特征。

20 世纪七八十年代之后,人们进一步聚焦于知识在现代经济社会转型中的重要功能。哲学大师利奥塔(Jean-Francois Lyotard)对知识社会本质的研究颇具代表性。他认为知识的价值准则已经成为后现代社会知识的"外在化"问题之一:

> 以前那种知识的获取与精神,甚至与个人本身的形成("教育")密不可分的原则已经过时,而且将更加过时。知识的供应者和使用者与知识的这种关系,越来越具有商品的生产者和消费者与商品的关系所具有的形式,即价值形式。不论现在还是将来,知识为了出售而被生产,为了在新的生产中增殖而被消费:它在这两种情形中都是为了交换。它不再以自身为目的,它失去了自己的"使用价值"[1]。

利奥塔在这里所说的"它失去了自己的'使用价值'",实际上是强调知识的价值本体发生了变化。知识不再以自在价值或本体价值为主要价值,而是以知识的"供应者和使用者"为价值,能否为"供应者和使用者"带来价值成为衡量知识价值的标准,用利奥塔的话语来说就是,与工业社会相比,知识合法性的价值准则发生了变化与转型。利奥塔进一步用宏大叙事方式分析了"最发达社会中的知识状态",他提出,知识状态的"文化处境"以及知识状态本身以"叙事危机"为特征的变化将导致"大学体制出现危机"[2]。利奥塔认为,这种"危机"主要表现在,"叙述功能失去了自己的功能装置:伟大的英雄、伟大的冒险、伟大的航程以及伟大的目标"[3]。那么,"知识状态"究竟发生了什么变化? 为什么发生变化? 又将如何发生变化? 以及在这些变化的基础上作为"功能装置"的大学究竟走向何方? 由于在利奥塔所处的时代,知识社会特征还没有完全展开,利奥塔难

---

① [法]利奥塔尔.后现代状态:关于知识的报告[M].北京:生活·读书·新知三联书店,1997:2-3.
② [法]利奥塔尔.后现代状态:关于知识的报告[M].北京:生活·读书·新知三联书店,1997:1-2.
③ [法]利奥塔尔.后现代状态:关于知识的报告[M].北京:生活·读书·新知三联书店,1997:2.

以阐述知识社会中知识秩序的图景,更难以给我们指出一个明确的路径。

日本学者堺屋太一在 1985 年出版的《知识价值革命——工业社会的终结和知识价值社会的开始》中提出了一个重要思想①,他认为只有将知识转化为社会需要即有"价值"的"知识与智慧"及其化身——"技术",才能成为社会经济发展和资本积累的主要源泉,而"新社会"的基本特征就是这种有"价值"的"知识与智慧"成为社会主导力量的"资本",传统社会向"新社会"转型的标志就是出现了"知识价值革命"②。堺屋太一观点的重要意义在于两个方面:一是提出作为自在之物的"知识"对"新社会"带来了一场"价值"革命,"知识"成为不同于传统社会的生产要素,知识是具有"价值潜力"的社会要素。二是知识价值革命在于行动,知识价值的实现不是自发的,而是一种人为行动,是人为的自觉行动,只有通过行动才能把知识转化为价值。

美国学者彼得·德鲁克(P. Drucker)从管理学与经济学视角提出知识在经济发展中的中心地位而导致管理范式革命,他在 1993 年出版的《后资本主义社会》中系统地构建了"知识社会"的概念及其分析框架,诠释了资本主义社会向知识社会转型的必然趋势。"知识社会"的"重心——即它的结构,它的社会和经济动力、社会阶级和社会问题——与支配过去 250 年并界定种种使政党、社会团体、社会价值体系和个人与政治承诺得以具体化的问题的那些重心不同。"就知识社会的经济特点而言,"基本经济资源不再是资本、自然资源(经济学家的'土地')或'劳动力'。它现在是并且将来也是知识。……价值由'生产力'和'技术创新'来创造,而这两者都是将知识应用于工作"③。

OECD 在 1997 年推出的《以知识为基础的经济——1996 年科学技术与产业展望》的报告中首次明确提出"以知识为基础的经济"(Knowledge Based Economy)的概念,该报告提出"知识"将逐步替代传统社会的"土地""资本"等要素,成为有别于传统社会的新的"资本",成为社会资源和创新的核心要素④。这篇文献的重要贡献在于,着力于"知识"与传统生产要素的比较分析,提出"知识"这一社会经济发展要素的新异性,但缺陷在于主要是对"知识"的静态性、孤立性分析,而对"知识"作用于社会和经济发展的复杂性机理认识还不够清晰。

---

① 对创造价值或创价的说法可以追溯至日本创价学会,不过日本创价学会主要指向基础教育的创价。

② [日]堺屋太一.知识价值革命[M].北京:东方出版社,1986:212-222.

③ [美]彼得·德鲁克.后资本主义社会[M].上海:上海译文出版社,1998:8.

④ 吴季松.知识经济学[M].北京:首都经济贸易大学,2007:8;[美]亨利·埃兹科维茨,等.大学与全球知识经济[M].南昌:江西教育出版社,1999:总序 4.

我国学者周作宇从"创新"的视角进一步提出,"知识价值是一种可能的有用性,是对'知识功用'的一种静态测度。知识创价行动是突出'创造价值'这样的目标和动力而开展的知识行动"①。周作宇认为,"知识创造价值"才是知识社会最为核心的特征,"知识"不仅仅是自在的知识,也不仅仅是"价值"的"革命",而且还是一个主体自为——"行动"的过程,这就是"知识经济社会"所蕴含的核心特征,主体基于需要而创造知识的价值。周作宇基于以往观点而明确提出"知识创造价值"的观点,消弭了知识的自在性、价值的盲目性、行动的自发性等对"知识经济社会"认识的偏颇,作者认同周作宇教授的观点。周作宇对"知识社会"本质属性的理性建构,包含了对"知识"在"知识社会"中认知理性与实践理性的解读。"知识"不仅具有自在价值,也不仅相对于传统生产要素如土地、资本等在社会中"价值"的"革命"②,而且更重要的是强调主体自为的行动过程——主体基于多重需要而创造"知识"的价值,这就是知识社会中"知识"的核心特征。

"知识创价"之"创造"

因此,作为知识社会主体的人对知识这一特殊材料进行运行的活动——"创造"成为知识创价的第二个核心概念。之所以对知识的行动用"创造"这一概念进行表达,主要在于知识行动与一般性认识与实践活动相比呈现出的特殊性。知识行动本质上是思维活动,思维活动难以形成习惯性的动作技能与操作性策略,每一次思维活动往往都包括了新的方式与路线,因此,知识行动在本质上是一种"创造"。在大学场域,虽然不同主体知识行动的表现形态不同,但贯穿于知识行动的共同特征则是"创造"。

对于学习者来说,对高深学问的认知行动就是一种思维探险活动,是旧知识与新知识、形式知识与暗默知识、通识知识与专业知识、学校知识与社会知识、休闲(兴趣)知识与功用(就业)知识等不同性质与类型知识之间的多维互动过程,是感知、理解、记忆等认知过程螺旋式发展的过程。

对于大学教授来说,他们对高深学问的生产、传播、应用的行动都包含了创新要素。从科研视角来看,知识行动主要是知识生产。生产什么知识、如何生产知识、如何形成知识的生产、应用乃至产品开发的一体化过程等知识行动过程,充满了创新。从课程知识生产视角来看,课程知识的生产不可能是知识的随意移植与嫁接,而需要在学科逻辑、专业逻辑、认知逻辑、社会逻辑等多重逻辑之间进行知识的再语境化,这一过程充满了创新与保守的较量,正如有学

① 周作宇.协同创新:集体知识创价行动[J].现代大学教育,2013(5):2-3.
② [日]堺屋太一.知识价值革命[M].北京:东方出版社,1986:212-222.

者所说,"作为文化的保守者和创新者,大学教授处于深深的矛盾和痛苦之中,他们在创新与保守的十字路口困惑、彷徨,面临艰难的选择"①。实际上,大学教授的知识行动还不止于此,从总体上看,创新与创造是大学教授知识行动的总体特征。

知识社会的不确定性、风险性等特征还进一步加剧了知识行动的复杂性,知识行动往往无法按照既定目标与规划进行生产,根据市场需要进行知识行动成为大学知识运行的内在驱动力。市场的不确定性需要对大学知识行动的影响已经渗透到学科知识生产、课程开发、技术转化、产品应用、文化创新等大学知识运行的各个方面。无论哪一方面的知识行动都充满了创新,而应对这些不确定性的知识行动本质上就是创新行动。因此,以创新、创造为核心特征的知识行动蕴含了多重命题,知识行动的建构需要将主体、场域、方式、价值等问题进行综合考虑,这些问题相互关联、相互建构,共同构成了应用型大学课程知识秩序的逻辑建构。毫无疑问,价值问题是知识行动建构的核心问题,因为驱动这些知识行动的一个极为重要的内在驱动力是"价值",知识行动的引发动力、评价尺度往往都是"价值",这就引出了知识创价的第三个核心概念——"价值"。

"知识创价"之"价值"

"价值"作为一个概念主要来源于经济学领域,所谓"价值"就是"凝结在商品中的一般的、无差别的人类劳动"②,《辞海》从经济学的视角对"价值"的内涵进行了详细解读,所谓"价值","是商品生产者之间交换产品的社会联系的反映,不是物的自然属性。商品要用来交换,各种商品之间必然有一个可以比较的共同基础。各种商品的使用价值以及创造它们的具体劳动性质不同,无法比较。只有撇开劳动的具体特点,化为抽象的、无差别的人类劳动,形成价值才能相比"③。马克思从主客体之间关系满足程度视角对价值问题的探讨,开拓了我们对价值认知的新境界,价值"是从人们对待满足他们需要的外界物中产生的"④。也就是说,价值的本质是主客体之间关系的满足程度。从主客体之间关系视角来考察价值问题形成了诸多议题,诸如,创造谁的价值、谁来创造价值、如何创造价值、创造什么样的价值、创造何时的价值、如何评价所创造的价值、价值如何呈现等问题。对这些问题所秉持的理念不同形成对价值的不同回答。如果把这些

① 潘懋元,刘小强.文化的创新与保守——大学教授的艰难选择[J].教育研究,2008(3):42.
② 辞海编辑委员会.辞海[M].上海:上海辞书出版社,1990:12.
③ 辞海编辑委员会.辞海[M].上海:上海辞书出版社,1990:12.
④ 马克思,恩格斯.马克思恩格斯全集(第19卷)[M].北京:人民出版社,1972:406.

问题上升到哲学层面就构成了价值论；如果把这些问题扩展到不同学科领域则构成了不同学科理论与实践问题的价值论。

上述围绕价值形成的议题在大学课程开发领域同样存在。从主体层面来看，大学课程能够为利益相关主体创造价值成为吸引大学内外部主体参与大学课程开发的内在驱动力。大学外部的企业管理专家、企业技术专家、校友等缺乏参与课程开发的动力，其根源就在于大学课程开发无法为这些主体创造价值，进而使得大学课程与劳动力市场人才培养质量需求、技术开发需求出现不对称，其根源就在于课程价值创造的缺失。

从课程的一个重要主体——学习者视角来看，学习者对课程学习投入不足的很重要一个原因也在于大学课程开发过程中对学习者主体创造价值的缺失。学习者对自身发展价值的追求与获得非常复杂，包括知识积累、技能获得、核心素养提升、最近发展区满足状态、思维发展、体验感等。主体究竟获得哪些发展价值、获得这些价值的时间成本如何、获得这些价值的途径与难易程度如何等，这些问题本质上是课程为学习者主体创造价值的内在化问题。大学本科教育改革的一个重要指向就是课程价值的内在化程度，消除"水课"打造"金课"等政策旨趣即是重要体现。更为重要的问题还在于，学习者主体价值的内在化向外在化转换过程更为复杂，包括内在价值如何向外在化的价值进行转化、外在化的价值如何评价等。以外在化的价值评价为例，对大学课程外在化价值的评价主要通过学习者在劳动力市场的自身体验与用户评价来获得。从自身体验来说，课程创造何时的价值成为重要评价尺度，如果课程为学习者仅仅创造即时的发展价值，而对学习者在未来劳动力市场的应用无法创造价值，特别是无法创造技能性价值，往往造成学习者对课程价值期待的缺失。

因此，对课程价值的创造需要将应用型大学知识秩序的分析框架统合起来进行考虑，将价值主体论、知识本体论、价值本体论、价值实践论、价值时间论等问题进行综合构建。如价值主体问题，从用户评价维度来说，课程创造的价值往往不能直接通过为用户创造价值来实现，而需要通过学习者为用户创造的价值来间接评价课程的价值，这使得课程价值的评价更为复杂，学习者为哪些用户创造价值、这些用户对学习者创造价值的评价如何反馈到课程开发主体当中，这些问题的解决最终会影响到大学外部主体对大学课程开发参与的动力问题；再如价值时间问题，需要将现实价值与未来价值两个维度统合起来才能创造课程的全面价值。这些问题解决起来非常复杂，这里不再赘述。事实上，对课程开发过程中的价值主体与价值本体以及两者之间关系的讨论远不止于此。大学外部还包括政府、行业协会、校友、学生家长等主体，大学内部还包括课程管理者、学科专家、大学教师等主体，这些主体的价值理念是影响与制约课程开发的重要因素。毋庸置疑，从价值视角探讨课程开发具有重要意义，拓展了课程开发讨论的广度和深度。在广度方面超越了传统课程开发研究中的主体结构、内容体系、评价标准等单一向度；在深度方面超越了传统课程开发研究中投入—产出的单一向度。所有这些问题的拓展归根到底源于主体对价值的追求这一个主客体关系，课程开发需要着眼于主体—客体之间关系，寻求超越主体—客体之间关系最终使主体—客体融于课程开发的一体化之中。

通过对知识创价基本内涵的分析，可以将应用型大学知识秩序的基本特征概括如下：以发展应用理性为目标，弥合认知理性与实践理性的断裂，搭建两种理性之间的关联，促进知识科学化与技术化之间的互动，追求知识的中长期应用价值，强调为社会经济和学习者的发展直接创造价值。两极化发展的知识秩序存在的一个突出问题是对知识经济社会本质属性认知的偏颇。20世纪90年代后期通过升格、合并、改制等"新建"的普通本科院校，在两极化发展格局中为了更好地适应社会需求，开辟出了一条新的具有类型化特色的发展路径，向应用型大学转型。应用转型的战略目标在初期主要是外延式转型，诸如，专科向本科的层次转型，单一学科向多学科的学科生态转型，单一的知识传播方式向知识生产、传播、应用一体化的知识运行方式转型等。当下应用转型的战略目标则主要是内涵式转型，专业、学科思维向产教融合思维转型，理论型或技能型向理论与实践结合型的办学理念转型，单一办学目标向整体性办学模式转型，等等。

二、应用型大学知识秩序的实现路径

通过对知识社会中知识的性质与类型、知识行动的性质与类型、价值的性质与类型以及三者之间关系的分析，可以概括出知识创价的内涵理路主要体现为三对范畴，即知识的理论性与实践性、知识的科学化与技术化、知识的通识性与高深性。通过对三对范畴的概念分析可以实现应用型大学知识秩序的型构。

在知识的理论性与实践性转换中追求价值创造

知识的理论性与实践性主要从知识性质角度出发，对知识的本质特征进行分析。前者主要呈现为科学知识，后者主要呈现为技术知识。但从认识的"结果"来看，则存在悖反命题，理论认识的结果并非一定是科学知识，实践认识的结果也并非一定是技术知识。如科学实验的过程就存在实践认识，再如，技术开发过程中的理论借鉴就存在理论认识。

　　知识的理论性与实践性是考察知识性质的一个重要维度[①]，两者之间关联与转化关系内在地包含以下主要问题：一是理论知识与实践知识的本质问题。理论知识与实践知识的本质是什么，两者之间的共同点与差异点主要是什么等。理论知识与实践知识两种不同性质知识既有共性亦有差别，应用型大学在知识生产、传播以及应用过程中需要按照知识性质的不同形成相应的运作机制。二是理论知识与实践知识的生成时序问题。理论知识与实践知识是否存在产生的时序问题，如果存在产生时序问题，两种不同性质知识是如何转化的，这种时序关系的确立是应用型大学知识生产、传播、应用秩序构建的基础。因为两种知识存在时序差异，知识运行过程中就要按照不同运行逻辑进行生产、传播以及应用。三是理论知识与实践知识的功用问题。两种不同性质知识的功用究竟是什么？本体功用、社会功用主要是什么，功用实现的路径主要是什么，两种不同性质知识的功用是如何转化的等问题。因为理论知识与实践知识两者之间功用存在明显差别，知识运行方面就需要采取不同策略。

在知识的科学化与技术化转换中追求价值创造

　　在知识的理论性与实践性转换中如何体现大学的"应用性"这一核心特征？理论知识的系统化表达主要是科学知识，而实践知识的系统化表达主要是技术知识，如果技术知识进一步围绕产品、项目形成的以技术为核心的组合就是工程化。因此，对知识性质的认识还需要进一步从知识的科学化与技术化两个维度展开分析。接下来，首先对科学与技术概念的基本内涵及其相互转化的内在逻辑关联进行分析。

　　"科学"和"技术"是两个非常复杂而又充满歧义的概念。曾任美国科学哲学协会主席的范·弗拉森用"科学形象（The scientific image）"来描述"科学"的多义性以及在公众心目中的不同理解。英国学者贝尔纳（J.D.Bernal）在 1957 年出版的《历史上的科学》中提出了科学的五种形象："科学可作为（1.1）一种建制；（1.2）一种方法；（1.3）一种积累的知识传统；（1.4）一种维持或发展生产的主要因素；以及（1.5）构成我们的诸信仰和对宇宙和人类的诸态度的最强大势力之一。"[②]对于后两种形象，贝尔纳在其著作的目录中更为简洁明确地描述为，"生

---

　　① 关于知识的实践性特征，笔者主要受到陈洪捷教授的启发。2018 年 11 月 23 日北京大学教育学院主办"汪永铨高等教育研究工作坊（第 1 期）"研讨会，主题为"德国应用型高等教育：特色与改革"。陈洪捷教授在会上提出，从德国应用型高等教育发展的实践来看，实践性是其关键特征之一，陈洪捷教授从多个维度简要分析了德国应用型高等教育的实践性特征。这里笔者对知识实践性特征的分析主要受到陈洪捷教授阐述"德国应用型高等教育的实践性"启发。
　　② ［英］贝尔纳.历史上的科学［M］.北京：科学出版社，1959：6.

产手段"以及"作为观念来源的自然科学"。英国学者齐曼(J.Ziman)也曾系统形象地刻画了现代科学转型过程中"科学"所呈现的多种形象,诸如"社会建制""文化""知识体系""认知方式"乃至"行为范式"等等①。另外,还有很多学者围绕自己研究主题对科学的形象进行了刻画,丰富了人们对科学本体的认识。一方面,这些对科学的不同认识丰富了人们对科学本体的认知,另一方面也使人们围绕教育以及课程开发中的科学问题产生了诸多讨论。

关于"技术"内涵的认知同样也非常复杂,形成了不同观点。《牛津词典》对"技术"的解释是,"技术是机械艺术的集合,它使文化的经济和社会功能的发挥成为可能"。这里所说的"机械艺术"是指特定的方法、实践或者装置,它们被某种文化加以利用,从而使其发挥经济或社会功能②。阿瑟(B.Arthur)对技术的本质提出了一种新的观点,技术是一种组合,是一种进化的组合,是自身进化的组合,即组合进化(combinatorial evolution)。就进化而言,"技术的进化可以是根本性的和突破性的,有时也可以是渐进式的"③。而这种进化是组合性的,通过组合性的进化实现技术自身的范式创新,"之前的技术形式会被作为现在原创技术的组分。当代的新技术将成为建构更新的技术的可能的组分(构件)。反过来,其中的部分技术将继续变成那些尚未实现的新技术的可能的构建。以这种方式,慢慢地,最初很简单的技术发展出越来越多的技术形式,而很复杂的技术往往用很简单的技术作为其组分。所有技术的集合自力更生地从无到有,从简单到复杂地成长起来。我们可以说技术从自身创生了自身"④。而产生组合进化的背后原因则是"捕获新的自然现象以及带有特定目的地驾驭这些现象"⑤。

由于"科学"与"技术"两个概念的内涵与本质存在上述多重理解,对科学与技术之间关系的分析就必然存在多种维度和多个层面的解读,布什范式、象限理论、技术引发论等就是两者关系分析的三个重要流派。

美国学者布什(V.Bush)在其 1945 年出版的专著《科学:没有止境的前沿》中提出:"基础研究将导致新的知识。它提供科学上的资本。它创造了这样一种

---

① [英]约翰·齐曼.真科学:它是什么,它指什么[M].曾国屏,译.上海:上海科技教育出版社,2008:4-14,378-387.

② [美]布莱恩·阿瑟.技术的本质:技术是什么,它是如何进化的[M].杭州:浙江人民出版社,2014:25.

③ [美]布莱恩·阿瑟.技术的本质:技术是什么,它是如何进化的[M].杭州:浙江人民出版社,2014:13.

④ [美]布莱恩·阿瑟.技术的本质:技术是什么,它是如何进化的[M].杭州:浙江人民出版社,2014:17.

⑤ [美]布莱恩·阿瑟.技术的本质:技术是什么,它是如何进化的[M].杭州:浙江人民出版社,2014:17.

储备,而知识的实际应用必须从中提取。"①其核心思想是,科学与技术之间呈单向线性关系,技术是科学的产物,基础研究的实施不考虑实际结果,基础研究是技术进步的先驱。布什对科学与技术之间的这种单向线性关系的描述被称为"布什范式"。布什的观点被科学界广为采用,正如美国物理学家罗兰(H.A. Rowland)从正反两方面经验教训的观察中提出:"科学与应用科学究竟何者对世界更重要,为了应用科学,科学本身必须存在,如停止科学的进步,只留意其应用,我们很快就会退化成中国人那样,多少代人以来他们都没有什么进步,因为他们只满足于应用,却从未追问过原理,这些原理就构成了纯科学。中国人知道火药应用已经若干世纪,如果正确探索其原理,就会在获得众多应用的同时发展出化学,甚至物理学。因为没有寻根问底,中国人已远远落后于世界的进步。"②这里需要进一步强调的是,布什提出的"基础研究"(basic research)在内涵上不同于德国的"纯粹研究"(pure research),布什将科学研究区分为基础研究与应用研究,并进一步强调发展基础研究之于国家的重要意义,其根本旨趣在于实现应用研究的国家战略和服务社会的目标。而德国的"纯粹研究"(pure research)理念虽然包含了对德意志民族理性精神的凝望,但在其终极意义上是一种对理性精神的追求,正如洪堡所说:"只要大学达到了自己的最终目标,它也就实现了,而且是在更高的层次上实现了政府的目标,大学由此所产生的影响远远超过政府的范围,远非政府的种种举措所能企及。"③如果进一步分析大学对科学的目的,德国和美国的研究型大学都包含了国家和民族情怀的目标,不过德国的国家主义情怀以理性精神为依托,而美国研究型大学的科学活动则更多地把实现国家和社会战略目标作为自身的价值指归。

　　毫无疑问,布什以及罗兰所言未必全面、客观、准确,其意义与道理明显是有限度的。针对布什范式在美国科学与技术政策实践中的悖论,美国学者司托克斯(D.E.Stokes)在其专著——《基础科学与技术创新:巴斯德象限》中提出了著名的"象限理论",就是对布什范式的突破。象限理论把科学研究的"两种目的"——"认识"与"应用"的多种可能用"象限的四重图"来表示④,将人类认识定位于四个不同象限,分别是纯粹认识目的、纯粹应用目的、认识与应用目的兼具以及没有任何认识和应用目的四种科学技术发展模式。"象限理论"的主要贡献

　　① 〔美〕万尼瓦尔·布什.科学——无止境的前沿[M].上海:商务印书馆,2004:12.
　　② 〔美〕托比·胡弗.近代科学为什么诞生在西方[M].北京:北京大学出版社,2010:229;饶毅.谈谈中国科技体制改革[J].理论参考,2014(7):5.
　　③ 〔德〕威廉·冯·洪堡.论柏林高等学术机构的内部和外部组织(节选)//陈洪捷著.德国古典大学观及其对中国的影响(修订版)[M].北京:北京大学出版社,2006:200-201.
　　④ 〔美〕D.E.司托克斯.基础科学与技术创新:巴斯德象限[M].北京:科学出版社,1999:63.

在于,不仅指向技术层面对科学研究如何进行分类和定位,更为重要的是作为科学研究发展的哲学思想。在司托克斯看来,"象限理论"并不排斥基础、应用、开发等的"理想类型"式的科研分类,其旨在解释发达国家科技发展的真实方式,即基础与应用、科学与技术之间实际上处于一种双向互动状态,这种运行状态实际上反映了20世纪中叶以来发达国家科研的类型、定位、方向等与现代社会包括政府政策、经济等方面的互动。

美国学者阿瑟(W.B.Arthur)在以往研究的基础上进一步强调技术在科学技术体系中的关键作用。阿瑟通过对科学与技术发现的大量案例提出"技术引发论",亦称为"技术自主论"。他在其专著《技术的本质:技术是什么,它是如何进化的》中从技术的结构开始分析,提出了关于技术本体的三个基本原理。"(1)技术(所有的技术)都是某种组合,这意味着任何具体技术都是由当下的部件、集成件或系统组件构建或组合而成的;(2)技术的每个组件自身也是缩微的技术;(3)所有的技术都会利用或开发某种(通常是几种)效应(effect)或现象(phenomenon)。"①阿瑟的核心观点就是,技术具有自身独立的演化体系,不仅不依附于科学,技术的发展还引发了科学的发展。阿瑟的观点虽然没有产生很大的影响力,但很多人已经认识到技术的独立性及其对科学的巨大作用。

与阿瑟观点相似,或者追溯阿瑟观点的来源,有两个重要来源,一是日本学者汤浅光朝的观点。汤浅曾早在1950年出版的《科学文化史年表》中提出,技术在人类发展中具有极为重要的地位。"英国工业革命……,从人类的生产技术方面来说,这是有史以来最大的变革。资本主义社会的整个面貌发生了变化,出现了工业资本。美国的独立宣言(1776)和法国大革命(1789—1799)确立了民主的近代社会。值得注意的是,技术的进步正是这种社会变革的根本动力。"②二是英国学者贝尔纳(J.D.Bernal)的观点。贝尔纳在《历史上的科学》(1957)中提出,人类历史上大部分时期的"技术"主要是由"技术促进者"来发现和完善的,而不是来自"基础理论"的驱使。一个非常典型的例子是爱迪生在发明实践中对技术的偏执,曾在爱迪生实验室工作多年的知名学者和发明家杰斯拉就指出:"如果爱迪生要在干草堆中寻找一根针,他将不把时间花在确定最可能找到这根针的地方上。他将带着蜜蜂般的激昂勤奋,很快开始一根麦秆一根麦秆地搜索,直到找到自己所搜寻的东西为止。他的方法极其无效,如果不是幸运的机会帮了他的忙,他也许花费大量时间和精力而什么也达不到。最初,我带着忧虑观察他的事业,与此同时意识到:不多的理论学识和计算,有可能给他节省百分之三十的

---

① [美]布莱恩·阿瑟.技术的本质:技术是什么,它是如何进化的[M].杭州:浙江人民出版社,2014:Ⅷ.

② [日]汤浅光朝.科学文化史年表[M].北京:科学普及出版社,1984:3.

劳动量。"①"基础理论"催生"技术"或两者之间的互动主要是在 19 世纪末第二次科学革命导致"技术"复杂化之后②。

　　上述主要是从知识性质、科学研究与技术开发的活动性质、目标指向等维度,分析两者之间关系。倘若把科学与技术两者看作相对独立意义上的两种不同性质社会活动、不同性质知识体系,还可以从历史维度进行分析,放在历史长河中进行考察。汤浅曾从历史长焦距的视野考察了人类科学文化史,"16 世纪的经济史和技术史与当时的科学史基本上没有什么很深的关联,17 世纪的情况就与此不同了"③。"17 世纪建立起来的近代科学方法,几乎仅仅适用于对自然现象的研究,而研究与社会现象有关联的方法,除有个别例外,它们基本上是无能为力的。值得特别强调的是,20 世纪以美国为主要舞台,建立了适用于人文、社会、自然等一切领域的大科学的方法。"④在汤浅上述观点的基础上,我们可以把人类历史上科学、技术以及社会之间的关系大体上分为四个阶段:一是科学—技术分离阶段,主要是 16 世纪及以前科学、技术以及社会管理相互分离的状态。二是科学—技术渗透阶段,主要是 17 到 19 世纪科学与技术互相渗透的状态。三是科学—技术—人文—社会共生阶段,主要是 20 世纪之后科学、技术、人文、社会相互影响,特别是一些大的科学工程呈现大科学状态。四是融合阶段,20 世纪 80 年代进入知识经济时代之后,知识生产、传播、应用有机融合,出现知识生产的新模式,知识的应用成为核心问题。

　　基于上述横向和纵向视角对科学与技术之间关系的考察,可以将两者之间关系概括为以下问题:一是科学知识与技术知识的本质问题,两者本质特征是什么,表现形态分别是什么,两者异同点究竟体现在什么方面等。二是科学知识与技术知识的生成时序关系,两者在生成上是否存在先后关系,如果存在时序关系究竟是科学知识产生技术知识还是技术知识产生科学知识,如课程内容设计上科学原理与技术应用之间关系。三是科学知识与技术知识的功用问题,两种知识在功用上是否存在差别,存在哪些功用,本体功用、社会功用主要是什么,两种不同性质知识的功用是如何转化的,不同功用的实现路径主要是什么。上述问题的分析是构建应用型大学知识秩序的基础性问题,正因为科学知识与技术知识之间在本质特征、生成时序、本体功用以及社会功用等方面的关联与转换问题,这些问题成为应用型大学知识秩序得以成立与发展的逻辑基础,应用型大学课程的建构也正是建立在这种知识秩序的分析基础之上。我们基于布什范式、

　　① ［苏］巴利切夫斯基.科学研究:对象、方向、方法［M］.北京:轻工业出版社,1984:4.
　　② ［英］贝尔纳.历史上的科学［M］.北京:科学出版社,1959:683.
　　③ ［日］汤浅光朝.科学文化史年表［M］.北京:科学普及出版社,1984:45.
　　④ ［日］汤浅光朝.科学文化史年表［M］.北京:科学普及出版社,1984:141.

象限理论以及技术引发论等方面观点,以知识社会的"知识创价"为核心观点,提出知识的科学化与技术化互动论,即由于知识在双向互动运作过程中存在科学知识与技术知识两种形态知识的相互转化,因而在知识生产、传播、应用等系统化运作过程中追求科学知识的技术化与技术知识的科学化之间的互动。

在知识的通识性与高深性转换中追求价值创造

知识的通识性与高深性主要从知识本体发展水平与主体认知发展水平两个角度综合分析而形成知识的一对特性。知识本体发展水平与主体认知发展水平有不对称的一面,知识本体发展水平已经很高深,但是在专业人员中则是通识性知识,而对于学习者来说则是高深性知识。所以,从知识本体发展水平与主体认知发展水平两个角度可以形成通识性—专业性、一般性—高深性两对范畴。对于大学课程而言,主要从专业知识角度来分析知识的通识性与高深性之间关系。

所谓知识的通识性,从知识本体发展水平维度来看指向基础性层面的知识,是高深知识生成与发展的基础。如中世纪大学在"艺学院(Facuité desarts)"以"三科四艺"为主要内容的教育,这些内容作为通识知识,作为进一步在神学院、法学院、医学院学习的基础。以巴黎大学为例,艺学院在中世纪巴黎大学"其实就像是一间公用的前厅,任何人要想进入其他三个学院都必须先经过它。学生必须先在这个学院里耗上一定的时间,才能继续攻读神学、医学或法学方面的课程"①。这就表明,中世纪大学课程内容开始出现分化,以"三科四艺"为代表的通识性知识是神学、医学、法学等高深知识的基础。近现代大学在知识的高深性与通识性方面进一步分化,一方面围绕东西方大学教育的传统,将训练与培养人的基础认知能力的形式知识,诸如"三科四艺"作为通识性知识,形成通识性课程;另一方面,围绕科学与技术知识的分化,把数学、信息技术、逻辑学等掌握科学与技术知识的基础知识作为通识性知识,从而形成通识性课程。这部分内容主要是基础教育中的知识以及专业教育中的人文素质知识或基础知识。当然,知识本体发展水平又与人的认知发展水平密切联系在一起,随着知识本体与人的认知发展水平的提高,传统中的高深性知识往往会转化为通识性知识,知识本体发展水平与人的认知发展水平在互动中不断得到提升。

所谓知识的高深性,同样有两个方面指向,从知识本体发展水平维度来看指向建立在通识性知识的基础上发展起来的知识;从人的认知发展水平维度来看指向依托于通识知识而得到的认识。

---

① [法]爱弥儿·涂尔干.教育思想的演进[M].上海:上海人民出版社,2003:142.

　　高等教育在本质上是专业教育,专业教育的载体主要是专业知识。而专业知识也存在专业知识的通识性与高深性之间差别,这就产生了专业教育究竟采取专业知识的通识性还是专业知识的高深性之间的争论。如美国研究型大学在本科教育阶段主要是通识教育或专业教育中通识性知识的教育,而专业教育或高深性专业教育主要放到研究生阶段。我国受苏联教育模式的影响,本科教育阶段主要是专业高深知识教育。

　　所谓专业知识的一般性,首先指向专业知识的基础性,专业知识体系中具有基础性、通用性的知识,在强调专业性的同时,在专业知识体系中的基础性、通识性地位的知识;其次指向不同专业知识之间的通用性、贯通性。

　　所谓专业知识的高深性,首先指向专业知识的高深性,专业知识体系中的高深性知识;其次指向不同专业知识之间的差异,由于知识的高深性而带来不同专业性知识之间的分割与界限。

　　专业知识的一般性与高深性之别在大学知识秩序建构方面必然带来认知与策略上的差异。倘若秉持一般性专业知识教育的大学理念,则强调专业教育的通识性;强调以教学为中心,科研服务于教学;强调学习者专业通识能力的培养,强调专业基础知识的教育,强调专业一般能力的培养,而专业教育解决职业与岗位中具体问题的能力,主要移位到研究生阶段或工作岗位上进行。相反,倘若秉持高深性专业知识教育的大学理念,则强调专业教育的高深性;强调以科研为中心,通过科研来带动教学的提高;强调学习者专业核心能力的培养,强调专业核心竞争力的培养,强调专业技术技能的培养,培养适应岗位需要的各项能力,强调校企合作培养;教学评价强调专业知识教育解决职业与岗位中具体问题的能力。

　　应用型大学知识秩序建构的重要路径就是在知识的通识性与高深性转换中创造价值。专业知识的通识性与高深性两种不同理念产生的矛盾是,专业过分细化,以及在此基础上形成的大学课程的过分细化、高深而导致人才培养的片面性,与社会职业的不确定性的冲突,专业知识的一般性与高深性之间冲突、转换、衔接是大学教育知识秩序建构面临的重要难题,大学教育究竟是进行一般性的专业教育还是高深性的专业教育成为本科阶段的重要课题。

　　应用型大学知识秩序三对范畴的内在逻辑关系可以表达为:理论性与实践性是从知识本体表达方式视角来考察知识性质;科学化与技术化是从知识的操作性应用视角来考察知识转化过程;通识性与高深性是从主体知识的高深程度视角来考察知识性质。三对范畴之间内在逻辑如图2-1所示。其中,知识的理论性与科学化旨在追求知识的理论理性,知识的实践性与技术化旨在追求知识的实践理性,而理论性与科学化、实践性与技术化之间的差异主要是表达方式的差异,在知识的本质上具有内在一致性。而知识的通识性与高深性是从知识本体与主体认知发展水平维度来考察知识的性质。通识性与高深性可以看作知识的理论性与实践性、科学化与技术化两个特征在发展阶段上的转换。知识的理论性与实践性、科学化与技术化既有在通识水平上的转换,也有在高深水平上的转换。就知识本体与主体认知两者发展水平或发展阶段而言,转换机理、转换方法、转换难度等方面都存在一定差异,高深性知识随着人们认知水平的提升会变成通识性知识,通识性知识随着复杂性程度提升又会变成高深性知识。因此,在课程开发过程中就需要采取相应的设计策略。如何将横向维度的知识理论性与实践性、科学化与技术化与纵向维度的知识高深程度统合起来进行课程设计与实施成为大学课程开发面临的重要难题。

图 2 - 1　应用型大学课程知识秩序实现路径三维模型

应用型大学知识秩序的上述三对特征我们可以用"知识应用"这一概念进行统合。所谓知识应用意指知识的动态运行,即知识在理论性与实践性、科学化与技术化、通识性与高深性之间互动,通过双向互动运作追求知识多重价值的创造,形成知识创价这一本质特征;并由此进一步衍生出知识创价的诸多命题,诸如知识创价的主体论、行动论、时间论、空间论等。对知识创价本质的追问及其内生问题的反思进一步衍生出知识应用理性问题,即人们在知识不同性质的转换过程中追求真理、追求知识价值最大化、追求知识行动方式合理性等问题。因此,对于应用型大学知识秩序的建构来说本质上就是人们对应用理性的认识与发展过程,正如本章第一节所述,应用型大学类型化在本质上就是应用理性的发展。

三、应用型大学知识秩序的意义旨趣

把知识创价作为应用型大学知识秩序的基本特征旨在构建一种新型大学,构建一种不同于传统的学术取向与职业取向的理想类型大学,这是适应与引领传统社会向知识社会转型的内在要求,是基于大学历史发展、内在逻辑分析的结果。按照马克斯·韦伯的理想类型分析方法,以知识创价为基本特征的院校可以称为应用型大学,相应地形成研究型大学、应用型大学、技能型院校三种类型,不同类型院校有其不同知识秩序,每一种类型又呈现出多种亚类型。不同类型院校中亚类型的出现主要是根据知识运行的分化而形成知识秩序的细分。如基础研究出现了纯基础研究与应用基础研究,应用研究出现了纯应用研究、技术开发,产品开发与技能训练出现了产品开发、商业化应用等。知识运行的细分化发展趋势相应地要求院校形成相应的目标细分,院校机构的目标理念、人才培养、职能定位、制度设计、资源配置等方面需要适应这种细分化发展趋势。适应基础研究的细分化发展出现了研究Ⅰ型与研究Ⅱ型大学等,研究Ⅰ型主要针对国家战略,研究Ⅱ型主要针对区域战略。适应应用研究的细分化发展出现了应用Ⅰ型与应用Ⅱ型大学等;适应技能训练与产品开发的细分化发展出现了技能Ⅰ型与技能Ⅱ型院校等。这种细分化既可能出现在大学层面,也可能出现在学院或学系层面,往往以大学层面的类型化追求为主。如表2-1所示,不同类型院校机构的知识秩序特征可以从不同维度得到呈现。

表2-1　不同类型院校知识秩序比较

	研究型大学 (研究Ⅰ型)	应用型大学 (应用Ⅰ型)	技能型院校 (技能Ⅰ型)
	研究型大学 (研究Ⅱ型)	应用型大学 (应用Ⅱ型)	技能型院校 (技能Ⅱ型)
知识秩序核心特征	知识创造学术价值	知识创造应用价值	知识创造技术价值
大学与区域关系属性	国家性	区域性	职业性
理论与实践关系属性	理论性	理论性与实践性转换	实践性
知识与产业关系属性	科学化	科学化与技术化转换	技术化
知识与应用关系	基础性	应用性/产业性/行业性	职业性/岗位性

对应用型大学知识秩序难以理解的地方在于对"应用"的理解。我国大学在发展过程中由于政策导向、资源分配、治理体制以及传统文化等因素影响,高等教育机构形成了向研究型大学和技能型院校两极化方向发展的知识秩序。正是因为这种两极化方向运行的知识秩序,对知识的应用在本质属性、方向选择、途径方式等方面在一定程度上存在知识运行单向度惯习,无法适应知识社会背景下对知识应用的内在要求。应用型大学知识秩序的建构就是为了适应知识社会中知识运行的需要,扩展了"应用"的内涵。"应用"的核心内涵就是指向知识的动态运行,即理论性与实践性、科学化与技术化、高深性与通识性之间的衔接、转换以及互动,正是通过知识的动态运行促进了知识价值的多维创造,从而促进了大学与产业链、创新链形成有机衔接。动态运行的知识秩序体现在人才培养、科学研究以及社会服务等大学知识运行的各个方面,相应地要求大学的理念文化、

组织架构、治理结构、制度供给、经费投入等办学要素的设计适应这种知识秩序。由于这种知识秩序要求大学的办学要素设计呈现创新创业发展态势,对传统大学的办学要素设计呈现不断创新与转型发展态势,因此,应用型大学也具有创新创业特征。正是由于这种知识秩序要求大学与区域产业融合发展、带动区域生产要素市场发展、驱动区域技术开发,这些特征呈现出服务区域社会经济发展的行动取向,因此,应用型大学也具有服务型大学的内在特质。

> 课程领域已步入穷途末路,按照现行的方法和原则已不能继续运行,也无以增加教育的发展。现在需要的是适合于解决问题的新的原则……新的观点……新的方法①。
>
> ——施瓦布(J.Schwab)·《实践1》

第三章 应用型大学知识秩序中的知识创价课程

基于对应用型大学知识秩序核心特征的分析,我们可以把应用型大学课程称为知识创价课程。按照应用型大学知识秩序的基本框架,我们可以进一步分析知识社会背景下知识创价课程的建构基础、整体框架及其内在建构机理。

第一节 知识创价课程的建构基础

一、知识创价课程建构的历史基础

从发生学上来说,"课程的起源与课程的实际功能密切相关。回顾古埃及、古巴比伦或者古代中国的教育发展史,所得出的结论在很大程度上是相同的,那就是无论是正式的课程还是非正式的课程,都产生于人们的日常活动。每一代人为了能够获得必需的能力以履行成年人的责任,他们都接受特定的课程和训练"②。上述布鲁贝克关于课程起源与课程功能之间关系的分析告诉我们,课程是历史与逻辑的统一,是特定历史条件下大学与社会互构的产物,历史性与现实性是课程的双重属性。课程的历史性意味着任何课程都是历史演进的产物。知

---

① [美]多尔.后现代课程观[M].北京:教育科学出版社,2000:229.

② [美]约翰·S.布鲁巴克.教育问题史[M].济南:山东教育出版社,2012:259.

识创价课程就是在大学课程历史演进过程中逐渐生发出来的,在不同历史阶段都有知识创价课程"基因"或"影子"的存在,只是到了知识社会,知识创价课程才形成完整的图景。课程的现实性意味着课程是一定社会阶段政治、经济、文化、科学技术等因素综合作用的产物,不同历史阶段的课程形成其特定图景,就是由于那个历史阶段各种因素综合作用的结果。知识社会的形成与发展必然型构适应知识社会的应用型大学,其知识秩序的核心特征——知识创价作为一种新型知识秩序,既是知识社会的产物,又是由传统社会发展而来,带有传统社会的印迹。

知识创价课程的建构首先可以从历史视角分析其形成与发展的基础。在中世纪结束之际正是大学出现之时,中世纪大学"只有在等待与呼唤它的日趋复杂和重要的社会需要中才能出现"①。智者之间的辩论能力是中世纪末即 12、13 世纪的重要"社会需要",因此,培养智者的重要指向就是培养辩论能力,能够将知识运用于论辩自然是中世纪大学的一个重要旨趣。"当时,唯实论者与唯名论者正在'共相'(一般概念)的性质上进行一场著名的神学论战。由这场论战所体现的新的学术领域,冲击了整个欧洲的青年和充满活力的学者。为了有效地参加这场论战,这些学者不仅需要神学方面的训练,而且需要雄辩术方面的训练。许多人发现,得到这种训练的最好方法是聆听论战中的一些领袖,如阿伯拉尔的讲课和辩论。"②辩论能力是中世纪末期社会智者之间,也可以说是主流社会需要的一种重要价值。

中世纪大学追求的知识价值还不止于辩论能力。"在巴黎,他们的兴趣主要是神学;在另外两个主要的高等教育中心波洛尼亚和萨莱诺,他们的主要学术兴趣分别是法学和医学。"③以法学和医学为主要学术兴趣的大学首先在博洛尼亚与萨莱诺两个地区诞生也是由于知识应用的需要。以法学知识需求为例,博洛尼亚地处意大利北部贸易要冲之地,随着贸易的发展,贸易纠纷的产生不可避免,如何应用规则甚至应用具有法律意义的规则来处理贸易纠纷便成为知识的重要价值。

总体而言,中世纪大学对知识价值的追求与当时的社会需求相联系,"与当时人们所普遍接受的认识论有着不可分割的联系,这种认识论强调通过逻辑思辨和理论探讨来发现和验证知识"④。中世纪大学对知识价值的追求,从应用性质来说主要是经验性应用,即运用分析、演绎的思维方式对讨论问题进行抽象分析,主要是对神学经典中的命题进行演绎,而不是基于社会需求创造出新的命题。从应用内容来说主要是理论性应用,追求理论的理解与应用。"在大学里,学者们利用这种学术自由所探索和发展的知识,仅仅是一种纯理论或逻辑性的

① [美]约翰·S.布鲁巴克.教育问题史[M].济南:山东教育出版社,2012:458.
② [美]约翰·S.布鲁巴克.教育问题史[M].济南:山东教育出版社,2012:458-459.
③ [美]约翰·S.布鲁巴克.教育问题史[M].济南:山东教育出版社,2012:459.
④ [加]许美德.中国大学 1895—1995:一个文化冲突的世纪[M].北京:教育科学出版社,2000:21.

知识。提出任何问题或辩论任何即成意见是以不直接干预国家政府和教会事务为前提的。"①而大学与生产实际特别是科学技术实践相联系只有等到近代科学技术的发展,也就是到了 17 世纪至 18 世纪技术革命之后,才形成针对科学与技术知识的应用能力。

对于中国而言,1895 年京师同文馆的成立是古代与近代高等教育的分水岭。科举制度和书院系统可以看作是中国古代高等教育两条并列发展的路线。从学习和传授内容而言,科举考试的内容主要是正统的儒家经典,而书院则是对儒家经典的修补性反叛,这种知识状况一直持续到 19 世纪末。

> 19 世纪 60 年代,清政府曾经对科举制度进行了改革,消除了部分腐败现象,并对考试内容做了相应的修改,以使得传统的考试内容能够适用于解决政府当时所面临的各种实际问题。在 19 世纪 70 年代,清政府曾制订了一个扩大考试范围的计划——一方面增加数学知识,另一方面开设了一个新的考试科目——"洋务",但是这两个改革计划最终都以失败而告终。直到 1887 年,数学科才被正式列入了科举考试范围,但同时仍然要求学生必须在通过了其他所有的古典课程以后才算合格②。

总体而言,中国近代高等教育机构追求知识的价值主要呈现以下几个特点:从知识的选择来说主要是治术内容,而且主要是儒家经典中的知识。数学等自然与工程科学必备的内容一直到 19 世纪中后期才进入科举考试的课目以及新式教育机构当中,这与 1789 年法国资产阶级革命后中世纪大学向近代大学进化过程中,近代自然科学与工程科学内容普遍进入大学相比晚了一个多世纪。从知识的传播来说主要是单向的传授,以先生讲学生听为主,儒家经典的权威性不容置疑,学生习得的过程主要是理解经典的过程。从知识的行动方式来说,主要是经验性应用,对儒家经典进行阐释与个人体悟,而不是注重典述内容的创新,主要是对经典的注释与解释。从知识的价值时限来说是追求知识的永恒价值,因为儒家经典是"万世之至论"。从知识的选择主体来说主要由学术权威来决定,学习者主要是被动接受研习内容。

总体而言,中国近代高等教育机构的课程知识极其缓慢地分化着,现代科技知识、实用知识极其艰难地进入正统学习和考试制度当中。这些具有高等教育性质课程的主要特点是,重理论轻实践、脱离生产实践。科学技术本身不发达、科学技术没有进入上层社会、高等教育机会主要为上层社会所占有等因素,是造成我国近代高等教育机构上述特点的主要原因。正如陈青之所言,"中国以往教

①　[加]许美德.中国大学 1895—1995:一个文化冲突的世纪[M].北京:教育科学出版社,2000:21.
②　[加]许美德.中国大学 1895—1995:一个文化冲突的世纪[M].北京:教育科学出版社,2000:55.

育的错误,我们归纳起来:不外内封建主义而外资本主义,即治术的、文雅的、放任的三点。救贫应当设法为富,而教育偏重治术人才的培养,则更贫了。救弱应当设法为强,而教育专尚文雅,则更弱了。救私应当设法为群性的训练,而教育偏采放任主义,则更私更散了"①。

民国时期兴起的新教育运动是对我国传统教育重儒家经典理论轻生产实践,特别是轻科学技术知识的反叛,旨在追求教育与生产实践的统一。新教育运动以生产教育与乡村教育为重点,目标是改变国家的贫弱状态,将人的发展与社会生产实际相融合。时人胡葆良对生产教育的目标追求与内容设计有过精当分析:"生产教育之意义,即运用教育方法,以养成儿童劳动的精神,启发创造的思想,培养儿童生产的兴趣,及尊敬劳作的态度,以达到生产的目的,而满足生活的需要是也。"②而乡村教育与生产教育在本质上具有一致性,都是为改变国力贫弱而兴起,所以,时人陈青之高度评价生产教育的重要意义,"唯有复兴农村才可以复兴民族,故为复兴民族计,更感乡村教育的迫切。所以近年以来,乡村教育运动的高潮,与生产教育到了同一程度;这种教育运动不仅以改良乡村生活及建设乡村社会为目的,到近年且负了复兴民族的使命"③。新教育运动带来了很多新的理念与制度设计,但不可否认的是,难以从根本上改革中国贫弱状态,在启智民众、传播知识等方面仍然存在诸多积弊。如何培养技术人才,如何实现治术人才与技术人才之间的平衡,是中国大学在历史发展过程中长期的命题,正所谓"革除从前治术人才主义的教育,厉行技术劳动主义的教育"是一个永恒的历史话题④。

总而言之,无论西方中世纪大学、近代高等教育机构,还是中国古代、近现代高等教育机构,一个重要特点是知识价值创造的单一性,这种知识创价的单向度价值追求惯习是社会基础造成的。

二、知识创价课程建构的社会基础

课程的现实性意味着知识创价课程的构建是当代社会政治经济文化科学技术发展综合影响的产物。当代社会最为核心的变化莫过于是从传统工业社会向知识社会转型。虽然有关当代社会转型核心特征的表述有多种,诸如,知识经济社会、后工业社会、再工业社会、信息社会、工业 4.0、社会 5.0(超级智能社会)⑤

---

① 陈青之.中国教育史[M].北京:东方出版社,2008:662.
② 陈青之.中国教育史[M].北京:东方出版社,2008:643.
③ 陈青之.中国教育史[M].北京:东方出版社,2008:647.
④ 陈青之.中国教育史[M].北京:东方出版社,2008:658.
⑤ 日本日立东大实验室.社会 5.0:以人为中心的超级智能社会[M].北京:机械工业出版社,2020.

等不一而足,但这些表达无法从总体上概括当代社会转型的核心特征。而贯穿这些表达最为根本的变化乃是知识在社会资源配置中的变化,"知识社会"是概括当代社会最为鲜明特征的表达,恰恰是传统社会向知识社会的转型成为大学应用转型以及形成知识创价课程的根本动力。

知识社会的主要特征是知识民主化浪潮。知识生产主体突破传统社会主体处于特定社会阶级,特别是位于社会上层阶级及其组织,知识生产主体扩散到更多社会阶层及其组织。知识生产主体的变化呈现两个特征:一是越来越多的人参与到知识生产当中,知识生产已经成为大众的权力,不再是少数智识精英的特权;二是大学不再是垄断知识生产的唯一机构,不再拥有知识生产特权,知识生产泛化到诸多社会机构当中,乃至于企业等机构的知识生产能力已经超越了大学,如何协同其它社会机构合作进行知识生产已经成为大学面临的重要课题。因此,大学需要自我反思,重新定位大学理念与职责,迫切需要围绕知识进行大学理念与职责的重构,诸如,大学不能再把知识本身作为唯一目的,需要强调知识运行效率与多重价值的生产;大学需要在与其他机构的竞争中生产、传播以及应用知识,如果大学不能为学习者、市场、知识发展创造价值,大学将逐渐被边缘化,被其他知识机构所替代。所以,大学类型与定位的分化就成为必然趋势,不仅突破了 19 世纪纽曼(J. H. Newman)所布道的大学是传授普遍知识的机构;也不仅突破了 19 世纪威廉·洪堡所倡导的大学是科研与教学相结合、以纯粹知识的生产与传播为职能的机构;而且还突破了 20 世纪的"威斯康辛思想"。大学需要在履行教学和科研两大传统职能的基础上,打破大学"自娱自乐"的封闭状态,利用大学掌握的高深知识直接为社会服务的职能,为社会和经济发展直接创造价值。大学需要成为集知识生产、传播、应用于一体的机构。

社会转型的重要标志是传统工业社会向知识社会转型,除了上述知识民主化浪潮及其带来的大学在知识生产中地位的变化,另一个重要变化是社会生产方式的变化,主要有三个特征:一是并不否定传统生产要素在社会资源配置以及生产方式中的变化,土地、资本等传统生产要素仍然是社会生产的关键要素,是社会资源的基础,社会生产无法离开这些基础性要素特别是这些物质要素的发展。二是知识社会带来变化的核心是,这些要素参与社会生产与再生产时工具、方式、价值等方面的变化,变化的核心表现是赋予这些要素本身以及生产工具中蕴含的知识,通过知识使这些要素的生产方式、价值增殖发生质的变化,知识是这些要素中最为活跃、最为重要的因素。三是以信息技术、智能技术等为标志,知识本身成为生产要素,这是不同于传统社会的关键标志。

社会生产方式的诸多变化集中体现为知识生产方式变化。20 世纪七八十年代以来,科学转型、知识生产方式转型成为科学社会学、科技政策学等领域重要研究方向,"后学院科学""终结的科学""三重螺旋""象限理论"以及"学术资本主义"等就是试图解释和描述这一转型的理论。在此起彼伏的辩论、各执一词的辩护当中,英国学者迈克尔·吉本斯(M.Gibbons)等人提出的知识生产模式Ⅱ理论产生了广泛影响,具有很强的说服力,很多观点逐步被发达国家的知识生产实践所证实。吉本斯等人把传统知识生产方式称为知识生产模式Ⅰ,知识生产模式Ⅰ的核心特征是知识生产主要以学科方式在认知语境中进行,以单一的术语——"科学"来概括知识生产所必须遵循的认识和社会规范,并使知识合法化得以传播。吉本斯等人认为,知识社会的知识生产模式必将发生革命性变化而形成知识生产模式Ⅱ,其基本逻辑体现为:始于应用情境,通过跨学科、异质性、组织多样性而形成的"环"在新的适应性且情境化的质量控制形式下完成闭合,形成一种更具社会问责和反思性的新的知识模式[①]。知识生产模式Ⅱ的核心特征是市场因素,特别是市场价值观对知识生产和应用领域的渗透,促进了知识生产、传播、应用一体化的过程。

知识生产模式Ⅰ与知识生产模式Ⅱ的差异主要体现在五个方面:其一,在知识生产主体方面,模式Ⅰ设置和解决问题的情境主要由一个特定的共同体的学术兴趣所主导,所以必然以学科专家为主体,而模式Ⅱ中知识处理则是在一种应用情境中进行,所以知识生产者涵盖了范围更广、临时性、混杂的从业者,他们在一些由特定的、本土的语境所定义的问题上进行合作;其二,在知识的学科属性方面,模式Ⅰ的知识生产主要基于学科,而模式Ⅱ则是跨学科的;其三,在知识的类型方面,模式Ⅰ生产的知识以同质性为特征,而模式Ⅱ则是异质性的;其四,在知识生产组织方面,模式Ⅰ是等级制的,而且倾向于维持这一形式,而模式Ⅱ则是非等级制、多变的;其五,在知识生产质量控制方式方面,模式Ⅰ的知识生产主要为学科负责,基于学科知识本身价值的实现,而模式Ⅱ的知识生产更多地考量知识生产的社会责任,因此,知识生产形成了反思性特征[②]。知识生产模式Ⅱ的上述五个方面特征集中体现为五个核心概念——应用语境、跨学科、社会弥散性、自反性、全过程质量评价。

吉本斯等人的知识方式转型理论无不表征着大学课程正在发生范式性变化,大学课程不可能再把追求纯粹理性作为课程唯一目标,课程的自反性、自我批判性成为课程的内在本性,知识的应用、知识的价值成为课程评价的重要标准。大学课程已经变成知识运行过程中的一个有机组成部分,大学课程既可能是知识运行过程中的一个环节,抑或包含知识运行的整个过程,课程创造价值才

---

① [英]迈克尔·吉本斯,等.知识生产的新模式:当代社会科学与研究的动力学[M].北京:北京大学出版社,2011:8.

② [英]迈克尔·吉本斯,等.知识生产的新模式:当代社会科学与研究的动力学[M].北京:北京大学出版社,2011:3.

是课程的生存与发展之道,如果课程不能创造价值就必然意味着"知识的消亡""课程的消亡",最终意味着"大学的终结"。因此,大学课程的应用转型具有必然性,需要型构一种新的大学课程,通过多元主体协同开发课程来创造多重价值;预示着大学课程必须从理念、目标、体系、内容到实施的全面转型才能适应知识社会知识运行的生态环境,诸如课程应用语境的实现、课程知识自反性的呈现、课程用户质量评价的体现等等。

三、知识创价课程建构的哲学基础

上述对知识创价课程形成的历史基础、社会基础进行了分析,同时综合前述对课程内涵的多层与多维立体化分析,可以从哲学视角分析知识创价课程建构的必要性,概括起来就是,知识创价课程在外部社会环境与大学课程历史惯习综合影响下,通过建立在特定认识论与教学认识论基础上的大学课程哲学展现出来,并通过大学课程哲学形成课程目标、课程内容、评价标准、表现形态等课程开发的核心范畴。

"在西方高等教育史上,曾出现过三种主要的课程观,即以知识为本位的学科中心课程观、以社会需求为本位的社会中心课程观以及以人为本位的学习者中心课程观。"[①]长期以来不同课程观的此消彼长本质上就是这三种课程观之间的博弈、冲突、调和。知识创价课程哲学的构建就是力图在三种传统课程观的博弈中取得融合、平衡乃至突破,在知识、社会、学习者三者冲突中取得融合,为三者创造价值的同时实现三者的全面发展。知识创价课程哲学的建构关键有三条轴线,基于这三条课程哲学轴线的内涵、三者之间关系以及课程开发核心范畴的整体性分析,可以凸显知识创价课程哲学形成的必然性及其在课程开发实践中的价值。这三条轴线中每一条轴线的自身发展,即在纵向上,都以一定认识论哲学为基础:(1) 形成一定的教学认识论,即教与学中的课程主体在认识过程中生成的认识论;(2) 在一定教学认识论基础上形成一定课程哲学;(3) 进而在一定课程哲学指导下形成课程开发原理,作为课程哲学与课程开发实践的中介;(4) 继而在特定课程开发原理指导下形成课程开发的核心要素。这三条轴线在相互关系上,即在横向上,既存在时间产生上的先后顺序,又存在一定内在逻辑关系,并通过前两条轴线的此消彼长促进第三条轴线的形成与发展,促进知识创价课程哲学的生成。

第一条轴线是在客观主义认识论哲学影响下形成的以知识本位为核心特征的课程哲学,即知识本位教学认识论,主要表现为凯洛夫教育学。凯洛夫教育学

---

① 单中惠.外国大学教育问题史[M].济南:山东教育出版社,2006:177.

的源头可以追溯至教育活动科学化的最初产生状态,通过知识实现社会教化目的。基础教育领域中以知识教与学为中心的目标导向、双基论、实质训练以及演变而成的应试教育等主张成为知识本位教学认识论的典型表现。在高等教育领域,客观主义主要以研究型大学课程为代表,课程内容和形式"对知识进行还原主义或超社会学的分析"①。知识本位教学认识论存在注重知识而忽视学生、注重分数而远离社会需求等诸多诟病,成为人们长期以来反思与批判的对象。

第二条轴线是在建构主义认识论哲学影响下形成以学生本位为核心特征的课程哲学,即学生本位教学认识论。以注重人的价值、注重人在生活中自我发展为核心特征的建构主义思潮一经涌现立即引发人们的强烈关注。学生本位教学认识论注重学习者在学习过程中的自我建构,注重通过形式训练来提升学生素养,为了达成这些目标形成了以素质教育为核心表征的多样化课程开发模式。建构主义注重学习者的自我建构而弱化知识的实质训练,成为人们反对的重点。在高等教育领域,建构主义强调"知识的经验基础",把知识观与课程观"与雇主及其利益联系起来",长期以来,这种知识观与课程观主要聚焦于"为工业而进行的职业教育与训练之中"②,导致建构主义课程哲学常常被称为"工业的教育家"。

上述客观主义与建构主义课程哲学的主要问题可以概括为,要么过于强调知识的客观性,弱化主体、社会需求在课程知识生产与运作中的重要地位,忽视知识对主体与社会需求的发展功能,从而在一定程度上导致课程知识的虚无主义;要么过于强调主体与社会需求在课程知识与运行中的重要作用,从而在一定程度上导致权力、金钱、阶层等决定课程知识的生产与运行,弱化知识本身的学科逻辑;要么过于强调静态课程知识的客观化价值,弱化课程知识的动态运行,忽视从生产到应用的一体化运行来实现课程知识价值的系统化创造。一个多世纪以来,特别是近半个世纪以来,这两种课程哲学在国内外课程改革中此消彼长,总体上呈现出客观主义课程哲学向建构主义课程哲学演变的趋向,而且为了克服两种课程哲学的缺陷,人们探索出了融合两者优点的课程哲学,即第三条轴线——社会实在主义课程哲学。

第三条轴线是把社会实在主义认识论引入课程哲学。对这种课程哲学进行系统化探索的学者首推"新教育社会学"开拓者、英国学者麦克·扬(M.Young)。他在《知识与控制——新教育社会学》中扬弃客观主义课程哲学,论述了客观主义课程哲学走向建构主义课程哲学的必然性。当麦克·扬把建构主义课程哲学在英国以及南非等地学校进行试验与推广之后却发生了意想不到的问题,导致了知识霸权、知识相对主义等现象与倾向的产生。这促使麦克·扬再一次发生

① [英]麦克·扬.教育社会学中的知识与课程[J].华东师范大学学报(教育科学版),2003(3):37.
② [英]麦克·扬.教育社会学中的知识与课程[J].华东师范大学学报(教育科学版),2003(3):38.

思想转向，从建构主义的坚定支持者走向社会实在主义的倡导者。麦克·扬在21世纪初出版的新著《把知识带回来：教育社会学从社会建构主义到社会实在论的转向》中用"强有力知识"（powerful knowledge）理论系统构建了社会实在主义课程哲学，围绕对待知识的态度、对待学习者的态度、知识价值的客观性与主观性等问题进行了系统论述。他提出："尽管什么知识可作为学校或课程知识是一个有争议的问题，但这并不意味着它只是相互竞争的社会利益之间的一场权力游戏。我们不仅必须理解知识与课程如何反映更广泛的社会利益，而且必须理解知识与课程为什么是某种'认识文化'的产物。"[①]不仅如此，他还认为，要在反映"社会利益"的基础上能够创造社会利益，要在"认识文化"基础上能够为学习者的发展创造价值。综合"强有力知识"理论，我们可以体悟到"价值"在课程建构中的核心地位，如何通过"价值"来统合课程主体与课程知识之间的裂痕，并通过对待知识态度与方法的变化统整主体、知识以及社会之间的"价值"，社会实在主义课程哲学成为知识创价课程哲学构建的重要思想来源，成为知识创价课程哲学建构的重要理论基础或哲学基础。课程哲学的这种转向并不否定"什么知识才最有价值"与"谁的知识最有价值"，而重点在于回答"知识如何才能最有价值"，这是破解传统大学课程单向度惯习的关键所在。

　　课程哲学的上述三条轴线在大学教育领域的发展形成了鲜明脉络，在基础教育与高等教育领域的演变过程、表现形态、影响方式虽有差异，各有其特殊表现，但总体上呈现出很多共性。上述分析可以通过表3-1进行扼要直观地呈现。

表 3-1　课程哲学与课程开发核心范畴的领域比较以及演变图景

认识论哲学		客观主义	建构主义	社会实在主义
		→		
教育领域共性	教学认识论	知识本位（什么知识最有价值）	学生本位（谁的知识最有价值）	价值本位（聚焦价值实现的多重追问）
	课程哲学	凯洛夫教育学	过程模式/批判模式/后现代课程观	强有力知识理论
	开发原理	泰勒原理	课程统整	价值统整
	课程目标	行为目标导向	完整人格导向/个性导向	多重价值导向
	开发过程	注重实施与评价	注重设计与实施	设计、实施、评价一体化
	课程实施	实质训练	形式训练	实质与形式统一

---

① ［英］麦克·扬.教育社会学中的知识与课程[J].华东师范大学学报（教育科学版），2003（3）：37.

续　表

认识论哲学		客观主义	建构主义	社会实在主义
		→		
基础教育领域	内容取向	双基论	三维目标论	价值论
	评价标准	基础学力的 3R 标准	基础学力的 SO 标准	多重价值标准
	表现形态	知识中心/学科课程/教师中心/应试教育	学生中心/能力中心/素质中心	价值中心
	改革动态	学科中心课程思潮（实质训练向形式训练回归）	人性中心课程思潮（形式训练向实质训练回归）	学科中心与人性中心课程思潮融合
	改革标志	应试教育	2001 年启动第八次课改	2014 年核心素养升级改革
高等教育领域	高等教育哲学	功利主义/科学主义/技术主义/认识论	理性主义/永恒主义/要素主义/政治论	功利主义与理性主义融合
	课程哲学	学问中心	学生中心	客观主义与建构主义融合
	内容取向	高深学问/科学知识/技术知识	专业核心素养	学科、学生、市场中心的融合
	评价标准	科研能力/技术熟练化	通识教育/能力中心	知识应用能力
	表现形态	学科中心/学科课程/高深学问中心/技术中心/教师中心/评价至上	学生中心/能力中心/素质中心	价值中心
	改革动态	学问中心课程思潮（实质训练向形式训练回归）	人性中心课程思潮（形式训练向实质训练回归）	学问中心、学生中心、市场中心多重中心融合
	改革标志	消费主义/分数至上	1999 年启动素质教育改革	2014 年启动应用转型改革
	大学类型	研究型院校/技能型院校	研究型院校/技能型院校	应用型院校凸显/多种类型院校并存
	统合趋势	以专业核心素养为导向，注重科技创新能力、实践能力、学习能力，学科课程与跨学科课程整合，议题、综合实践、体验学习等课程形态增加。		

主要参考资料：王策三.恢复全面发展教育权威[M].北京：人民教育出版社，2018；钟启泉.教育的挑战[M].上海：华东师范大学出版社，2019；钟启泉.课程的逻辑[M].上海：华东师范大学出版社，2019；[英]迈克尔·扬.把知识带回来：教育社会学从社会建构主义到社会实在论的转向[M].北京：教育科学出版社，2019；[英]麦克·F.D.扬.知识与控制——教育社会学新探[M].上海：华东师范大学出版社，2002；[美]约翰·S.布鲁贝克.高等教育哲学[M].杭州：浙江教育出版社，1998.

第二节　知识创价课程的整体建构

一、知识创价课程的主要命题

依循应用型大学知识秩序的分析框架与逻辑理路,知识创价课程的建构主要面临以下命题:第一,价值主体论问题,主要是关于谁来创造课程知识的价值以及为谁创造课程知识的价值;第二,知识本体论问题,主要是关于选择什么课程知识来创造价值的问题;第三,价值本体论问题,主要是关于课程知识创造什么价值的问题;第四,价值实践论问题,主要是关于如何创造课程知识价值的问题;第五,价值时间论问题,主要是关于课程知识创造何时的价值问题。这些命题相互建构、互为条件,围绕这些命题的解释与回答建构了知识创价课程的总体框架。

价值主体论:谁来创造课程知识的价值与为谁创造课程知识的价值

主体是课程的决定性因素。正如前述对主体维度课程内涵的解读一样,课程总是特定主体设计与实施的产物,应用型大学知识秩序的建构总是由特定主体来完成。对于应用型大学知识秩序的建构来说,主体问题主要包括两个方面——创价主体与受益主体。具体到课程开发层面来说,主体问题的分析需要进一步细化。从主体结构来说,参与课程开发主体的结构往往决定了课程生成价值的结构,因为课程价值往往反映特定主体的价值诉求。因此,知识创价课程的建构首先是课程主体结构的转型,形成不同于传统课程开发主体的结构。应用型大学知识秩序的建构是适应知识社会的需要,是适应知识及其价值创造在社会中地位与方式变化的需要。这是导致应用型大学课程开发主体、开发过程等方面复杂化的根源。课程开发不再是大学内部教师与学生等主体"自娱自乐"的过程,而是多重主体的集体行动。

由于知识社会中大学课程的"立法"精神发生了质的变化,"知识已经不再是社会之外的东西,不再是献身于真理的学者团体所追求的目标,而是由众多社会成员在真理本质上竞争性的条件下塑造而成"①。大学作为传统的"象牙塔正在

---

① [英]杰德勒·德兰迪.知识社会中的大学[M].北京:北京大学出版社,2010:129.

倒掉"①,大学课程的开发不再仅仅是大学教授的责任,也不再仅仅是大学内部"自娱自乐"的自治与自由,大学内外部的课程利益相关主体形成参与课程开发的集体行动,以及大学课程为不同主体创造价值成为大学课程开发的核心议题。课程知识在生产与应用过程中的利益相关主体都需要参与知识的生产与再生产过程,课程知识的"立法"标准与评判不再由大学教授单方面说了算。

大学课程利益相关主体可以从内部和外部两个视角来分析其构成。内部利益相关者主要包括大学校长、课程管理者、学科专家、教师、学生等,外部利益相关者主要包括企业管理专家、企业技术专家、学生家长、校友等。大学课程内外部的这些利益相关者都应该参与大学课程开发,而主体问题的难点在于,课程利益相关主体究竟由哪些主体构成,应该形成什么样的结构,不同主体在结构中应该发挥什么样的功能等等,这些问题需要开展针对性研究。

知识本体论:选择什么课程知识创造价值

选择什么知识进入课程往往决定知识创造什么价值以及知识创造何时价值等命题的讨论,成为知识创价课程内在逻辑体系建构的重要基础。无论是知识创价课程还是传统大学课程的建构,知识本体论一直是课程开发中的重要论题。美国大学课程知识本体论的变迁具有一定代表性和影响力。面对知识迭代加速发展、专业化分工加速的趋势,美国大学课程知识选择先后出现了古典知识、永恒知识、要素知识、通识知识、科学知识、技术知识等不同知识本体论主张。这些不同知识本体论的一个重要旨趣就是探讨什么知识最有价值,应该选择什么知识进入课程。纵观课程知识本体论的价值取向,近现代大学课程演化过程中,建构主义与客观主义是两种典型的课程知识本体论主张。前者主张通过学习者经验建构课程,教育即生活,学校教育是生活的一部分;而后者主张学校生活是未来生活的准备,储备选择公认的客观知识是最有价值的教育。

进入知识社会之后,人们为了追求知识价值的复合化,课程知识的选择包容知识本体认知的客观主义、个人主义、建构主义、社会实在主义等诸种特性,指向科学知识与技术知识、形式知识与暗默知识等多种属性知识,不同属性知识蕴含多种认知和行动潜能,为主体追求知识价值的最大化提供了知识本体论基础。英国学者麦克·扬(M.Young)提出的"强有力知识"(powerful knowledge)课程观,即反映了对知识本体属性的认识在知识社会转型背景下的必然性。"强有力知识"课程观的哲学基础是超越社会建构主义与客观实在主义的社会实在论,这种课程观弥合了价值建构分裂、认知路径分离、知识本体分化等方面弱点,强调

---

① [英]杰德勒·德兰迪.知识社会中的大学[M].北京:北京大学出版社,2010:129.

基于知识再语境化、再生产、转移过程中与特定社会情境的联系,发挥人在知识行动过程中的能动性;同时强调课程知识相对于特定社会情境的客观实在性。正如麦克·扬所说,这种"知识观,认为知识是在特定历史背景下、在一个充满利益竞争和权力斗争的世界中,被社会性地生产和获取的。同时,它认为知识具有'浮现'(emergence)属性,这种属性使知识超越对特定群体利益的维护"①。一句话,强有力知识的知识本体论成为知识创价课程的重要哲学基础。

价值本体论:创造课程知识的什么价值

传统工业社会的确定性特征要求大学课程知识创造确定性价值。如主体价值创造方面,追求为主体创造确定的、可预期的价值,追求适应岗位与职业工作的需要。这种价值追求的确定性、可预期性必然追求课程体系结构的确定性、稳定性。而知识社会的主要特点是社会风险与市场需求的不确定性,导致价值需求的不确定性,市场的风险成为常态,人的可持续发展能力、适应市场变化的能力成为知识社会大学课程追求的主要价值。因此,如何创造课程知识的主体价值、市场价值以及学术价值的统一成为知识创价课程建构的重要命题。

从主体发展价值的创造来看,传统大学课程存在的一个重要问题是两极化的思维方式,"学生适应课程"抑或"课程适应学生"②。从课程与学生之间的关联来建构课程,这种两极化思维方式引发的逻辑是"尖子高等教育"抑或"大众高等教育"。而课程单向度惯习的产生在很大程度上就是"尖子高等教育"的逻辑所导致,课程主要从学术价值角度出发建构课程。学习者与课程之间关系是学习者适应课程,而不是课程适应学习者,也不是课程适应市场(岗位与职业)的需要。这种单一价值取向的课程观念随着知识社会的兴起已经无法适应学习者和市场的需要。知识创价课程的建构需要基于主体发展需要、基于市场需求以及学术发展需要,以主体可持续发展能力、适应社会能力为核心。

从市场价值的创造来看,知识创价课程主要指向引领市场需求的未来价值,而不是满足市场的"欲望"。市场价值具有多元性,从市场价值追求的时间维度来看,有近期与远期的价值追求。知识创价课程并不是为学生提供现成的技能,更不是将学生训练成技能的熟练应用者,首先应该是让学生成为一种大学理念和大学精神的传承者与实现者,"确立大学地位更为重要的因素,是这样一种信念,即大学选拔和发展了拥有合适的道德情操和精神品质的人才"③。对于技能

---

① 文雯,等.把教育带回来——麦克·扬对社会建构主义的超越与启示[J].教育研究,2016(3):158.

② [美]约翰·S.布鲁贝克.高等教育哲学[M].杭州:浙江教育出版社,1998:66.

③ [英]安东尼·史密斯,弗兰克·韦伯斯特.后现代大学来临?[M].北京:北京大学出版社,2014:47.

的习得而言,可以通过实际工作的锻炼,因为"不管大学生学习什么专业,入学时他们都具备了承担多样性任务所需的才能和创造力。如果要培养专门的技能和知识,最好在实际工作中通过积累经验或集中的培训课程获得"①。

从学术价值的创造来看,对知识价值的认识不同自然形成不同的课程知识价值取向,分歧主要在于"技能"价值问题②。对于学生来说,"更看重今后如何赚钱","持这种态度的大学生,不太可能对知识本身充满热爱,他们认为教育的价值主要体现为:它有助于实现物质层面的成就——在他们看来,物质成就高于一切。对这些学生而言,实用技能比以往任何时候都更重要。"③"学生往往钟情于那些能带来眼前利益的项目。一旦有机会,他们就会挑选大量的'实用性'课程,这些课程即便对职业发展也只有短期的价值,更不要指望它们在本科教育中全面实现其他有价值的目的。"④而对于教授们来说,"传统文理学科的教授却对这些新兴学科嗤之以鼻,一般不愿意把它们纳入课程体系之中。在许多学者看来,培训这些技能缺乏学术深度,烹饪培训班的教学方式并不适合于大学"⑤。教授们通常认为的"技能"是诸如"娴熟的写作技能、清晰的思维技能、流利的外语技能等",而不是在实践中解决问题的技能。这是学术价值追求的分歧所在,对于知识创价课程的建构而言,学术价值的重点是实现知识的本体价值、主体价值以及市场价值的统合,并在统合中追求知识本体的价值。

知识创价课程的本体论是一个复杂体系,是主体价值、市场价值以及学术价值等作为核心的多重价值体系的内在逻辑关系。主体价值主要指向教育价值,通过知识学习促进学习者的人文素养、专业素养的提升,特别是学习者通过知识学习能够提高知识应用能力。通过知识的学习与认知,在促进自身认知水平提升的同时,将知识和技能创造性地应用于社会发展和生产岗位需要。知识本体价值为其他两种价值奠定基础,学习者核心素养提升的发展价值是最终归属,而知识为市场、社会实际需要和生产岗位工作应用的价值是知识创价的衡量标准。

① [英]安东尼·史密斯,弗兰克·韦伯斯特.后现代大学来临?[M].北京:北京大学出版社,2014:47.

② [美]德雷克·博克.回归大学之道:对美国大学本科教育的反思与展望[M].上海:华东师范大学出版社,2008:21.

③ [美]德雷克·博克.回归大学之道:对美国大学本科教育的反思与展望[M].上海:华东师范大学出版社,2008:22.

④ [美]德雷克·博克.回归大学之道:对美国大学本科教育的反思与展望[M].上海:华东师范大学出版社,2008:22.

⑤ [美]德雷克·博克.回归大学之道:对美国大学本科教育的反思与展望[M].上海:华东师范大学出版社,2008:22.

价值实践论：如何创造课程知识的价值

价值实践论首先指向知识的使用能力。随着知识社会的加速扩散，大学曾经作为知识生产唯一场所的社会轴心地位逐渐丧失，知识生产已经泛化为社会机构自我发展的一种基本能力。"知识社会中，知识的使用者已经扩展到一系列的社会机构和社会群体中。知识成为知识经济、电信系统、技术系统、政治学以及日常生活的核心。"①这也是后现代社会之所以称为"知识社会"而不是"信息社会"的缘故，"知识社会就是指一种用知识生产知识的环境，而且这种知识生产的环境并不受知识模式本身所控制"②。因此大学的知识生产能力和知识使用能力同样重要，课程的价值实践首先指向课程主体的知识使用能力。

课程价值实践论还指向知识转移能力，也就是不同形态知识之间的转换能力。知识创价的主要方式是科学知识转化为技术知识，形成知识需求—知识生产—知识供给—知识应用的双向一体化过程。这种双向一体化的知识转移能力给大学课程带来了巨大冲击，大学课程需要采取不同形态的多元组合：一是"大课程"与"小课程"并存。"大课程"是围绕项目、生产流程等解决生产实践问题的课程，突破学科和专业界限，统合多学科知识，以解决问题为指向。"小课程"是围绕特定专业、学科知识，以解决单一学科而形成的课程。二是"单向知识形态课程"与"双向知识形态课程"并存。"单向知识形态课程"是按照传统的学科逻辑生成的课程。"双向知识形态课程"是按照生产逻辑与学科逻辑互动而生成的课程。三是"纯粹知识课程"与"生产型知识课程"并存。四是"学校课程"与"社会课程"并存。课程形态的深度变革必然要求课程知识的组织方式、生产方式以及实施方式都要进行深度系统化的改革，适应知识转移方式变革的要求。通过上述多种形态课程的相互建构创造课程知识的多元价值。

价值时间论：创造课程知识何时的价值

知识经济时代，时间已经成为大学知识秩序型构中的一个重要维度，随着科学知识技术化、技术知识市场化的加速发展，时间维度必然成为评价大学价值创造的不可或缺的维度。知识的经济学的一个重要意义在于能够预测市场的需求，追踪甚至引领市场的需求。传统大学课程的重要特征是，在知识选择上面向已经存在的知识，课程知识相对于社会发展要求具有一定的滞后性，这是导致学习者难以适应社会发展需求的重要原因。因此，如何面向未来社会的需求，课程如何促进学习者适应与引领未来社会发展的需求，这是知识创价课程在价值时

---

①　[英]杰德勒·德兰迪.知识社会中的大学[M].北京：北京大学出版社,2010:184.

②　[英]杰德勒·德兰迪.知识社会中的大学[M].北京：北京大学出版社,2010:184.

间论方面面临的重要课题。

价值时间论维度的知识创价课程意味着不仅创造当下的价值,还要创造未来的价值,这就需要大学课程开发转变传统观念,以学习者未来的成功、大学未来的发展为评价标尺,这就需要课程开发形成"体验性工作方式"。所谓"体验性工作方式",就是从以自我为中心向以他人为中心进行转型,这里的"他人"包括学习者、技术应用者、市场需求者等不同对象。这种利他主义的办学理念是对传统大学理念的颠覆,大学不再是象牙塔,大学应该以引领社会需求、满足学习者需求为中心,以"客户"的成功为标尺。这就需要大学课程的评价体系进行相应转型,不以大学自身的成功为评价尺度,而要以客户的成功为评价尺度,当客户成功、学习者成功了,大学课程开发才能算成功。由于引领社会需求、满足学习者发展需求具有无限性,知识创价课程开发就成为不断探索与创新的过程。

总体而言,上述命题是知识创价课程建构过程中面临的主要课题,事实上在理论建构与实践开发过程中远不止这些命题。譬如,知识创价课程的评价问题,如何随着时代的变化而变化,如何在满足不同主体价值需求的基础上形成协调一致的评价标准。再如,知识创价课程观的产生与作用方式问题,这里不妨稍作展开讨论。如果把一种新的大学观的产生与作用方式从"内—外"、"制度—观念"之间关系上进行分析,大体上可以将大学观的产生与作用方式分为由内而外—由制度而观念、由外而内—由制度而观念、由内而外—由观念而制度、由外而内—由观念而制度等四种方式。德国古典大学观作为一种具有卡里斯玛(Charisma)性质的大学观,具有典型的"由内而外—由观念而制度"的产生与作用方式,德国古典大学观之所以产生有其特定的内外部条件,其中一个重要条件是一些观念探索者的理念思索与实践探索。例如洪堡、施莱尔马赫、费希特等哲学家的思想探索与在实践上的探索①。对于作为一种大学课程观念的知识创价课程而言,其产生与作用方式就是其内生的重要问题。

二、知识创价课程的开发运作

上述对知识创价课程的主要命题进行了分析,从理念层面建构了知识创价课程,成为知识创价课程的本体部分之一。知识创价课程的整体建构是一个系统工程,还需要从课程开发实践层面来构建知识创价课程的操作性模式,并通过操作性模式的构建来体现知识创价课程理念。知识创价课程作为一个逻辑体系

---

① 陈洪捷.德国古典大学观及其对中国的影响(修订版)[M].北京:北京大学出版社,2006:51.

内在地包括体系结构、学习方式以及开发方式,即知识创价课程主要包括由哪些内容组成、如何学习、如何实施等问题的设计。

知识创价课程的体系结构

知识经济社会不同于以往时代知识运行的特征凸显出来:"古老学科之间的界限逐渐模糊,出现了去分化的状况。随着研究的专业化,不再用已经建立起来的学科而是用研究应用的情境来确定知识的界限,在应用中由目标顾客和用户群决定。换句话说,就是知识是具体情景下的,并且常常是以问题为中心的。"①在这种背景下,课程体系组织方式的转型就成为必然。课程知识体系的组织应该打破传统的按照学科知识逻辑顺序的组织结构,按照知识创造价值的逻辑进行构建。大学课程所传播的知识能否创造价值成为衡量课程的标准,包括学科知识本身的价值,即知识的自在价值;包括为学习者心智、未来职业发展创造的价值;包括为社会发展创造的价值;等等。大学课程知识体系组织范式的变化从下列三个方面逐层得到体现:

知识创价课程指向课程内容应该是有用的。恰如怀特海所言:"教育若无用,它又何成其为教育?难道教育是一种不加以利用的才智?教育当然应该有用,不管你的生活目的是什么。"②而实现课程的"有用"就必然涉及课程知识体系的内容构成,传统大学课程单向度问题产生的一个重要原因就在于对知识体系"理解"的偏狭,往往一味注重知识的科学性与真理性,按照学科的逻辑来建构课程和课程体系,忽视知识的当下应用,轻视知识作为学生生命发展的一个部分,使得课程知识的学习成为"没有任何生命的火花",课程体系内部的分裂导致知识的碎片化,使得课程知识"与文化毫不相干",无法成为学生思想体系中的一个有机组成部分,学生充其量只能成为一个"见多识广"之人,而不能成为一个"既有文化又掌握专门知识的人才"③。如何实现课程的有用性,就涉及对"有用"的时间维度的理解,"有用"是针对"现在""过去",还是"未来"?"我们需要的理解是一种对现在的理解。过去的知识唯其有价值,就在于它武装我们的头脑,使我们面对现在。再没有比轻视现在给青年人带来更严重的危害了。现在包含一切。现在是神圣的境界,因为它包含过去,又孕育着未来。……先贤们的思想交流是启发灵智的盛会,但聚会只可能有一个殿堂,这就是现在;任何先贤来到这个殿堂所经历的时间没有什么不同的意义。"④

① [英]杰德勒·德兰迪.知识社会中的大学[M].北京:北京大学出版社,2010:134.
② [英]怀特海.教育的目的[M].北京:三联书店,2014:3.
③ [英]怀特海.教育的目的[M].北京:三联书店,2014:1.
④ [英]怀特海.教育的目的[M].北京:三联书店,2014:4.

　　知识创价课程体现为知识的体系化。如何实现知识的体系化？按照怀特海的观点，避免教育中"呆滞的思想"的形成有两条基本要求：一条是"不可教太多的科目"，另一条是"所教科目务须透彻"①。"不可教太多的科目"主要指向课程体系的科学化，意味着课程体系不是数量方面的要求，而是体系的科学化要求。如果用怀特海所分析的 20 世纪之初英国之所以产生"呆滞的思想"的原因来分析当下中国大学的课程现状，就出现如出一辙的现象："在众多的科目中选择一小部分进行教授，其结果是，学生被动地接受不连贯的思想概念，没有任何生命的火花闪烁。"②如何实现知识的体系化？知识体系组织范式的重构指向一种后现代境域中知性的交往，构建一种交往性课程。交往是以哈贝马斯等后现代学者中的一个重要话语，这些后现代学者认为："现代大学制度的伟大之处在于，它可以成为现代知识社会中互相交流的最重要场所。如此之多的不同种类的知识大量增加，再也没有任何一种知识可以把其他所有的知识都统一起来。大学不可能重建已打破的知识统一性，但它可以为不同种类的知识提供相互交往的渠道。"③

　　所谓知识的"相互交往"，对于大学课程体系的重构来说就是构建一种交往性课程，这种交往性课程有三方面意蕴：一是意味着促进跨学科性课程的学习。在学科制度尚存的大学制度环境中，在顺应学科制度逐渐丧失其作用与地位的同时，重视不同领域之间知识的交往，通过创新大学内部组织结构等途径来构建跨学科课程。二是意味着不同性质课程之间的广泛联系，在通识课程与专业课程之间、专业基础课程与专业课程之间、科学知识与人文知识之间建立一种知识的有机联系，避免课程知识体系的碎片化和分裂。三是意味着大学课程与社会之间的广泛联系，追求理论知识在实践项目中的应用，理论知识与实践经验之间的交互作用。交往性课程意味着大学真正成为开放和交往的场所，而不是如传统大学那般高傲的象牙塔抑或僧侣的村庄，也不是一个孤立的知识动力站，单方面地影响社会。大学特别是大学课程应该成为与社会交往的平台，"使多元认识的存在制度化并使大学成为一个公开辩论的场所"④，交往性课程就是提供了公开辩论的场域与话题。

　　知识创价课程是一种理想化的表达。这种理想化的课程体系就是怀特海的理想化大学。曾有很多学者把怀特海将"理想的应用"和"应用的理想"两者有机融合的大学称为"怀特海式大学"，而理想化的课程应该通过两种形式进行表达：

①　[英]怀特海.教育的目的[M].北京：三联书店，2014：1.

②　[英]怀特海.教育的目的[M].北京：三联书店，2014：3.

③　[英]杰德勒·德兰迪.知识社会中的大学[M].北京：北京大学出版社，2010：136.

④　[英]杰德勒·德兰迪.知识社会中的大学[M].北京：北京大学出版社，2010：9.

一是理想化的课程以提高人的文化素养为宗旨。怀特海批评英国教育"不切实际的理想"①，"学校教育中的可恶之处在于预设了一种普通教育形式，它由许多彼此分离的学科碎片式地堆积而成。"②他提出："文化是思想的活动，是对美的接受，是人类的感受。零碎的信息与文化无关。一个只是见多识广的人，则是这个世界上最无用的令人讨厌的人。我们的目的是要造就那些既有文化修养又在某个特殊方向具有专业知识（expert knowledge）的人才。专业知识为他们奠定起步的基础，而文化修养就如哲学和艺术那样，引导他们到达高深的境界。"③

二是理想化的课程应该是科学、技术、文化三者的有机结合。怀特海从技术教育与文科教育之间关系等维度深入阐释和构建了一种基于理想的课程。他认为，技术教育、科学教育、文科教育三者不仅是相通的，而且应该融合在一起，在他看来："一种适当的技术教育不可能不涉及文科，一种文科教育也不可能不涉及技术：那就是说，没有一种教育不是在传授技术和智力想象这两方面内容的。用更简单的话讲，教育应该培养出这样的学生：他们一方面很好地了解一些事情，另一方面又能出色地做一些事情。实践与理论的亲密联系使两方面相互促进。智力在真空中不能最佳运作。几何学和力学的理论在随后的车间实践中获得了那样的实现，要不然，数学就成了废话。"④怀特海认为："在国家的教育体系中，需要有三种主要的课程教育方法，即文科课程、科学课程和技术课程的教育方法。但其中的每一种课程都应该包括另外两种课程的内容。每种教育都应该向学生传授技术、科学、对一般观念的分类和审美鉴赏力，并且学生在这些训练中的每一个方面都应该通过其他方面来阐明。"⑤譬如，对于文科课程的教育来说，也应该是文科、科学以及技术的完美结合，"文科课程的教育方法是学习语言，即学习向他人传达我们思想的最为习惯的方法。应该学到的技术是口头表达的技术，其科学则是研究语言的结构，并分析语言与所传达的思想的关系。而且，语言与情感的微妙关系，以及书面语言和口头语言诉诸的感觉器官的高度发达，都导致了经过语言的成功应用而被唤起的敏锐的审美鉴赏力"⑥。

在怀特海看来，理想的技术教育更是科学、技术以及文科课程的完美结合，"技术教育大体上是培训一种艺术，一种利用知识来制造物质产品的艺术。这样一种培训的重点是手工技能、眼和手的协调，以及在控制构造过程中的判断。但

---

① ［英］怀特海.教育与科学　理性的功能［M］.郑州：大象出版社，2010：3.
② ［英］怀特海.教育与科学　理性的功能［M］.郑州：大象出版社，2010：4.
③ ［英］怀特海.教育与科学　理性的功能［M］.郑州：大象出版社，2010：4.
④ ［英］怀特海.教育与科学　理性的功能［M］.郑州：大象出版社，2010：24.
⑤ ［英］怀特海.教育与科学　理性的功能［M］.郑州：大象出版社，2010：24-25.
⑥ ［英］怀特海.教育与科学　理性的功能［M］.郑州：大象出版社，2010：25.

做出判断必须了解那些自然过程，因为制造需要利用这些知识。于是，在技术培训中，总会有地方需要我们进行科学知识方面的教育。如果你缩小这一方面，你将把它限于专家身上；如果你扩大之，你将用某种措施把它传授给工人——更为重要的是——传授给企业的董事和经理"①。怀特海强烈反对传统的希腊文化否定技术教育的"柏拉图式课程"，并深入剖析产生这种思想的根源，"柏拉图文化有害的一面在于，它全然忽视了技术教育作为理想人类完全发展的一种成分。这种忽视产生于两个有害的对立，即心灵与肉体的对立、思想与行动的对立"②。所以，在怀特海看来，技术教育的本质是一种追求自由的教育，承袭了自由教育的理想，"一种技术的或科技的教育必须孕育于自由精神之中，在关于应用原理和提供服务方面，作为一种真正的智力启蒙。只有这样，它才有可能来满足国家的实际需要。在这种技术教育中，几何学、诗歌与转动的车床是同样重要的"③。

知识创价课程的学习方式

一种新的课程观从体系设计到实施，其理念和知识的传授最终通过学习者主体的学习来实现，所以一种新的课程观的构建必然内在地包含一种新的学习论构建。知识创价课程的学习是一种"综合运用"性的学习，正如怀特海所说："大学课程或相当于大学水平的课程属于很重要的综合运用时期。在大学教育中，综合运用精神应占据主导地位。"④这种"综合运用"性学习具体体现为学习既是一种智力冒险活动，也是一种认知想象活动。

知识创价课程的学习是一种智力冒险活动。相对于传统大学课程的学习主要是一种接受性学习活动而言，知识创价课程的学习本质上是一种智力冒险，因为知识价值的创造，无论是哪一种价值的创造，都需要智力上的冒险。传统大学课程的学习缺少智力冒险精神的一个重要原因是沿袭了传统的学习模式，强调课程知识的理解性学习。智力冒险的特点是学习不是单纯的知识接受，而是知识运行方向的多维行进。智力的冒险强调大学学习方式的改变，不同于中学阶段的学习方式，"在中学阶段，从智力培养方面来说，学生们一直伏案专心于自己的课业；而在大学里，他们应该站立起来并环顾周围。正因为此，如果大学的第一年仍然耗费在用旧的态度重温旧的功课，那是致命的错误"⑤。正是由于沿袭中学的学习模式，成为学生缺少知识创新能力、知识应用能力的一个重要原因。

---

① [英]怀特海.教育与科学 理性的功能[M].郑州：大象出版社，2010：25－26.
② [英]怀特海.教育与科学 理性的功能[M].郑州：大象出版社，2010：26.
③ [英]怀特海.教育与科学 理性的功能[M].郑州：大象出版社，2010：21.
④ [英]怀特海.教育的目的[M].北京：三联书店，2014：37.
⑤ [英]怀特海.教育的目的[M].北京：三联书店，2014：38.

如何进行学习方式的转型,如何能够使学生"站立起来并环顾周围",怀特海提出智力冒险学习的本质是知识运行方向的变化,"在中学里,学生通过艰苦的努力,从特殊具体的事实到初步了解一般的概念;而在大学,他们应该从一般概念开始,进而研究如何将这些概念应用于具体的场合。一种设计得很好的大学课程是对普遍规律进行的广泛研究"①。也就是说,知识运行方向的变化主要在于从"一般概念"走向"具体的场合",对"普遍规律"能够联系到具体实践"进行广泛研究"。

在怀特海看来,学习还不止于此,还需要从"具体场合""具体细节"中超脱出来。"不管你向学生灌输的是什么细节,他在以后的生活中遇到这种细节的机会是很小的;如果他确实遇到这种细节,那时他也许已忘记了你曾教他的有关此事的情况。真正有价值的教育是使学生透彻理解一些普遍的原理,这些原理适用于各种不同的具体事例。在随后的实践中,这些成人将会忘记你教他们的那些特殊的细节;但他们潜意识中的判断力会使他们想起如何将这些原理应用于当时的具体情况。"②所以,怀特海提出:"直到你摆脱了教科书,烧掉了你的听课笔记,忘记了你为考试而背熟的细节,这时,你学到的知识才有价值。你时刻需要的那些细节知识将会像明亮的日月一样长久保留在你的记忆中;而你偶然需要的知识则可以在任何一种参考书中查到。大学的作用是使你摆脱细节去掌握原理。当我提到原理时,我甚至没有想到用文字阐述的原理。"③所以,怀特海进一步提出:"一所大学的理想与其说是知识,不如说是力量;大学的目标是把一个孩子的知识转变为成人的力量。"④

作为智力冒险的产品而言,"可迁移的技能"是智力冒险学习的象征。"毕业生们意识到拥有一个证书不再是获得一份终身工作的通行证,相应地,许多人愿意通过大学教育来发展他们的可迁移的技能。为了实现迁移,这种技能必须是灵活的,时间管理、问题解决、独立性和适应性等技能成为大学教育关注的中心,而不再是那些正式的证书。"⑤如何培养这些可迁移技能,不仅是课程内容的改革,课程学习方式的改革也成为重要命题。当然,这种学习模式的改革不仅仅靠学生学习模式的改变,还与教师教学模式的改革联系在一起。长期以来大学课程实施中存在的一个重要问题就是"重教学内容轻教学方法","大家几乎把所有时间用于讨论学生应该上哪些课,却很少谈及应该使用

---

① ［英］怀特海.教育的目的［M］.北京:三联书店,2014:38.
② ［英］怀特海.教育的目的［M］.北京:三联书店,2014:38-39.
③ ［英］怀特海.教育的目的［M］.北京:三联书店,2014:39.
④ ［英］怀特海.教育的目的［M］.北京:三联书店,2014:39.
⑤ ［英］杰德勒·德兰迪.知识社会中的大学［M］.北京:北京大学出版社,2010:136.

怎样的教学方法"①。博克详细分析了这种现象的缘由:"教师们回避教学方法的讨论,可能源于一种自我保护的本能。改变课程要求是相对容易的,而要改革教学方法则是另一码事。改变教学方法要比改变教学内容付出更多的努力,因为改变教学方法意味着教师们必须改变长期以来的教学习惯,掌握一些并不熟悉的新教学技巧。"②这是知识创价课程需要探讨的一个重要命题。

知识创价课程的学习还是一种认知想象活动。知识创价不是一种简单的注入式的迁移,一种一对一的对接,一种熟练化的嫁接,知识创价在本质上是人充满想象力的探索,是将知识从一种情境移情至另一种情境的过程。在这个意义上,学习就是应用知识的想象过程,知识的传授不仅与知识的生产过程相联系,更重要的是与知识的应用过程相联系,与经验的生成与发展相联系。这种学习模式的构建是对传统大学教学模式的一种超越,传统大学的教学模式注重单向的授受,注重知识的单向运行,而忽视知识对学习者和教学者认知发展的功用,忽视知识对社会的功用。知识创价课程作为一种想象力的教学,注重提升学习者对知识生产、组织以及功用的想象,而不是静态的学习。以"知识"为基本运行材料的大学,其重要特征就是其教学活动是一种想象活动。"大学存在的理由是,它使青年和老年人融为一体,对学术进行充满想象力的探索,从而在知识和追求生命的热情之间架起桥梁。大学确实传授知识,但它以充满想象力的方式传授知识。至少这是它对社会所应起的作用。一所大学若不能发挥这种作用,它便失去了存在的价值。这种充满想象力的探索会产生令人兴奋的环境氛围,知识在这种环境氛围中会发生变化。某一个事实不再是简单的事实:它具有了自身所有的各种可能性,它不再是记忆的一个负担:它充满活力,像诗人一样激发我们的梦想,像设计师一样为我们制定目标。"③

知识创价课程的开发方式

知识创价课程开发方式可以从课程知识的选择策略和课程开发的主体构成两个维度进行建构,即从如何开发课程以及谁来开发课程两个方面展开课程开发论,因为知识选择是课程开发绕不开的一个问题,而知识选择问题根本上是对知识性质问题的理解。

知识创价课程是对知识的应用性开发。在工业革命以前,由于知识,特别是

① [美]德雷克·博克.回归大学之道:对美国大学本科教育的反思与展望[M].上海:华东师范大学出版社,2008:28-29.

② [美]德雷克·博克.回归大学之道:对美国大学本科教育的反思与展望[M].上海:华东师范大学出版社,2008:29.

③ [英]怀特海.教育的目的[M].北京:三联书店,2014:112-113.

自然科学知识本身复杂性程度不高,"人们边工作边学习",但是到了知识社会之后,随着知识越来越复杂,知识本身"越来越依靠理论,人们更为通常的是在一个学术环境中学习理论,然后才从事一项工作"①。在这种背景下,课程知识的选择与组织问题便逐步凸显出来。布鲁贝克认为,由于知识的概念化很容易导致课程的组织和学习的两种错误,要么是概念优先,"由于概念结构的极度重要性,它应该在逻辑上和时间上都排在教学第一位"。要么是从概念到概念,认为"概念和概念间的相互关系可以直接掌握"②。概念越来越复杂之后,概念自身成为自治的逻辑,导致了概念越来越远离实践,从而自身开始独立运行,布鲁贝克所说的课程的组织和学习的两种错误便自然产生。

知识创价课程是多元主体协同参与开发的。课程开发本质上是知识的再生产,而知识社会的知识再生产具有很多不同于传统社会的新特点,这些新的特点给课程开发带来了很多新问题。按照齐曼的观点,知识社会背景下,知识生产与知识再生产具有不同于传统社会的显著特点,主要表现在两个方面:一是知识生产与再生产的集体性特征。集体性特征的主要表现便是"大科学",从"小科学"向"大科学"转型,"'大科学'形式仅是总体趋势中最壮观的表现"③,两个或多个作者合作科学论文所占的比例增长即是这种特征的具体表现。知识生产往往超越某一个具体学科的活动领域,超学科成为课程知识生产的常态。

二是知识生产与再生产的效用性特征。"后学院科学处于为金钱增值的压力之下。这种知识生产新模式的很多特征出现于'应用语境中',即在技术、环境、医学或社会等问题的研究过程中。更普遍的是,科学被强制征用为国家研发系统的驱动力,被强制征用为整个经济创造财富的技性科学发动机。"④当然,这种应用性的倾向并非新的,学院科学并非否定应用,学院科学与后学院科学的应用性是有区别的,"学院科学并非远离人类实际需要,大学一直是工程、医学、农业,以及(如法律和经济学之类的)可应用社会科学研究的活跃场所。但这种研究的传统功能是阐明实际问题的背景,为积极的从业者提供解决问题所需的知识"⑤。而后学院科学具有应用性取向,追求知识生产与再生产的效用性,"(后学院科学)这一新特征,要求研究应该明确地以可辨别的实际问题为目标,后学院科学家需要不断关注其工作的潜在应用,这并不意味着总是在其直接应用的基础上选择项目,也不意味着短期利益的承诺优先于长期资本收益的前景。

① [美]约翰·S.布鲁贝克.高等教育哲学[M].杭州:浙江教育出版社,1998:112.
② [美]约翰·S.布鲁贝克.高等教育哲学[M].杭州:浙江教育出版社,1998:112.
③ [英]约翰·齐曼.真科学:它是什么,它指什么[M].上海:上海科技教育出版社,2008:83-84.
④ [英]约翰·齐曼.真科学:它是什么,它指什么[M].上海:上海科技教育出版社,2008:88.
⑤ [英]约翰·齐曼.真科学:它是什么,它指什么[M].上海:上海科技教育出版社,2008:88-89.

非常基础的'战略'研究的那句老调仍然有效:新生儿的用处是什么呢?"①这些特征导致大学课程开发主体构成的转型是必然要求。

在知识社会加速发展的背景下,知识创价课程的开发便意味着教授不再是课程知识生产的"立法者"。要求课程知识在生产与应用过程中的利益相关者都参与知识的生产与再生产过程,课程知识的逻辑建构即课程知识的"立法"标准与评判不再由大学单方面说了算,最终由知识运行链条上的参与者说了算。"知识已经不再是社会之外的东西,不再是献身于真理的学者团体所追求的目标,而是由众多社会成员在真理本质上竞争性的条件下塑造而成。"②之所以知识社会大学课程的"立法"精神发生了质的变化,是因为大学作为传统的"象牙塔正在倒掉"③,与此同时,课程知识生产的主题也发生了变化,"国家从提供者到管理者的角色演变,新的非大学知识生产者的出现和大众的'科学化'。"④这些变化具体表现在三个方面:一是政府方面不再是课程规划的主导者,课程开发的主导者主要是大学及其知识运行链条中的各个利益相关者主体。二是大学作为课程开发的主体之一,面临着竞争的危机,"知识一旦进入到生产过程便不再像自由现代性时期那样拥有一种元叙事的功能,不再拥有解放性的力量并失去了自治权。在这种情况下,知识变得支离破碎,不再以受特权者控制、被特权者定义的一个整体而存在"⑤。三是"随着大学逐渐融入大众社会的共同领域,大学面临新的有关其责任的争论"⑥。这种"唯一主体责任担当的丧失""竞争的危机""责任的争论"使得"大学被迫对社会负责"⑦,大学课程的开发便不再仅仅是大学教授的责任,也不再是大学内部"自娱自乐"的自治与自由,为不同主体创造价值才是大学课程开发的正途。倘若进一步追问机构—机构、知识—知识、机构—知识之间分化和分裂的缘由,德兰迪深刻地指出:"这些发展的背后是一个全球化和分化的双重过程。一方面,知识正不断地全球化,并脱离了民族国家、管理者、知识分子和大学教授这些传统的依靠力量;另一方面,它又不断被分割,即知识正丧失它为社会指引方向的能力,在应用中分化为专家的话语。这些过程可以用分化的逻辑来分析,即机构和知识正不断地相互分化,然后以新的模式重新结合。"⑧在如此分化与重组的双重背景下,大学课程的开发愈加

① [英]约翰·齐曼.真科学:它是什么,它指什么[M].上海:上海科技教育出版社,2008:89.
② [英]杰德勒·德兰迪.知识社会中的大学[M].北京:北京大学出版社,2010:129.
③ [英]杰德勒·德兰迪.知识社会中的大学[M].北京:北京大学出版社,2010:129.
④ [英]杰德勒·德兰迪.知识社会中的大学[M].北京:北京大学出版社,2010:129.
⑤ [英]杰德勒·德兰迪.知识社会中的大学[M].北京:北京大学出版社,2010:129.
⑥ [英]杰德勒·德兰迪.知识社会中的大学[M].北京:北京大学出版社,2010:129.
⑦ [英]杰德勒·德兰迪.知识社会中的大学[M].北京:北京大学出版社,2010:129.
⑧ [英]杰德勒·德兰迪.知识社会中的大学[M].北京:北京大学出版社,2010:129.

变得错综复杂,课程开发必然从单一的学科专家开发课程走向多元主体共同开发课程。多元主体共同开发课程是以学院科学向后学院科学、知识生产模式Ⅰ向知识生产模式Ⅱ转型为特征的知识社会发展的必然趋势,本质上是知识的生产、应用、传播过程走向一体化,要求在知识运行一体化过程中的相关主体都能够参与到课程开发当中。

前述对林林总总的课程开发模式进行述评的过程中,我们不难发现,泰勒的目标模式无疑占据主导地位,无论是在大学课程,还是中小学课程开发实践中,仍然是主流模式。目标模式之所以在课程开发模式当中占据主导地位,最为根本的原因是其符合人的思维与行动方式的线性惯习。我们对知识创价课程开发模式的建构主要借鉴泰勒的目标模式,同时将课程层级论中敏捷型课程开发模式嵌入到目标模式当中,形成以从目标设计到评价策略的单向线性运作为主,同时以从评价策略到目标设计的逆向反馈为辅的双向运作。

知识创价课程的目标设计方面,宏观层面涉及知识创价课程理念的整体性理解,在课程哲学与教学认识论等层面形成知识创价课程的哲学认知。微观层面涉及课程开发目标的具体设计。知识创价课程的知识选择方面,宏观层面涉及知识创价课程中的知识论、课程哲学等理念层面的理解,知识创价课程在知识论意义上的整体架构,对知识创价课程主要命题的系统回答。微观层面涉及人才培养方案、课程体系、课程内容在知识选择方法、技术上的设计。知识创价课程的实施策略方面,宏观层面涉及知识创价课程实施的整体架构,其中重点是对教学认识论的理解,对客观主义与建构主义此消彼长的分析以及在此基础上形成的社会实在主义对知识创价课程建构的认识论意义。微观层面涉及对人才培养方案、单门课程实施的具体设计。由于课程实施涉及课程目标、知识选择理念的实践与技术化过程,还需要在课程实施的不同层面形成相应的课程实施策略。知识创价课程的评价策略方面,宏观层面涉及对知识创价课程哲学的理解,形成知识创价课程教学认识论,对知识创价课程整体设计的可行性与绩效的评价,对知识创价课程主要命题回答与设计的反思与评价。微观层面涉及对知识创价课程目标设计、知识选择、课程实施等开发过程的评价,其中重点是对设计目标的实现度进行评价。

三、知识创价课程的整体框架

上述操作模式主要是从双向建构的纵向过程维度对知识创价课程进行建构,每一过程的建构旨在对主要命题进行探讨与回答。而前述对知识创价课程主要命题的回答则是从横向的理念维度对知识创价课程的建构,从而实现过程要素与理念要素两个方面对知识创价课程的总体框架建构,构成知识创价课程本体的重要组成部分。根据第一章对课程内涵的多维立体化理解,课程内涵除了过程要素与理念要素之外,贯穿主体性课程、知识性课程、教学性课程等课程多维内涵的重要问题还包括知识与认识之间关系即教学认识论问题,需要运用知识创价课程理念对知识与认知之间关系进行梳理来实现知识创价课程本体的建构。

知识与认识之间关系是课程论与教学认识论中的核心范畴,不同课程哲学之间差异主要通过知识与认知之间倾向的分野而建构起来,其目标是认知理性的发展,在知识与认知互动过程中发展认知理性。只有抓住知识与认知关系的重建才能抓住知识创价课程建构的核心,因为师生主体在知识与认知的微观层面课程开发是最为基础的要素,前者构成课程本体的基本要素,后者构成课程习得的基本要素,我们主要通过知识与认知关系的辨析来构建知识创价课程的认知理性。

知识表现为人才培养方案、教材、教学大纲等文本性学术方案以及师生交流中表达的话语体系与感悟的缄默知识,课程目标、内容、设计、评价等都围绕知识问题而展开,围绕什么是知识、什么知识最有价值、谁的知识最有价值、明言知识与缄默知识在课程中的地位、学科知识与通识知识在课程中的功用等方面争论而形成课程的知识结构与知识论问题。认知作为课程知识行动,师生主体基于文本性学术方案的组织、习得、交流、体验等主要通过认知得以实现,围绕什么是认知、如何认知、认知方式主要是什么等方面争论而形成课程的认知结构与认识论问题。课程的知识结构与认知结构既具有独立的本体意义与价值指向,又在相互建构中建构课程。课程的知识结构与认知结构在师生互动中形成,离开教师或学生中的任何一方都无法创作出真正的课程,师生在互动中建构的知识结构与认知结构就是课程本身。这里对知识与认知之间关系的初步梳理旨在从教学认识论维度对知识创价课程整体框架的建构奠定基础,对教学认识论维度知识创价课程建构将在第三节进行详细展开论述。

综合来看,第二章对应用型大学类型化建构机理与知识社会内在特质的分析,型构了应用型大学知识秩序。在对应用型大学课程的理想类型——知识创价课程的历史、社会以及哲学基础与生成条件分析的基础上,型构了知识创价课程的本体部分——理念框架、开发模式以及认知运作等,从而构建了知识创价课程的整体框架,如图 3-1 所示。

总体来看,知识创价课程的突破主要体现在两个方面:一是对以往把技术知识作为应用型大学课程逻辑起点的一种超越。因为技术知识作为一种知识类型,无论是其作为一种假设,将知识按照线性思维方式,把技术知识与科学知识相对;还是其作为一种层次,将技术知识分为高深技术知识与普通技术知识,都忽视了知识类型的多样化和层次的复杂性。二是对以往把静态的知识作为大学课程逻辑起点的一种超越。无论高深学问还是技术知识等,都是一种静态的知识,忽视了知识的动态运行,而"知识创价"强调知识在课程以及课程实施系统中

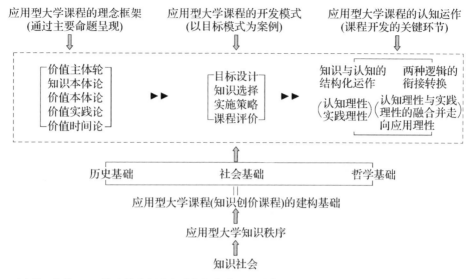

图 3-1　知识创价课程的整体框架

的运行,内在地蕴含科学知识的技术化与技术知识的科学化相互建构的过程,强调应用性学术作为一种学术的存在和价值取向。知识创价课程是在对不同类型大学的课程逻辑起点进行比较中凸显其价值。研究型大学课程论的逻辑起点理应是"高深学问的学科化",即追求知识本身的价值,追求知识自身内在的自洽。技能型高职院校课程论的逻辑起点理应是"知识的技能化",即追求知识转化为操作性技能。应用型大学课程从认识论来说是建立知识应用性学习的课程理念,从本体论来说是构建学生创造性应用高深知识的课程体系,从价值论来说是促进知识生产、适应社会与主体兴趣的学习取向。

第三节　知识创价课程的逻辑转换

　　人类主要形成两种指向的认识——理论认识与实践认识。两种指向的认识为了追求自身的理性化目标在运行过程中形成具有自身特质的内在逻辑——理论逻辑与实践逻辑之间的衔接转换。因此,从认识论视角来看,追求知识创价的过程归根到底是两种认识逻辑的转换,对两种认识逻辑转换机理的认识、运用及其把握就成为知识创价课程开发最为关键的环节,也成为知识创价课程本体建构的关键。知识创价课程的建构就是理论逻辑与实践逻辑之间衔接以及理论逻辑向实践逻辑转换的问题,而不是"理论够用""实践为主"等理论与实践之间在"量"上的简单区分或叠加问题;也不是"理论联系实践""实践联系理论"等理论与实践之间在"质"上的机械区隔或接应问题。理论认识与实践认识作为两种认识,既可能存在于认识的连续体当中,也可能存在于认识的两端,甚至存在断裂地带。那么,两种认识及其所形成的两种逻辑之间究竟是什么关系? 对两种逻辑之间衔接转换机理的认识及其运行机制的构建包含诸多命题,诸如,人类在认识世界过程中为什么形成两种指向的认识? 两种指向的认识在发展过程中为什么分道扬镳形成各自的进路、优势、劣势并进而形成两种逻辑? 两种逻辑的核心特征是什么? 针对知识创价课程的建构而言,诸如,为什么出现理论逻辑占主导地位的现象? 两种逻辑之间的内在张力究竟是如何产生的? 理论逻辑向实践逻辑转换的策略原则主要是什么? 从认识论视角来说,知识创价课程的建构本质上是促进两种认识的转换,通过两种逻辑的转换来创造价值。

一、两种逻辑的意蕴旨趣

大学课程的理论逻辑

"认识是主体能动地反映客体的活动及其结果。"①严格意义上,人类没有一种纯粹的认识,但我们从认识"客体"与"结果"的性质以及认识"活动"的主要方式来看,人类主要形成两种指向的认识②。一种是理论认识,通过思维认识世界以及追求认识世界的深度和广度而形成一定的知识体系;另一种是实践认识,通过操作性行动改造世界以及追求改造世界的深度与广度而形成一定的策略组合③。两种指向的认识为了追求自身的理性化目标在运行过程中形成具有自身

① 田心铭.认识的反思[M].北京:人民出版社,2000:9.
② 从主体的认识与认识对象之间关系、知识的明晰程度及其内在关系来考察认识论的发展过程,大致形成了三种典型认识论,分别是以笛卡尔为代表的主体认识论、以康德为代表的主体—客体认识论、以波兰尼为代表的意会认识论,三种认识论的每一次转变都是认识论发展史上的"哥白尼革命"。按此路径分析,人类认识大致形成了显性认知至普遍有效的明言知识再至意会认知以及个人意会的缄默知识,并形成相应的认知理性追求,从常识至理论理性再至缄默理性,上述分析只是在非常有限的认识论意义上做出的初步分析。
③ 相对于"理论"而言,"实践"的内涵相当宽泛,吴康宁教授甚至认为:"在最宽泛的意义上,也可认为'思考'属于广义的'行动'的范畴。……但'思考'作为一种'行动',在直接目的、基本过程、所需条件、主要功能等方面与'实践操作'的'行动'都有重要区别。""为避免节外生枝",本文在讨论过程中没有把"思考"纳入"行动"的范畴,而仅仅讨论"操作性行动"的"实践"。参见:吴康宁.何种教育理论? 如何联系教育实践? [J].南京师大学报(社会科学版),2019(1).

特质的内在逻辑——理论逻辑与实践逻辑,两者的本质、特点、关系等论题成为认识论探讨的重要对象,以至于成为"两种逻辑"。按照波普尔(K.Popper)的观点,人类存在着三个世界:理客体或物理状态的世界"(简称世界Ⅰ)、"意识状态或精神状态的世界"(简称世界Ⅱ)以及"思想的客观内容的世界"即"客观知识世界"(简称世界Ⅲ)①,其中,理论认识的结果就是世界Ⅲ。人类通过思维认识世界的过程及其结果的客观知识世界有其自身特有的内在逻辑,即理论逻辑,它是人为建构的逻辑,一旦建构起来之后在传播过程中即不以认识主体的意志为转移,外在于认识主体而存在并具有其自身内在的规律。

从理性视角来看,理论逻辑往往以理论理性、认知理性、科学理性的形式表现出来②,体现为人们在认识世界的过程中追求纯粹知识的内在理路与认知方式的合理化,人们对理论逻辑的追求往往容易导向科学至上的唯理主义,忽视实践经验在"先天综合判断"③中的渗透与参与。从构成上来说,理论逻辑主要包括逻辑起点、逻辑体系以及逻辑终点等核心要素。理论认识的建构往往从设定的逻辑起点出发,通过逻辑体系的建构,达至逻辑终点,从而达到认识的内在自洽,型构一种具有内在关系的逻辑。可设计性、总体性以及明言性等是理论逻辑的基本特征。所谓可设计性意指理论逻辑是"'消极自由'的纯计划来设定的"④,易于操控,理论逻辑"之简单和功效,借助对清醒认识或明确阐述做出规定的、既无限小又无限大的差距,能使人们对该图式系统有一个正确的了解"⑤。理论逻辑还具有本质主义的总体性特征,追求认识对象的内在机理与本质观念,追求对事物的一般性、总体性认识,并力图将这种认识型构成具有内在逻辑关系的图式,这就必然要求理论逻辑用明言知识进行表达。

大学是追求普遍知识的场所,高深学问、普遍真理是大学追求的终极目标,大学自然成为理论逻辑栖息的场域,认知理性、科学理性等以理论逻辑为表达核心的理性目标成为大学的终极追求。大学课程是提供给学习者认识世界与改造世界的载体,主要用理论逻辑的方式进行设计与实施。大学课程在发展与演化过程中形成多种形态,知识高深程度有专业基础课程与专业核心课程;知识广博程度有通识课程与专业课程;知识形态维度有纯粹理论认识课程与纯粹实践认识课程;课程存在形态维度有实体课程与虚拟课程;等等。总体而言,无论是理论认识还是实践认识,以学术方案呈现的大学课程在本质上主要是用理论逻辑的

① 卡尔·波普尔.客观知识[M].上海:上海译文出版社,1987:114.
② 邓晓芒.康德《纯粹理性批判》句读[M].北京:人民出版社,2010:28.
③ 邓晓芒.康德《纯粹理性批判》句读[M].北京:人民出版社,2010:120-121.
④ 皮埃尔·布迪厄.实践感[M].南京:译林出版社,2012:75.
⑤ 皮埃尔·布迪厄.实践感[M].南京:译林出版社,2012:380.

方式进行表达,将人类在理论认识与实践认识中取得的成果按照学科、专业等维度设计成若干认识目标,通过经济高效的理论认识来表达与传承人类认识的成果。

如果把大学课程的理论逻辑看作一种特殊的理论逻辑,那么与一般理论逻辑相比主要呈现三个方面特征:一是累积性。大学课程主要是从人类累积的知识中反复筛选设计而成,目的是使学生在有限的时间内掌握前人累积的知识。现代课程虽然形成不同课程形态,但其理论认识都是人类累积起来的关于某一学科和专业的高深学问。因此,围绕课程知识的组织产生了课程知识选择的主体权力、价值标准等相关问题。二是认知性。大学课程主要根据学生认知发展水平与知识高深程度,在纵向设计上往往按照知识广博程度的顺序设计成通识课程—专业课程的序列;按照知识难易程度的顺序设计成专业基础课程—专业核心课程的序列。所以,围绕课程知识的组织产生了课程知识筛选与时序设计标准等相关问题。三是学科性。大学课程都是特定学科和专业领域内的高深知识,课程知识在横向设计上往往按照学科和专业的逻辑进行知识谱系设计,而未必按照事物发生发展与学习者认知发展的逻辑进行设计。这就导致课程知识来源的多样化,既可能源于人们对事物发生、发展本来面目的认识而建构起来的逻辑,即事物发展的逻辑;也可能源于实践认识的建构,即人们通过自觉实践而建构起来的认识,这种实践认识是人为设计的产物;还可能源于理论认识的建构,从理论自身出发通过概念的运行而建构起来的学科和专业视域中的理论,即理论逻辑。这些理论认识与实践认识的共同特点都是人们的自觉建构。所以,围绕课程知识的组织还产生了课程知识筛选与横向设计标准等相关问题。

总体而言,大学课程理论逻辑的优势在于易于理解和掌握人类累积的知识,同时人们在课程设计与实施过程中容易偏向理论逻辑的表达与呈现,弱化甚至轻视本应由实践认识自身来呈现的实践逻辑,诱发了两种逻辑之间的博弈。

大学课程的实践逻辑

实践认识是人们通过操作性活动改造世界的过程以及所产生的主要表现为技术的知识。人们总是伴随着特定的认识指导操作性活动使之按照一定的方向运行,实践与认识如影随形,实践内在地包括两种活动,操作性活动中寓以认识活动,认识活动中寓以操作性活动,实践认识与理论认识的共性在于都是认识世界,差异在于实践认识伴随着操作性活动,而理论认识纯粹是思维活动。正是在这个意义上,"认识与实践是不可分的"[①],实践是认识的操作,同时也是操作的认识;是主观观念在行动中的建构,同时也是在行动中运用概念进行的自我建

---

① 田心铭.认识的反思[M].北京:人民出版社,2000:10.

构；是理论的行动建构，同时也是行动的理论建构。一句话，实践就是"既非一种纯粹观念的存在，也非一种纯粹实体的存在，而是一种介于二者之间或兼容主观性与客观性的文化的存在"①。实践认识过程及其结果形成自身特有的实践逻辑，其本质是人类在改造世界过程中为了保证操作性活动按照一定方向进行的一组算计、策略、原则，成为"'理性真理'的逻辑理性与'事实真理'的纯粹偶然性之间的中介"，从而"拉近理论与实践之间的距离"②。

从理性视角来看，实践逻辑往往以实践理性、技术理性的形式表现出来③，体现为人们在行动中的意志自由，追求行动目的的正确与方式的合理化，人们对实践逻辑的追求往往容易导向技术至上的经验主义，忽视理论认知在"后天综合判断"④中的还原与深化。从构成上来说，实践逻辑主要包括意图、习性、时间、空间、技术等核心要素。实践总是在主体的特定主观意图作用下发生，在特定的场域展开，伴随着主体习性的外显，往往借助于工具进行操作，在特定的时间序列中行进，实践的这些要素往往无法进行理性设计或难以完全用理性进行设计，这是导致实践认识的有效性大打折扣或偏移实践目标的根本原因。按照布迪厄的观点，实践逻辑与理论逻辑的要素结构、属性特征之间本质性区分的"种种可能性"都是在"时间"这个要素或视域中得到分化。"时间"是建构与解构实践逻辑的核心要素，"实践离不开所涉及的事物，它完全注重于现时，注重于它在现时中发现的、表现为客观性的实践功能，因此它排斥反省（亦即返回过去），无视左右它的各项原则，无视它所包含的且只有使其发挥作用，亦即使其在时间中展开才能发现的种种可能性"⑤。

当然，在理论逻辑的总体性特征中也会有"时间"要素，但这种"时间"要素总是"事后才来"，而且"可以克服时间效应"。因此，"科学的时间不是实践的时间。……科学实践被非时间化，以致连它所排除的东西的概念也给排除了：由于科学实践只有在一种与实践的时间截然不同的时间的关系中才成为可能，故它倾向于无视时间，从而使实践非时间化"⑥。正是在这个意义上，布迪厄说："对于分析家来说，时间消失了。"故而"时间"不能构成理论逻辑的核心要素，理论逻辑中的"时间"完全淹没在"逻辑体系"这个核心要素当中，仅仅成为逻辑体系所阐述的表象。因为游戏者"设定时间的连续性"，"通过这种方式，他排除一种非常

---

① 石中英.论教育实践的逻辑[J].教育研究,2006(1):4.

② 冯向东.教育科学的理论与实践逻辑[J].高等教育研究,2012(2):16.

③ 邓晓芒.康德《纯粹理性批判》句读[M].北京:人民出版社,2010:28.

④ 邓晓芒.康德《纯粹理性批判》句读[M].北京:人民出版社,2010:115.

⑤ 皮埃尔·布迪厄.实践感[M].南京:译林出版社,2012:131.

⑥ 皮埃尔·布迪厄.实践感[M].南京:译林出版社,2012:116.

现实而又完全是理论的可能性。"所以,"紧迫性(urgence)……是实践的一个基本属性"。"紧迫性"导致了实践的"同时化效应","时间的接续呈现为纯粹的间续性,世界会陷于一个没有将来即没有意义的现时的荒谬之中,这就像朝着超现实主义者的虚空开启的楼梯。"①"紧迫性"进而还导致实践的"总体化效应",形成"综合示意图",很明显,这里的"总体化"不同于理论逻辑的本质主义"总体化"。

所以,实践"本质上是个线性序列",虽然可以用"示意图""科学图解""综合示意图""正玄曲线图""交通图""历法图"以及"社会单位类别名称""社会组织示意图"等来"科学地阐述实践","但条件是必须理解科学实践仅仅通过总体化产生的效应",从根本上来说,实践逻辑具有"无法从理论上予以把握的属性"②,而这一切都是由"时间"这个核心要素所导致,这也是导致实践逻辑的"全部定义特征"是"不确定性和模糊性"的根由。"这两个特征源自这样一个事实:实践活动的原则不是一些能意识到的、不变的规则,而是一些实践图式,这些图式是自身模糊的,并常因情境逻辑及其规定的几乎总是不够全面的视点而异,等等。因此,实践逻辑的步骤很少是完全严密的,也很少是完全不严密的。"③实践逻辑的这些特征导致了实践逻辑难以表达,主要由暗默知识构成,是一种"实践感"占主导地位的行为结构,是暗默知识与明言知识交替形成的过程。比较而言,实践逻辑远比理论逻辑更难以操控与建构,以至于布迪厄不无感叹道,实践逻辑是"一种不是逻辑的逻辑","无视逻辑的逻辑","是自在逻辑,既无有意识的反思又无逻辑的控制","具有无法从理论上予以把握的属性","谈论实践不是一件容易的事,除非从反面谈论它;特别是谈论实践之看似最机械、最违背思维及话语逻辑的东西"④。

现代大学已经不再是追求纯粹认知理性的场所,与社会实践相联系、与职场相衔接成为现代大学的使命,大学成为实践逻辑栖息的重要场域。大学为了生存与发展,以后天综合判断的实践的具体内容及其所追求的工具理性、经济理性、技术理性等以实践逻辑为表达核心的理性目标必然成为大学追逐的对象⑤。对社会实践的教育自然要求大学课程追求实践认识,超越以理论认识呈现的课

① 皮埃尔・布迪厄.实践感[M].南京:译林出版社,2012:117.

② 皮埃尔・布迪厄.实践感[M].南京:译林出版社,2012:116-122.

③ 皮埃尔・布迪厄.实践感[M].南京:译林出版社,2012:17-18.

④ 皮埃尔・布迪厄.实践感[M].南京:译林出版社,2012:122,131,114.

⑤ 这里对"实践"的对象与理性目标的细化或分类并不是从理性分工角度进行,而仅仅是把与作为先天综合判断的纯粹理论知识与作为后天综合判断的纯粹实践知识所进行的区分,无意于扩展到对"高等教育的内在目标与外在目标之间、诸外在目标之间以及各种目标和手段之间错综复杂的关系"的大学理性分工的讨论。所以,这里的工具理性、经济理性、技术理性主要指向作为后天综合判断的实践的具体内容及其所追求的理性化目标。参见:展立新,陈学飞.理性的视角:走出高等教育"适应论"的历史误区[J].北京大学教育评论,2013(1):96.

程,将课程的理论认识转换为实践认识,特别是还原本来是实践认识的后天综合判断。倘若把大学课程的实践逻辑作为一种特殊的实践逻辑,那么与一般实践逻辑相比主要呈现三方面特征:一是模拟性。大学课程中的实践虽然有一些真实情境中的操作活动,但主要的不是真实情境中的操作活动,而是一种人为设计情境中的模拟操作活动,这种模拟操作活动从实践的序列与内容来看,往往不是以真实实践本来的时间序列展开,也不是真实实践中全部操作内容的展开,而是仅仅展示或演示了实践"纵断面"与"横断面"中的重点部分。因此,课程的实践如何将模拟实践与真实实践有机结合起来,模拟实践如何体现真实实践本身的逻辑成为课程实践的重点问题。二是话语性。课程的实践往往伴随着教师的话语而进行,教师通过话语来表达操作活动中的意图和技术等关键要素,甚至很多情况下话语中的实践替代乃至遮蔽了真实的实践。因此,本来就难以用话语进行表达的实践如何用话语进行表达等问题成为课程实践的难点。三是教育性。大学课程实践的重要旨趣在于,在教育场域中按照教育的习性传授给学生,对实践的要素进行选择和编排,按照"教育的经济原理","对遮住青年视野的灌木丛进行第一次挥刀修剪整枝"①,在最短的时间内将浓缩的实践或实践中的关键环节传授给学生。所以,如何尊重实践本身的逻辑,将实践本身的逻辑与教育的习性有机结合起来成为课程实践的难点。

　　显而易见,实践逻辑本身的"不确定性与模糊性",加之大学课程实践逻辑的特殊性,导致大学课程的实践逻辑异常复杂,这是造成人们轻视或者忽视大学课程实践逻辑的重要原因,也是课程设计与实施过程中课程实践逻辑与课程理论逻辑产生冲突的重要原因。

二、两种逻辑的内在张力

两种逻辑内在张力的表现形态

　　两种逻辑在发展过程中为了追求自身的深度与效率,形成了各自的内在理路与策略进路,两种逻辑之间的张力乃至隔阂成为认识事物的一道难以逾越的鸿沟。人们认识事物的终极目标在于追求对事物真理的认识,客观上需要通过不同指向认识来实现对事物的全面认识。因此,不仅需要通过理论逻辑与实践逻辑各自的发展来深化对事物的认识,而且还需要通过两种逻辑之间的积极互动与衔接转换来促进对事物的认识。对于课程两种逻辑的衔接转

---

　　①　[西班牙]奥尔托加·加塞特.大学的使命[M].杭州:浙江教育出版社,2001:71.

换同样如此,大学课程应用转型以及培养学生实践能力的改革目标就是旨在通过两种逻辑之间的积极互动与衔接转换,特别是通过理论逻辑向实践逻辑的转换来指导学习者全面认识事物,提高学习者认识事物的能力,知识创价课程的设计与实施便是在同一种逻辑内部以及两种逻辑之间张力的表达、博弈、转换中展开。

课程知识形态的理论逻辑与专业实践工作的实践逻辑、课程知识学理发展的理论逻辑与学习者实践能力发展的实践逻辑、科学知识的理论逻辑与技术知识的实践逻辑等便是两种逻辑之间张力的常见形态。从理论逻辑角度来看,存在着课程客观知识的理论逻辑与学习者认知发展的理论逻辑之间张力;从实践逻辑角度来看,存在着虚拟形态的实践逻辑与真实形态的实践逻辑之间张力,等等不同形态的张力。不同形态张力的表现形式、产生机理不同,只有深入探讨大学课程设计与实施过程中两种逻辑之间张力究竟是如何产生以及呈现哪些具体表现形态等问题,才能提出两种逻辑衔接转换的理论基础与策略原则。

从认识指向维度我们可以把大学课程分为两种形态课程——纯粹理论认识课程与纯粹实践认识课程。这里用"纯粹"以及下文使用"操作性"的表达主要借鉴了康德对"经验"的分析方法,康德提出,"我们的一切知识都以经验开始",为了把不带有"在时间上"任何后天经验成分的先天综合判断即纯粹知识从经验中区分出来,康德将"经验"区分为"纯粹知识"与"经验性知识",经验性知识则完全是后天综合判断。康德用"纯粹"的表达旨在强调"经验"中的一种绝对化成分,而"经验性"的表达则旨在强调"经验"中的一种绝对化属性。将实践认识表达为"操作性行动"旨在强调实践认识中具有绝对化属性的"行动"①。我们将课程分为纯粹理论认识课程与纯粹实践认识课程两种形态,目的是便于分析课程设计与实施过程中认识的转换。"纯粹理论认识课程"的表达旨在强调课程作为认识"客体"与"结果"的绝对化成分与认识"活动"的绝对化属性,即"纯粹理论认识"的课程,相对于"纯粹实践认识"的课程而言。毋庸置疑,无论是从学习经验的内容构成视角,还是从学习经验的设计与实施等视角来看,认识维度的大学课程都是混合形态的存在,很难存在单一形态的大学课程。因此,我们首先在特定意义上分析两种形态课程在设计与实施过程中发生的同一种逻辑内部以及两种逻辑之间的转换,逻辑张力便是在同一种逻辑的表达以及两种逻辑转换过程中产生。在此基础上再分析日常实践中的混合形态课程所包含的同一种逻辑内部以及两种逻辑之间的转换。

---

① [德]康德.康德三大批判合集[M].北京:中国人民大学出版社,2016:51-52.

纯粹理论认识课程在设计与实施过程中形成两次转换。第一次转换是课程设计专家把学科的理论认识(理论认识Ⅰ)转换为课程的理论认识(理论认识Ⅱ),第二次转换是课程实施主体(教师与学习者)将课程的理论认识转换为学习者的理论认识(理论认识Ⅲ),两次转换过程的程式可以表达为:理论认识Ⅰ—理论认识Ⅱ—理论认识Ⅲ。从这一过程来看,两次转换都是理论逻辑之间的转换,其内在张力是理论逻辑在转换过程中自身产生的张力。理论认识Ⅰ即学科的理论逻辑,主要是事物本质的逻辑表达;理论认识Ⅱ即课程的理论逻辑,主要是事物发展或学习者认知发展顺序的逻辑表达;理论认识Ⅲ即学习者认知的理论逻辑,主要是学习者认知结果的逻辑表达。因此,两次转换过程虽然都是理论逻辑之间的转换,但由于理论逻辑的表达方式不同,导致理论逻辑转换过程中产生一定的张力。这些张力本质上是事物本质、事物发展或者学习者认知发展顺序、学习者认知结果在理论逻辑表达方式上的冲突,可以称为理论逻辑表达张力。所以,消解纯粹理论认识课程转换过程中所产生张力的关键是理论逻辑表达方式之间的贯通与融合。

纯粹实践认识课程在设计与实施过程中同样也形成两次转换。第一次转换是课程设计专家把技术的实践认识(实践认识Ⅰ)转换为课程的理论认识(理论认识Ⅱ),第二次转换是课程实施主体(教师与学习者)将课程的理论认识转换为学习者的实践认识(实践认识Ⅱ),两次转换过程的程式可以表达为:实践认识Ⅰ—理论认识Ⅱ—实践认识Ⅱ。从这一过程来看,第一次转换是实践逻辑向理论逻辑转换,其内在张力是实践逻辑向理论逻辑转换的张力。第二次转换是理论逻辑向实践逻辑转换,其内在张力是理论逻辑向实践逻辑转换的张力。所以,两次转换过程中张力的产生原因、表现形式各不相同。实践认识Ⅰ即技术的实践逻辑,主要是操作性活动的逻辑表达。理论认识Ⅱ即课程的理论逻辑,主要是把技术的实践逻辑用理论逻辑的方式表达出来。实践认识Ⅱ即学习者认知的实践逻辑,主要是学习者对操作性活动的逻辑表达。两次转换过程中,既出现了理论逻辑与实践逻辑之间转换的张力,可以称为逻辑转换张力;还出现了实践逻辑不同表达方式上的张力,即实践逻辑表达张力,故而消解这两次转换过程中产生的张力更为复杂。

两种逻辑内在张力的主要特点

总起来看,纯粹理论认识课程与纯粹实践认识课程在转换过程中逻辑张力的产生主要是在逻辑转换过程中产生,呈现出逻辑表达张力与逻辑转换张力两种形式。逻辑表达张力是同一种逻辑自身在转换过程中产生,产生原因主要是理论认识或实践认识自身表达方式上的冲突,如结果呈现与传授方式之间的张力等。理论逻辑表达张力的典型如哲学等纯理论类课程以及学科原理类课程,在两次转换过程中产生的内在张力就是理论认识转换过程中自身产生,很少存在两种逻辑之间的内在张力,产生的张力主要是理论认识的结果呈现与传授方式之间的张力。实践逻辑表达张力的典型如工程实践等纯应用类课程以及学科应用类课程,在两次转换过程中产生的内在张力就是实践认识转换过程中自身产生,很少存在两种逻辑之间的内在张力,产生的张力主要是实践认识的结果呈现与传授方式之间的张力。

逻辑转换张力是两种逻辑转换过程中产生的张力,其又有两种表现形式:一种是实践—理论逻辑转换张力,实践认识向理论认识转换过程中产生的内在张力。常见的如工程实践等纯应用类课程以及学科应用类课程,在课程设计过程中将实践中的操作方式、操作策略等实践认识进行系统化设计后转换为理论认识的表达形式。另一种是理论—实践逻辑转换张力,理论认识向实践认识转换过程中产生的内在张力。常见的如工程实践等纯应用类课程以及学科应用类课程在课程实施过程中将理论认识表达形式的工程设计理论等转换为工程实践操作,呈现出真实情境中的操作、模拟情境中的操作乃至话语情境中的操作等不同情境中的实践认识。

不同表现形式张力的消解需要采取针对性措施。我们重点讨论逻辑转换张力,逻辑表达张力需要另文专门讨论。从两种逻辑转换过程来看,又存在多种表现形式的逻辑转换张力,就大学课程而言,需要重点消解的是理论逻辑向实践逻辑转换过程中产生的张力,大学课程应用转型以及提高学生实践能力改革目标的本质也正在于此,旨在通过两种逻辑之间的积极互动与衔接转换,特别是通过理论逻辑向实践逻辑的转换来促进学习者全面认识事物,提高学习者认识事物的能力。事实上,大学课程形态丰富而复杂,很少存在单一形态的课程,很多情况下是纯粹理论认识课程与纯粹实践认识课程的混合形态,这就大大增加了两种逻辑之间转换的复杂性。

三、两种逻辑的衔接转换

两种逻辑衔接转换的策略原则

弄清楚两种逻辑的内涵及其张力的产生机理,接下来就可以建构课程的两种逻辑衔接转换的理论基础及其策略原则。纯粹理论认识课程需要在认识转换过程中怀有实践感,识别理论认识的实践来源。纯粹理论认识课程从设计到实施的整个转换过程中产生的主要是逻辑表达张力,而问题的源头在于理论认识Ⅰ的生成可能源于理论认识,也可能源于实践认识。倘若源于实践认识则需要纯粹理论认识课程在转换过程中提升课程的实践感,最为核心的"步骤"与"要点"是,课程设计与实施主体首先需要识别理论认识Ⅰ的实践来源,还原其实践元素;其次需要在每一次转换过程中自觉地进行实践还原,理论认识Ⅱ、理论认识Ⅲ都要自觉进行实践还原,蕴含实践倾向,自觉将理论认识与实践元素有机结合起来。

纯粹实践认识课程需要在认识转换过程中的不同阶段采取不同策略。第一次转换是实践认识向理论认识转换,减少逻辑转换张力的策略原则是用实践逻辑的逻辑进行理论逻辑设计,即理论逻辑"实践化",按照实践逻辑本身的样态,诸如实践本身的时间序列、要素序列、结构序列进行呈现,而不是按照理论逻辑的逻辑性序列、总体性序列进行人为设计。这种理论逻辑实践化的课程设计难点在于如何用理论化的方式表达实践逻辑,如何使理论逻辑的表达符合实践逻辑的真实面目。因为实践逻辑最大的特点是"不确定性和模糊性",以至于布迪厄称实践逻辑是"一种不是逻辑的逻辑","无视逻辑的逻辑","是自在逻辑,既无有意识的反思又无逻辑的控制","具有无法从理论上予以把握的属性"[①]。由于实践逻辑难以表达或实践逻辑本身无法表达清楚,转换成课程的理论逻辑就极易成为一种虚拟或假设的实践,这是造成大学课程两种逻辑之间张力的主要根源,也是造成大学课程不能切合社会实践真实样态、不能适应社会实践真实需要等顽症的症结所在。布迪厄提出的解决之道是,"学术建构要把握实践逻辑的原则,就只有使这些原则改变性质:反思性阐述把实践序列转变为表象序列,把根据一个被客观地构建为需求结构的空间来定向的行为转变成一个连续和同质空间里进行的可逆运作"[②]。按此理解,课程认识第一次转换的关键点是将实践的时间、空间、技术等核心要素序列转变成"可逆"的表象序列。

纯粹实践认识课程的第二次转换是理论认识向实践认识的转换,减少逻辑转换张力的策略原则是在真实的实践情境中实施课程,将话语实践、模拟实践与真实实践情境有机结合起来。对于理论认识向实践认识转换,布迪厄明确提出:"行为人若要完全掌握实施方法,借以产生合乎规则的仪式实践活动,就只有使这一方法在实践中,在现实情境中,并根据实践功能来发挥作用。"布迪厄还进一步警告,倘若不能从实践情境出发,而从"理论境地"出发,采取"学术性提问"的方法必将陷入主观主义境地,"行为人一旦思考其实践活动并因此而处于一个几近理论的境地时,就会失去任何表达其实践之本质,尤其是与实践的实际关系之本质的可能性,因为学术性提问往往会使他对自身的实践采取一种不再是行动的,但也不是科学的观点,促使他在解释其实践活动时使用这样一种实践理论,

---

① 皮埃尔·布迪厄.实践感[M].南京:译林出版社,2012:122,131.
② 皮埃尔·布迪厄.实践感[M].南京:译林出版社,2012:129.

这种实践理论迎合了观察者因自身处境而偏爱的法律、伦理或语法条文主义"①。这就是逻辑转换张力无法抗拒的症结所在,大学教师主要处于大学这一理论境地场域,课程的理论逻辑表达本质走出主观主义境地,并与实践的客观主义有机衔接转换,则需要我们转变传统的认识习性,重建认识论。

两种逻辑衔接转换的理论重建

更重要的问题还在于,随着大学课程形态复杂化程度的提高,进一步加剧了课程设计与实施过程中两种逻辑之间自由转换的难度。无论哪一种形态课程,两种逻辑之间的积极互动与衔接转换归根到底依靠课程设计与实施主体来完成,根本上还是需要构建一种新的认识秩序来改变课程设计与实施主体的认识习性,要求主体在对理论认识与实践认识反思与批判的基础上,追求两种认识合理内核的融合与边界的贯通,架设"纯粹知识"与"经验性知识"之间"相互依赖"的桥梁②,追求理论认识在实践中的应用、实践认识还原为理论解释。布迪厄就曾以语法学家为对象提出,语法学家需要"一种理论","以区分两种关系:一种是与像他那样只为理解语言而使用语言者的语言的纯理论关系,另一种是与为做事而努力理解语言、从实践目的出发即仅为满足实际需要和应对实际紧迫性而使用语言者的语言的实践关系"③。由于人类的两种认识在发生与转换过程中存在着认识上的交叉、重叠、互换等过程,在这个过程中自然呈现认识上的回路,这种回路就是基于理论认识返照实践认识,同时又基于实践认识返照理论认识,即两种认识之间的互摄(Mutual Absorption),这种认识上互摄的本质就是应用,将已有认识的方式、成果、体悟、过程应用于另一种认识,其本质就是"应用认识"。在实践认识过程中的互摄主要体现为,追求实践认识的理论还原,自觉向理论认识转换;在理论认识过程中的互摄主要体现为,追求理论认识的实践还原,自觉向实践认识转换。

应用认识具有积极的认知意义,因为两种认识的互摄并非单向一次性完成,而是在两种认识的螺旋式上升过程中不断互摄并形成自身特有的逻辑,作为两种认识之间互摄的桥梁,两种逻辑之间衔接转换的中介,这种逻辑可以称之为应用逻辑。应用认识的积极意义还在于超越理论认识与实践认识孰高孰低、谁先谁后的冲突,促进认知情境中的概念和原理、技术和技能等不同性质认识对象的统合和互摄。应当说,应用认识不同于波兰尼(M.Polanyi)所说的"意会认知中的双向内居关系",波兰尼所强调的"客体在主体中的内居(dwell in)和主体对客

---

① 皮埃尔·布迪厄.实践感[M].南京:译林出版社,2012:129.

② 邓晓芒.康德《纯粹理性批判》句读[M].北京:人民出版社,2010:90.

③ 皮埃尔·布迪厄.实践感[M].南京:译林出版社,2012:42.

体的内在摄悟（comprehend）"意指人类认知运行的内在机制与完成过程①。应
用认识强调的则是两种不同性质认识在认知过程中的互摄，以及作为认识结果
的不同性质知识的融合贯通。毋庸置疑，应用认识无论是在认识运行的内在机
制还是认识之间的互摄过程中，必然会有缄默意会认知即"功能整合摄悟"的参
与，而意会认知与应用认识两者之间的区别在于，功能整合摄悟不能还原、不能
断裂，是一气呵成的过程，其核心是"功能的整合过程"②；而应用认识则发生了
两种认识的还原、衔接、转换过程。当然，应用认识也不同于镜子式的直映，不是
两种认识之间的简单投射；也不是主观意志的随意发挥，而是主体的理论认识与
实践认识的互摄与体悟及其产出知识的融会与贯通。概括而言，应用认识的本
质就是知与行"合"的问题，并非两种认识之外的第三种认识，而是一种新的认识
秩序。

事实上，发展应用认识、促进应用逻辑的生成早已成为人们探索课程领域两
种认识互摄的重要课题。布鲁贝克提炼出来的跨学科策略，通过"挖掘自然事
实"中的概念与"自然的概念化"的相互"修正"，从"多面性问题"着手促进"学科
的概念结构"与"问题现象"的互动，形成破解问题的路径③，就是旨在促进理论
认识与实践认识的互摄，形成应用认识，发展应用逻辑。怀特海（A. Whitehead）
更是明确提出"应用性活动"策略，"在某种意义上说，学习过程中应该存在一种
从属的应用性活动。事实上应用是知识的组成部分，因为所知事物的意义在于
超出他们自身的各种关系中。因此，未被应用的知识是没有意义的知识"④。

社会分工、社会习性等因素使然，形成了处于分立状态的两种认识主体，有
学者曾以教育工作者为例，描述了这种分立特征，"就总体而言，一个'理论工作
者'即便具有优秀的'实践品质'，甚至经常深入实践现场，其基本角色也依然是
理论工作者；同理，一个'实践工作者'即便具有优秀的'理论品质'，甚至有一定
学术水准的论著问世，其基本角色也依然是实践工作者。"⑤因为教师不可能走
向完全的"实践工作者"，所以，"双师型""嵌入式"等调和理论认识与实践认识的
路径不过是理论建构或实践建构过程中的一部分参与客观化，大学课程设计与
实施主体主要是"理论工作者"，在时间、空间、习性等方面与实践保持一定距离。
这就需要课程设计与实施主体改变自身认识习性，打破传统的主观与客观、经验
与实在分裂的认识二元性，用社会实在认识论来指导理论认识与实践认识的互

---

① 张一兵.波兰尼与他的《个人知识》[J].哲学动态,1990(4):28.
② 张一兵.波兰尼与他的《个人知识》[J].哲学动态,1990(4):28.
③ ［美］约翰·S.布鲁贝克.高等教育哲学[M].杭州:浙江教育出版社,1998:111-112.
④ ［美］约翰·S.布鲁贝克.高等教育哲学[M].杭州:浙江教育出版社,1998:111-112.
⑤ 刘庆昌.教育工学:教育理论向实践转化的理论探索[M].福州:福建教育出版社,2016:6.

摄,促进应用认识的形成与应用逻辑的发展。

应用认识的"社会性"要求主体基于自我认知结构、客观知识以及操作性技术技能的社会文化、历史背景、具体情境对知识进行主动建构,其本质是社会建构主义,"认真对待外部世界的'实在性'以及作为这个世界一部分的知识的实在性。同时,这种知识又从来都不是固定的或给定的,它只是我们现有的最佳知识;不论多么困难,它总是开放的,时刻接受挑战与改变"①。应用认识的"实在性"要求主体对悬置的客观知识(科学理论)的内在理论逻辑、操作性技术技能的内在实践逻辑的摄取,其本质是客观主义,"一些知识独立于其产生和起源的特定实践活动而成为知识,它在其解释这个独立于我们思维的世界方面拥有一定的实在性(reality)"②。

把社会实在认识论作为应用认识的哲学基础,"并不否定知识的主观性和建构性,而是希望通过建立一种新的更具包容性的客观性或实在论,即社会实在论,将所有这些各种形态各具属性的知识现象,包括建构主义的知识观,统统收摄于麾下"③。社会实在认识论对认识的"社会性建构"与"客观实在性"的统合,本质上是两种认识的格式塔在动态发展过程中进行互摄进而实现两种逻辑的衔接转换。对应用认识的发生与应用逻辑的建构而言,就是在理论认识过程中,不仅把客观知识(科学理论)与认知结构的主观建构进行互摄,还把客观知识与操作性行动的主观建构进行互摄;在实践认识过程中,不仅把客观的操作性行动与操作性行动的主观建构进行互摄,还把客观的操作性行动与认知结构的主观建构进行互摄。这种双重互摄是对传统理论认识与实践认识追求"量"的区分或"质"的"互相联系"的重大突破,通过双重互摄来弥合理论认识与实践认识之间的断裂,形成新的认识秩序,从根本上实现两种逻辑的自由衔接转换。

实现应用认识双重互摄的关键是要放弃传统课程理论认识的"主观主义的想象人类学"习性④,特别是研究型大学所强调的以理论认识建构本身为目标的主观主义习性,本质上是放弃理论认识的主观化,实现理论认识主观的客观化。重要路径是在理论主观建构过程中对客观理论知识的实践元素、实践情境、实践目标的自觉建构,而不仅仅是"学院情境"中的"以言行事"⑤。不仅如此,还要放

---

① [英]迈克尔·扬.把知识带回来:教育社会学从社会建构主义到社会实在论的转向[M].北京:教育科学出版社,2019:中文版序言.

② [英]迈克尔·扬.把知识带回来:教育社会学从社会建构主义到社会实在论的转向[M].北京:教育科学出版社,2019:中文版序言.

③ 谢维和.简论信息社会的知识问题//许甜著.从社会建构主义到社会实在论:麦克·扬教育思想转向研究[M].北京:清华大学出版社,2018:导师序言.

④ 皮埃尔·布迪厄.实践感[M].南京:译林出版社,2012:58.

⑤ 皮埃尔·布迪厄.实践感[M].南京:译林出版社,2012:42-43.

弃传统课程实践认识的"客观化的客观化"习性，特别是技能型院校所强调的以技术技能熟练本身为目标的经验主义习性，本质上是放弃实践认识的客观化，实现实践认识客观的主观化，重要路径是在实践认识主观建构过程中对操作性行动所蕴含的客观知识、理论情境、理论目标的自觉建构。

　　以两种逻辑中具有悖反性的"时间"要素为例，理论逻辑的"时间"是人为设计与梳理的结果，而实践逻辑的时间具有"紧迫性"特征，倘若要在"时间"上取得同频共振就需要对人为设计的"时间"与真实实践的"时间"进行双重互摄，形成应用逻辑。如果要进一步追问这种应用逻辑，即两种逻辑的自由衔接转换究竟发生在一个什么样的世界里，那就是胡塞尔所说的"生活世界"，既以客观主义的自然态度生活于"这个"世界之中，同时又"体验"到这种"自然的客观的世界生活，只是构成着世界的先验生活的一种特殊方式"①，从而克服科学危机与人的生存危机，获得课程"认识的解放"。

---

　　① ［德］胡塞尔.欧洲科学的危机与超越论的现象学[M].北京：商务印书馆，2001：213.

> 大学不得不设法保持两者的平衡：既不使传统在适应上成为无定见的顺风倒，也不顽固保守而偏执不化。为了取得这种平衡，大学就必须主动进行改革并控制改革，从而适应社会需要，避免招致外力强制下的变革。
>
> ——埃里克·阿什比(E.Ashby)

第四章　知识创价课程的体系设计

从课程理念层面完成知识创价课程建构之后，就需要从课程知识或课程内容层面对知识创价课程进行建构。课程知识层面的建构可以从不同视角进行展开，从课程开发实践来看，主要体现为人才培养方案中的课程体系建构，人才培养方案中的课程体系如何实现知识创价课程理念成为应用型大学课程建构的核心。专业是人才培养方案的基本单位，人才培养方案主要以"××专业人才培养方案"为主题进行设计。可以从不同维度对人才培养方案的课程体系进行分析，从课程体系的结构来说，人文素质课程与专业课程是应用型大学人才培养方案课程体系设计的主要分析维度，知识创价课程的建构即主要从人文素质课程与专业课程两个维度进行展开。另外，在学生发展过程中还存在大量隐性教育影响，这是传统课程开发所忽视或弱化的方面，包括应用型大学课程开发在内，需要引起足够重视。所以，我们对知识创价课程的体系设计主要从人文素质课程、专业课程以及隐性课程等三个维度展开，相应地形成人文素质教育知识创价课程、专业教育知识创价课程、隐性教育知识创价课程，建构知识创价课程相对完整的内容体系。

第一节　人文素质教育知识创价课程的设计

我国大学的专业人才培养方案中课程体系的结构比较复杂，除了专业课程之外，一般还包括人文素质课程、科技素质课程、社科素质课程、思政课程、外语课程、大学语文、大学物理、高等数学、体育课程、劳动课程、心理健康课程、创新创业课程、军事课程等科类。这类课程的统称有多种说法,诸如公共课程、通识课程、素质课程等等,其中以公共课程的统称居多。这类课程在国家层面发布了很多规定,地方政府和学校对这类课程调整的权力一般较少。思政课程方面,中宣部、教育部 2021 年发布的《新时代学校思想政治理论课改革创新实施方案》规定,思想政治理论课必修 16 学分,其中,《马克思主义基本原理》为 3 学分,《毛泽东思想和中国特色社会主义理论体系概论》为 5 学分,《中国近现代史纲要》为 3 学分,《思想道德与法治》为 3 学分,《形势与政策》为 2 学分。外语课程方面,教育部 2007 年发布的《大学英语课程教学要求》规定,大学英语课程在总学分中占 10%(16 学分左右)。另外,体育课程、心理健康课程、创新创业课程等也有相关具体规定。相对于特定学科范围的专业课程而言,这类课程涉及的学科范围非常广泛,这就是这类课程被称为公共课程的重要原因。因此,在课程体系结构上,人才培养方案主要包括公共课程与专业课程,而大学有权对课程体系进行设计的部分主要是专业课程与公共课程中的部分课程。其中,公共课程当中在科目上能够自行设计的部分主要是人文素质课程与科技素质课程。而对于应用型院校而言,需要探讨与改革的重点就是公共课程中的人文素质课程,这就是把人文素质课程作为知识创价课程体系设计重点的缘由。

一、人文素质教育知识创价课程建构的逻辑框架

人文素质教育课程的基本内涵与本质特征[①]

首先要从"人文"这个概念说起。儒家重要经典之一的《易·贲》中有"人文"一词,"文明以止,人文也。观乎天文,以察时变;观乎人文,以化成天下。"[②]。意思大致是,"文明"的终极是"人文","人文"就是"诗书礼乐等"。与"人文"相对的是"天文","天文"就是人世之外的自然的变化规律,而"人文"则可以使天下的人心归化。宽泛地说,所谓"人文"就是以"文"——"诗书礼乐等""化""人"。因此,"人文"一词包括以下两个核心要素:

第一,"人"的主体是谁?客体是谁?显然,无论是东方还是西方,长期以来都是占据主导地位的统治阶级是"化""人"的主体,被统治阶级是被"化"的"人"。

① 本节内容主要来源于《慧心美育:应用型本科高校人文素质教育的本原价值》第二章,该书"后记"中说明了"参与调研和撰写的人员",本书作者撰写了该书的第二章。参见:叶美兰,薛浩.慧心美育:应用型本科高校人文素质教育的本原价值[M].南京:南京大学出版社,2017:26-53,297.
② 夏征农,陈至立.大辞海·语词卷[M].上海:上海辞书出版社,2015:2905.

"人文"实际上是统治阶级对被统治阶级的"化"而已,而被"化"的"人"如何才能真正成为"人",只有在历史演替的长河中不断觉醒,从终极意义上来说,只有"人"自己的"化"才能使客体的"人"成为真正的主体的"人"。

第二,如何"化"人？用现代思维分析如何"化"人,其实包括"化"的内容、方式、途径等很多问题。但回到"人文"的典籍意义,主要指向"化"的内容,也就是"文"的知识指向什么？在中国儒家文化的早期,自然是"诗书礼乐等",随着时代演替,"文"的知识也不断变迁。所以,无论时代如何变迁,"人"与"文"始终是探讨"人文"的两个核心要素,而如何通过"文"来"化""人",便成为教育的题中应有之意。特别是在儒家文化发展的早期,人们首先关注"文"的认识,而对"文"之外的自然世界的认识则是另外一回事。所以,我们首先对"文"的教育,也就是对东西方人文素质教育的历史发展过程进行简要梳理,通过历史视角认识人文素质教育课程的发展过程,从而凸显其本质特征。

在西方,人文素质教育的源头最早可以追溯至"欧洲精神家园"——古希腊的雅典教育。古希腊时期出现了以"自由民为限,而平民与奴隶无与焉的自由教育",相对于平民与奴隶教育的自由教育主要学习"三艺"(Trivium,即文法、修辞、理论三门)、"四科"(Quadrivium,即算术、几何、天文、音乐)等学科①。古希腊的自由教育不是作为科学、技术、工程教育的对立面,而是一种自然生长出来的教育,乃是一种追求人自身自然发展的教育。此时的人文教育课程主要是古典人文学科,人文教育完全处于统领地位,还谈不上人文教育与专业教育、人文教育与科技教育之间的矛盾和对立。"总的来讲,古希腊和古罗马的教育目的都是世俗的,体现了普遍的道德特性。这些道德品格是公民的而不是宗教的,是自然主义的而不是超自然的。"②随着中世纪的到来,宗教在西方世界逐步占据主导性地位,教育目的也随之发生变化。

中世纪大学继承和发展了古希腊的自由教育思想,人文学问主要在"艺学院(Faculté desarts)"进行,作为神学院、法学院、医学院的基础。以巴黎大学为例,在中世纪的巴黎大学艺学院"其实就像是一间公用的前厅,任何人要想进入其他三个学院都必须先经过它。学生必须先在这个学院里耗上一定的时间,才能继续攻读神学、医学或法学方面的课程"③。这就表明,中世纪大学课程开始出现分化,出现了与人文学问不同的神学、医学、法律等科目,这些学科具有应用性质,以专门职业为取向,旨在为学习者的特定职业生涯做准备。但就总体而言,中世纪大学课程充满了古典色彩,古典人文学问是中世纪大学课程的基本特征,

---

① 雷通群.西洋教育史[M].上海:东方出版社,2007:41.
② [美]约翰·S.布鲁巴克.教育问题史[M].济南:山东教育出版社,2012:6.
③ [法]爱弥儿·涂尔干.教育思想的演进[M].上海:上海人民出版社,2003:142.

欧洲中世纪大学的人文教育可以称为"古典性人文素质教育"。

文艺复兴伊始,新人文主义的发展推动了欧洲高等教育机构人文教育的发展。新人文主义与源于古希腊的人文主义不同之处在于包容了科学。以科学进入大学教育和大学课程为标志,近代大学发生质的变化,这是近代大学不同于中世纪大学的最为重要的方面。从课程来看,近代大学课程大致分为两类,一类是纯粹科学课程,一类是人文课程。人文课程受到科学思想、科学方法等方面的影响,出现了科学化的现象,可以称为学术性人文课程。因此,近代大学人文教育不同于中世纪大学的一个重要特点是人文教育的学术性,即学术性人文素质教育的出现。随着科学课程以及科学思想、科学方法在大学课程中的主导性愈发明显,大学传统的人文文化逐渐开始出现"两种文化"的分裂①。这段时期的西方近代大学人文素质教育可以称为"学术性人文素质教育"。

进入 20 世纪之后,以威斯康辛大学理念、克拉克·克尔的多元巨型大学观为标志,现代大学逐步确立了不同于近代大学的社会职能,科学的功用逐渐占据主导地位。科学素质、科学能力在人的素养中逐渐占据压倒性优势,成为学术、社会评价人的重要指标,适应性、可接受性、实用能力成为现代大学人才培养的重要目标。人文素质教育的终极目标应该是人文素养与科学素养、技术素养、工程素养的共存而不是冲突,但是现代大学教育科学素养成为最为强劲的一种素养追求,人文素养退居其次。同时,人文素养在发展过程中也开始分化,政治素养、公民素养、道德素养等逐渐从人文素养中分化出来,从而出现了通识教育。通识教育的一个主要指向就在于统合人文素养、政治素养、公民素养、道德素养等方面的教育,试图把学生培养成为"自由社会中的良民"②。西方现代大学的人文素质教育可以称为"社会性人文素质教育"。

纵观西方高等教育机构人文素质教育的发展过程,不同时代背景,围绕对"人"的理解、"文"的知识选择以及"化"的理念、目标、机构、方式等,也就是人文素质教育课程的理念、目标、内容、教学等方面,不断进行变革,形成了一些规律性的特征,可以用表 4-1 来概括。

表 4-1　西方高等教育机构人文素质教育的历史演变

	古典性知识阶段		学术性知识阶段	社会性知识阶段
高等教育 发展背景	萌芽阶段	启蒙阶段	精英阶段	大众化阶段
教育理念	世俗	上帝与世俗之间	入世	多元化大学理念

① [英]C.P.斯诺.两种文化[M].北京:三联书店,1994:4.
② [英]张家勇.哈佛大学本科生课程改革研究[M].广州:广东教育出版社,2011:141.

续 表

	古典性知识阶段		学术性知识阶段	社会性知识阶段
培养目标	公民	绅士	专才	通才
实施机构	吕克昂、学园等	中世纪大学	近代大学	现代大学
主要课程	自由民教育	四艺教育	科学与人文教育	通识性教育
课程特征	三科四艺	重四艺轻应用	科学与哲学统一	实用与理性 此消彼长
教学方式	论辩、师徒传授	评注、解经、究问	授课、讲座、 习明纳,教学与 科研统一	多元化教学
知识状态	综合性知识	古典性知识	知识分化	知识综合与 分化并行
知识运行	认识人类自身, 依附于宗教	探索新知, 依附于宗教	闲逸的好奇、 价值中立、 学术自由	知识的个体价值 与社会价值、学术 自由与社会责任的 矛盾统一
教育目标	为宗教服务	宗教与世俗之间	完善自身	创造个体与 社会的发展价值

纵观中国高等教育机构人文素质教育的发生与发展过程,从教育内容的维度大体上可以分为三大阶段,每一个阶段在教育理念、实施机构、教育内容、教学方式等方面形成了具有阶段性特征的内在逻辑体系。

"自有人生,便有教育",中国人文素质教育的发轫可以追溯至五帝时期的"成均"。中国的学校教育最早可以溯源至西汉武帝元朔年间(公元前 128—前 123 年)的"学校启蒙时期",及至一个多世纪后的西汉平帝元始年间逐渐形成"制度化"的学校系统,"在中央有太学,在地方有学、校、庠、序",不过此时学校制度化的水平真是"一切尚极简单"①。中国的学校教育,包括高等教育在内,就是在这种初始化的学校制度中产生的。人文素质教育,或者严格意义上说,整个高等教育的主旋律都是以人文知识为教育的重点,一直持续到清末的废科举兴学堂时期。

中国古代高等教育机构在两千余年的人文素质教育演进过程中,从教育内容的角度来看,大体分为两个阶段:一是以德性修养为中心的人文素质教育。从时间上来说,大体上从春秋战国时期开始,延续至实施科举制度之前这一段时期。由于没有科举制度的导向,人文素质教育从培养目标来说是"人文行于生

---

① 陈青之.中国教育史[M].北京:东方出版社,2008:编前语 4.

活",以"德化"为中心。课程以儒家经典为主,主要来源于儒家、道家等学说,伦理道德是人文素质教育的核心内容,主要包括"三纲"(君为臣纲,父为子纲,夫为妻纲)和"五常"(仁、义、礼、智、信)。从教学方式上来说,主要是师徒传授方式,以个体化影响的方式为主,注重教化。如此人文素质教育的目的、内容、方式的根源在于中国文化产生与发展的初期,文化尚处于形成阶段,同时经济发展水平落后,也无法形成一定规模的学校。二是以治术修养为中心的人文素质教育。从时间上来说,大体上从科举制度正式确立之后一直延续到废除科举制度的清末时期。由于受到科举考试的钳制,人文素质教育的培养目标可谓"人文行于政治"。课程以儒家经典为主,教学内容以培养治国理政所需的人文素质为中心。这一时期的人文素质教育实施机构以官学与书院并重。无论是德性修养还是治术修养,人文知识几近占据了中国古代高等教育的全部,以至于有学者称这一阶段是中国高等教育历史上的"人文阶段"[1],义利关系、道德伦理、治术修养是这一阶段高等教育的核心内容,而科学始终被排斥在教育内容之外。教育方法上讲究循序渐进,学"大学"必先以"小学"作功夫。与西方高等教育相比,这一时期中国高等教育机构的教育功能主要限定在人文素质教育,而西方从中世纪大学即开始出现了课程分化,出现了医学、法律等实用性课程。中国古代高等教育机构的教育堪称古典性人文素质教育。

近代高等教育机构的学术性人文素质教育。这一时期从时间上来说,大体上从新文化运动开始,直至民国结束新中国成立前,前后将近一个世纪的历程。19世纪末期中国近代机构开始勃兴,19世纪60年代开始创办一批培养外语人才和军事技术人才的专门学堂,1895年建立北洋公学(天津大学的前身),1898年建立京师大学堂(北京大学的前身)。这些近代高等教育机构的相继创办,使中国高等教育的发展出现了范式性的变换。1905年废科举兴学堂彻底打碎了以儒家经典为核心内容的教学传统,开始建立近代高等教育体系。辛亥革命后,民国时期高等教育机构的人文素质教育在传统文化与现代文化、本土文化与外来文化、体与用、道与术等多重文化的交集与转型中发展。在现代学术性知识背景下的人文素质教育在四种不同类型的近代高等教育机构中展开,其中不乏相互更迭与交织。分别是清末学堂开展的人文素质教育、辛亥革命后民国时期高等教育机构开展的人文素质教育、教会大学开展的人文素质教育以及解放区高等教育机构在马克思主义思想指导下开展的人文素质教育。

新中国成立后,高等教育系统历经三次重大改革,逐步建立起具有中国特色

① 涂又光.中国高等教育史论[M].武汉:湖北教育出版社,2003:4.

的现代大学制度。每一次重大改革都对人文素质教育的发展产生了重要影响，使人文素质教育在理念目标、课程内容、教育形式等方面不断转型，逐步构建起以社会性知识为核心内容的现代大学人文素质教育。

新中国成立初期 1952 年的院系调整促进了人文素质教育的现代转型。以"院系调整"为主导的大学制度改革是新中国成立后高等教育领域最为重要的一次改革，这次改革的指导思想是"为适应国家大规模有计划的经济建设对高教人才的需求和新中国高等教育建设的实际而进行的"①。改革工作从 1950 年开始酝酿，1953 年基本完成，其后在 1955、1956 年前后又做了一定范围的调整。"院系调整"改革后，从大学层次和学科性质来看形成了两种类型的高等教育机构，由于两种类型的高等教育机构在目标理念、功能定位、学科性质、层次追求等方面存在一定特点，从而形成了两种不同类型的人文素质教育，两种类型的人文素质教育具有一定的差别，而其共同特点则是构建了人文素质教育系统化的现代转型。一类是文理学科为主的综合性大学人文素质教育②，主要特点是通识性人文素质教育。这种类型的人文素质教育与综合性大学的人才培养目标、学科性质具有密切关系。以文理学科为主的综合性大学在人才培养和专业发展方面往往追求纯粹学术，其人文素质教育体现了这种倾向，这也成为文理学科为主的综合性大学人文素质教育的知识化倾向问题产生的主要原因。另一类是以应用性学科为主的单科或多科大学的人文素质教育。在以"应用"为指向的单科或多科大学，专业设置往往直接与职业，甚至与岗位相适应，人文素质教育往往依附于专业教育，重专业轻人文是单科或多科大学教育的重要特点。

20 世纪 90 年代大学综合化改革促进了人文素质教育的重新定位。随着知识经济社会的初现端倪，我国市场经济制度的逐步建立与发展，计划经济模式背景下人才培养模式与市场经济制度的不相适应逐步凸显，专业划分过细，人才培养口径过窄，课程与教学的知识集成度较低，教学内容无法实现知识高度分化与综合的需要等等问题，成为大学人才培养的重要改革课题。1990 年代初开启的以"合并、重组"为主题的大学综合化改革，旨在转变中国大学的"苏联模式"，破解迫切需要改革的问题。以"综合化"为主题的大学内涵改革，

---

① 余立.中国高等教育史[M].上海：华东师范大学出版社,1994:35.

② "院系调整"改革完成后我国高等教育的总体格局基本形成，高等学校分设综合大学与单科或多科专门学校两大类型，这一格局一直维系到 1990 年代初的综合化改革。1953 年底高等院校总数为 182 所，其中综合大学 14 所，工业院校 38 所，师范院校 31 所，农林院校 29 所，医药院校 29 所，财经院校 6 所，政法院校 4 所，语言院校 8 所，艺术院校 15 所，体育院校 4 所。参见：余立.中国高等教育史[M].上海：华东师范大学出版社,1994:39－40.

进一步深化了人文素质教育改革,使人们重新定位人文素质教育的功能与作用。事实上,在综合化改革之前,一些单科性院校,特别是一些工科为主的院校已经开始讨论和强化人文素质教育,伴随着大学综合化改革,人们对人文素质教育在人才培养中的地位、功能、作用的认识进一步得到深化。这有两个方面的体现,一是强调素质教育的大学教育理念,在人的全面发展教育理论指导下,把素质教育作为一种大学理念,使大学人才培养的目标具有可操作性,教育内容有针对性地进行细化实施。二是强调人文素质在素质教育中的重要性,克服因为专业划分过细、片面强调专业教育等而造成的人的片面发展。强调人文素质教育在促进学生的心灵发展、提升学生的人文素养等方面的作用。改革的主要措施是在公共课程中设置一些哲学社会科学、人文科学方面的课程。这一时期人文素质教育改革面临着诸多问题,诸如在专业教育当中如何契入人文素质教育课程,如何协调人文素质教育课程与专业课程,人文素质究竟包含哪些素质,对人类文化的通识性认识究竟应该达到什么样的广度和深度,人文知识与人文实践、人文素养之间关系等问题是人文素质教育需要进一步深化和改革的课题。

　　进入 21 世纪后持续至今的大学应用转型改革逐步实现对人文素质教育的本质回归。很长一段时期以来知识取向的人才培养目标制约了中国大学生社会适应能力的提升,专业教育、人文素质教育往往重视纯粹知识教育,忽视能力培养;重视科学知识教育,忽视科学知识转化为应用技术能力的培养,这些问题成为进入 21 世纪后中国大学教育改革的重要内容。如果把 20 世纪 90 年代以综合化为主题的改革视为大学外延改革,那么,21 世纪后以应用转型为主题的改革则主要是大学内涵改革。以人文素质教育为对象的大学内涵改革的一个重要特征是强调理解和掌握人文知识的同时,重视人文知识对人的全面素质养成的作用。不同类型大学形成了人文素质教育改革的不同特点,在研究型大学,主要以通识教育改革为主题,强调学生对人类总体知识状况掌握的广度和深度,特别是注重对学生进行科学创新基础性能力的培养,包括想象能力、抽象思维能力、人文知识与科学知识的综合化等方面能力的培育。在教学型、教学研究型大学,重视人文知识与工程技术知识的有机结合,重视工程技术中的人文关怀,强调人文知识对工程技术开发能力的促进作用。以应用转型为主题的大学内涵改革的一个重要特点是强调学生人文素质养成对社会实践的价值,对个体身心发展的价值,注重人文素质在科学与技术相互转化中的基础性作用,这是当代中国大学人文素质教育回归其本质性功能的一个重要体现。

　　回溯中国高等教育机构人文素质教育的变迁过程,对不同时代背景中的人文素质教育,在不同阶段形成不同特征,可以用表 4-2 进行概括。

表 4-2　中国高等教育机构人文素质教育的历史演变

	古典性知识阶段	学术性知识阶段	社会性知识阶段
高等教育发展背景	启蒙阶段	精英阶段	精英·大众化·普及化阶段
教育理念	培养治国精英	培养学术精英	多元化
培养目标	君子	科学之才	通才
实施机构	太学等官学系统,书院等私学系统	研究型综合大学、实业型专科学校	大学系统
主要课程	四书五经	人文课程、科技课程	人文课程、科技课程、综合课程
课程特征	重道轻艺,儒佛道等本土文化	重艺轻道,中学为体、西学为用	科学与人文结合、通识与专业结合、多元文化并存
教学方式	志与行	知与行	灌输与实践
知识状态	综合性知识	知识分化	知识综合与分化并行
知识运行	知识的修身和治国价值,知识依附于科举	知识促进个体身心发展和学术性价值,追求知识中立与学术自由	追求知识的个体和社会价值、学术自由与社会责任的有机统一
教育目标	修身齐家治国平天下	改造社会	服务社会、完善自身

　　人文素质教育是高等教育机构开展教育的重要内容,是国内外高等教育机构在长期历史发展过程中改革的重要对象,改革内容涉及人文素质教育的目标理念、内容选择、实施路径等诸多方面,在不同历史阶段形成了具有阶段性特征的内在逻辑体系。其中,内容选择也就是"文"的知识选择是人文素质教育的核心问题,也是不同历史发展阶段、不同国家人文素质教育改革与发展的重要对象。因此,这里重点对人文素质教育历史演变过程中内容选择的基本特征进行提炼,主要表现在三个方面。

　　一是在时代文化与传统文化的关系上重时代文化轻传统文化。西方近代大学往往重传统文化轻时代文化,注重古典学科的教育。近代大学的人文素质教育之所以"厚古薄今",其中重要原因之一是大学与社会之间保持一定的距离。而现代大学的人文素质教育往往较多地反映时代的要求,呈现出"薄古厚今"的特点。对人格完善的实用性素质往往逐渐占据"上风",在人文素质教育课程体系的设计上注重设置适应现代社会交往、现代社会科技生活等方面所需要的课程。相较之下,旨在完善人格内在素质方面的课程逐渐弱化,古典性学科课程门类和数量渐趋减少。德国近现代大学注重学术自由、注重科学研究,形成了以新人文主义为核心特征的人文素质教育理念,诸如通过科学达至修养等。英国大学总体上以牛津和剑桥两所大学为中心,大学系统内部缺少竞争压力,人文素质教育是大学教育的重要内容,人才培养理念、人文课程设置、教学方式等方面保持高度的自治与自由,教师与学生教与学的自由是师生学术生活的一个基本特征。美国近现代大学在形成与发展过程中,在深受德国大学模式影响的同时探索形成了自己的特色,主要是在实用主义思想的影响下形成了重科研轻教学、重科学轻人文的总体特征。中国大学的人文素质教育在不同时期受到儒家、道家等不同思想的影响,恰是"你方唱罢我登场"。中国传统的人文教育不仅注重知识的传授,特别是以儒家思想为中心的知识体系的掌握,但更重要的是注重实践,注重人文知识的应用,在"修身齐家治国平天下"中进行应用。新文化运动开始后,西方文化开始在中国文化、教育等领域登场,"西政"裹挟着"西艺"强烈地影响着中国高等教育的人文素质教育。马克思主义思想从延安时期开始影响解放区高等教育机构的人文素质教育。新中国成立后,马克思主义思想不仅成为政治教育的指导思想,也成为人文素质教育的指导思想。在人文素质教育的具体内容上,受到科学主义和人文主义的综合影响。总体上来看,近现代大学人文素质教育的内容受到统治阶级指导思想、传统文化和时代文化等方面的综合影响。统治阶级指导思想主要影响人文素质教育的总体方向、政治素质以及一些德性内容,意识形态对人文素质教育的开展具有直接影响。在人文素质教育目标上,以培养符合主流意识形态的人文素质为指向,在人文素质教育课程的具体构成上,则主要受到传统文化和时代文化的影响,如文学素养的提高主要依靠学习世界文化名著等。

二是在本土文化与外来文化的选择上重本土文化轻外来文化。中世纪大学的人文素质教育堪称"国际性",不过其"国际性"只是欧洲世界的"国际性",没有包容欧洲以外的国家和地区,如对同一时期文化极为发达的中国文化就没有能够有所包容,所以其"国际性"是有限的"国际性"。同样,中国古代的官学和书院的人文素质教育内容也是中国本土的。在废科举兴学堂之前长达千余年的高等教育之中,始终以本土的儒家思想为中心。由于中国一度是世界经济发展的中心,鲜有外来文化包括外来人文文化影响中国的高等教育。根据安格斯·麦迪森(A.Maddison)的研究,"在公元 1 世纪,中国的汉朝和欧洲的罗马帝国处于同一个发展水平,直到 1820 年中国仍然是世界上最大的经济体,GDP 总量仍占世界份额的 32.4%"[①]。但是到了 1895 年,现代学校逐步建立之后,包括自然科学和人文社会科学在内的外来文化成为人文教育的重要内容。中国的人文素质教育受到了来自欧洲、美国、日本等发达国家和地区文化的影响。在现代课程体系

---

① 林毅夫.李约瑟之谜、韦伯疑问和中国的奇迹:自宋以来的长期经济发展[J].北京大学学报(哲学社会科学版),2007(4):5.

建立之初,传统的人文课程占据主导地位,科学技术课程移植于西方。随着"中学"和"西学"、"体"和"用"之间的争论,外来文化和本土文化之间的冲突渐趋平衡,但传统文化的印痕仍然很明显。近代以来,随着民族国家的兴起,民族国家的传统文化构成了人文素质教育课程的重点内容。哈佛大学 1945 年发表的普通教育报告中规定,学生必须修学一整套代表西方文化遗产的知识、理想和价值观。

三是人文知识与科技知识之间的张力是人文素质教育内容在知识性质上的长期博弈。大学内在的逻辑要求注重人文素质教育,无论是英国以绅士为培养目标的人文素质教育,还是德国以科学达至修养为目标的人文素质教育;无论是美国的实用主义与永恒主义、要素主义等大学理念,还是日本大学的教养教育,都注重人自身内在的发展。但科技教育在近现代大学发展过程中呈现出"后来者居上"的优势,人文素质教育呈现弱化趋势。其重要原因是大学逐步成为社会的轴心机构,适应社会需求成为大学人才培养的重要标准和追求目标,大学开始陷入两难境地。从总体上来说,人文知识与科学知识属于两种不同性质的知识体系。在科学知识迅速发展的早期已经引起了人们的注意,人文文化和科学文化各有其特点,"一种是共时的,另一种是历时的","一种是积累的、组合的、集合的、共意的、注定了必然穿越时间而进步。另一种是非积累的、非组合的,不能抛弃但也不能体现自己的过去。""科学是积累的,体现在自己的过去。"而"人文文化没有内在的进步,有变化,但是没有进步,没有一致意见的增加。"①由于知识性质的不同,人文素质教育在改革过程中往往注重选取具有超越国家界限、人类社会共有的、具有永恒性质的名著;注重实现一般知识体系性的建构,培养学生对人类精神状况的总体把握;实现人文教育内容的现实性建构,能够结合时代的特征,实现与时代精神的互动;把握科学技术发展的新动态,能够根据科学技术在现实中所暴露的人性弱点,有针对性地进行呼应,从而预防科学技术的滥用和"作恶"。

人文素质教育知识创价课程的逻辑建构

通过对人文素质教育历史演化过程及其基本特征的简要分析,能够比较清晰地呈现人文素质教育的内涵与本质。所谓人文素质教育,就是以"文""化""人"的过程,不同时代、不同国家围绕"人""文"以及"化"的理念不同,形成不同特征的人文素质教育。人文素质教育课程就是围绕"人""文"以及"化"形成的学术方案,从知识维度来说,就是重点围绕"文"的知识选择而形成的学术方案。如

---

① C.P.斯诺.两种文化[M].北京:三联书店,1994:121-123.

果把高深学问作为高等教育的逻辑起点,那么大学的人文素质教育就是以高深学问中的"文"为知识载体进行"化""人"的过程。由于对人文素质教育三个关键要素的理解与定义不同,随着时代变迁以及民族国家之间文化差异,形成了各具特点的人文素质教育。总体而言,在人文素质教育的三个关键要素中,对"文"的理解与定义不同,往往对人文素质教育会产生直接与重要的影响。倘若把人类知识的总体理解为"文",那么,人类的一切教育实际上就是"人文素质教育"。倘若对"文"的理解不断地进行狭义化界定,就形成不同狭义程度上的"人文素质教育"。这就是本书在知识创价课程体系设计部分,与后续的专业教育知识创价课程、隐性教育知识创价课程的构建相比,为什么花费更多的笔墨梳理人文素质教育的历史演变过程。目的在于弄清楚人文素质教育中"文"的内涵,或者说"文"的知识选择方面在历史演变过程中的具体表现。通过人文素质教育历史演变的梳理,已经直观地表明,人文素质教育课程的开发,既是对人文素质教育课程中具体科目的开发,也是经由对"文"的理解与定义而对课程体系所蕴含的"文"的整体性开发。这对人文素质教育视角中知识创价课程的建构具有重要意义。

所谓人文素质教育知识创价课程,就是运用知识创价课程理念重构的人文素质教育课程。知识创价课程是对传统课程的超越与反叛,注重课程对学习者发展、社会经济发展以及知识本体发展等多重价值的创造,这是知识创价课程最为重要的特征。运用知识创价课程理念对传统人文素质教育课程中"人""文"以及"化"三个核心要素进行超越主要体现在以下三个方面,在通过这些超越的过程中体现人文素质教育知识创价课程的基本内涵与内在逻辑。

其一,对传统人文素质教育课程中"人"的超越。人文素质教育课程的基本特征是以"文"为载体,以"化""人"为目标。知识创价课程则强调"人"——学习者的主体能动性,强调学习者主动"化"的过程。课程不仅仅是教师主体的课程,更重要的是学习者主体的课程,只有学习者主动投入人文课程的开发,才能构建完整意义上的课程。因为课程视角中的成"人"最终以学习者的成"人"为标尺,而不是教师。因此,对于人文素质教育知识创价课程的建构,课程开发主体——"人"的全面理解与完整构成是课程开发的第一步,也是课程开发的关键。

其二,对传统人文素质教育课程中"文"的超越。传统人文素质教育对"文"的知识选择,在不同历史阶段各具特点,分别形成了古典性知识、学术性知识以及社会性知识等不同特征,但总体上都是以外在于"人"、特别是外在于学习者的"文"为核心内容。而对"文"如何适应"人"的心灵发展,如何真正促进"人"的全面发展,如何促进"人"与"社会"的协调发展等问题,并没有真正解决。因为"人"是"社会"中的"人","社会"由"人"构成,因此,"文"对人的价值的创造应当成为人文素质教育课程首先面对的问题。知识创价课程对传统课程的超越性就在于从完整价值创造的视角重构课程。对于人文素质教育课程而言,"文"如何将个体发展、社会经济发展以及知识本体发展价值的创造统合起来就成为人文素质教育知识创价课程建构的重点。

"文"的超越主要体现在三个方面,一是高深人文学问与高深科技学问的有机融合。知识经济时代,特别是人工智能等 21 世纪新兴科技主题的发展,人的发展已经难以离开新兴科学技术的应用,一个完整的人也无法离开新兴科学技术的应用。只有将人文学问与科技学问有机融合起来,才能真正实现人文学问的"化""人"功能,同时也实现科技学问的"化""人"功效。人文学问与科技学问的有机融合,首先,意味着人文学问自身的独立自在价值。课程在人文学问的选择上,遵循人文学问自身的内在逻辑,回归"人类社会的各种文化现象"中最一般意义的"文"①。对于大学课程体系的建构来说,既需要独立自在的人文课程,也需要在公共课程与专业课程中体现人文精神,因为课程的最终目的就在于促进人的心灵发展,通过文化传承的方式促进人对自身的回归。因此,人文素质教育视角中的知识创价课程重建的重要意义在于,不仅是课程体系中人文素质教育课程具体科目的重建,在知识选择上根据人文学问的内在规律构建课程知识或课程科目,而且是课程体系中专业课程与公共课程中渗透人文学问,用人文学问来重构专业课程与公共课程。从这个意义上来说,人文素质教育知识创价课程的建构不仅具有重要意义,也是大学课程应用转型中的重要课题。所以,课程体系中人文学问与科技学问的有机融合还意味着人文学问与科技学问的相互促进,通过相互促进生成知识创价课程。人文学问在具有自身内在逻辑的同时,还随着社会的发展而发展,随着新兴科技的发展,人文学问形成新的话题,追寻包括新兴科技在内的社会发展的最一般意义,通过对这些一般意义的追寻促进人心灵的发展与人自身的发展。同时通过人心灵的发展促进包括新兴科技在内的社会发展。这就是人文素质教育课程开发的重要意义。

二是高深人文学问的价值创造需要将个体发展价值、社会经济发展价值以及知识本体发展价值的创造有机融合起来。"文"的知识如同其他任何知识一样,都具有独立的本体意义,对于人的心灵发展而言,倘若离开"社会",也具有独立的对人心灵发展价值,但学习者是"社会"中的"人",知识是"社会"中的知识,如果离开"社会",这些"文"具有多大的价值,难以评估,而只有将多重价值的创造统合起来的"文"才能实现自足。这就是人文素质教育知识创价课程的真正意义与关键指向。从这个意义上来说,人文素质教育课程的应用转型关键是重构"文"的知识。反思当下人文素质教育课程,人文素质教育课程知识的高深化、专业化等倾向就是造成课程对学习者价值创造偏失的重要原因。

---

① 夏征农,陈至立.大辞海·语词卷[M].上海:上海辞书出版社,2015:2905.

三是高深人文学问能够提升学习者的知识迁移能力,也就是人文学问的可迁移性。这是体现高深人文学问对学习者发展价值的一个重要方面。高深人文学问与高深科技学问的有机统一以及多重价值的有机融合是对传统人文素质教育中"文"的重要突破,除此之外,更为关键的还在于人文学问的可迁移性。所谓人文学问的可迁移性,就是在秉持人文学问自身或本体独立意义的同时,能够结合学习者的发展背景(实际上是已经成"人"的状态)与知识背景(实际上是学习者的学科背景),将人文学问契入学习者的多重背景之中,并与学习者的认知结构与知识结构有机融合起来,这种有机融合的过程就是"应用",这就是人文素质教育课程应用转型的意义指向。所以,这种"文"的应用转型,就不止于知识的转型,还包括如何"化"的应用转型。

其三,对传统人文素质教育课程中"化"的超越。这是人文素质教育知识创价课程构建的题中应有之意,也就是何谓"化"的应用转型。前述传统人文素质教育历史演变过程呈现的重要特征是人文知识的单向线性运行惯习,诸如,重视传统经典的人文知识,忽视知识与现代科技与社会发展需求的有机融合;强调教授对人文知识的选择,而忽视学习者对人文知识选择的参与;强调人文知识的单向传授,而忽视学习者的发展;重视人文知识本身的价值,而忽视人文知识在课程开发过程中综合价值的创造。这些"化"的单向线性运行惯习是制约人文素质教育课程价值创造的重要原因。运用知识创价课程理念对"化"的重构,就是对这些传统"化"的惯习进行颠覆,从而实现人文素质教育课程的应用转型。譬如,大学教授、企业导师等多重主体参与课程教学,通过"文"在多种场景中的应用而实现对学习者"化"的过程;再如,学习者在"化"的过程中结合自身发展、知识发展背景,主动参与高深人文知识的运行。至于如何具体实现"化"的应用转型,则是人文素质教育知识创价课程建构策略中的内容。

人文素质教育知识创价课程的建构就是"人""文"以及"化"三者的有机融合。上述从三个要素的视角对人文素质教育知识创价课程的内涵与逻辑进行了解构,在实践中还需要实现三者之间的有机融合,需要立足三个要素并依循知识创价课程理念进行总体性建构。

二、人文素质教育知识创价课程建构的现实障碍

运用知识创价课程理念对传统人文素质教育课程的重构本身就是学术创新,课程开发的创新实践需要充分厘析当下大学课程,特别是人文素质教育课程面临的困境。正如前所述,当代中国大学的人文素质教育改革,除了具有国际上大学人文素质教育课程变革的一般背景之外,还有自身的特定背景。20世纪90年代开展的以综合化为主题的大学外延改革以及素质教育理念的兴起,进入21

世纪后以应用转型为主题的大学内涵改革。推进这些改革的重要原因在于,新中国成立后一段时期以来,作为人才培养单位的专业的划分过于狭窄,对专业教育、特别是对科技教育的片面重视,从而导致学生素质发展的不平衡、不全面,特别是对人文素质的弱化和忽视,学习者在成"人"方面出现了诸多异化现象。这些背景以及人文素质教育自身存在的问题,就成为人文素质教育知识创价课程的构建面临的现实障碍以及需要解决的具体问题。

课程知识的独立化倾向导致与专业知识的分裂

从大学外部来看,高度发达的工业社会、技术社会所导致的科层化、组织化、技术化趋势,是导致课程内容专业化与分裂的重要原因,而在这种趋势下人文素质教育课程的边缘化有其必然性。"工业化的发展,理性化的推进,必然导致这样的结果:有组织的活动在数量上压倒了无组织的自发性活动,个人的自主权受到剥夺。"①人文素质教育课程在大学已经被边缘化到课程体系的缝隙,人文素质教育只能在大学的边缘地带活动,不仅是大学,在整个社会亦如此。"占领舞台中心的将是脑力技术人员、专业脑力劳动者和各种各样的专家"②,技术化与效率的同谋使人文素质教育丧失了其生存的根基,人文精神失去其存在的价值,人文素质教育课程在课程体系中被边缘化,人文教师在学术职业中处于弱势,人文素质教育进入了韦伯所说的"未来之笼","在受严格管理的大众社会这个已被除魅的冰河时代,自主权、创造力和实质理性将被看作精神安宁的潜在干扰者"③。大学的人文素质教育课程必然难于幸免,"对专门化教育的盲目信任"④,专业教育几乎覆盖了大学课程的全部,大学课程走向工具化和实用化,"汉堡包大学"课程模式就是把适应工作岗位需求作为重要评价标准的典型。高等教育在本质上是专业性教育,在专业性教育的背景下,无法退回到纯粹的自由教育时代,也就不可能进行纯粹的人文素质教育,这就导致人文素质教育课程如果不能与专业教育有机结合就必然造成孤立化的教育。

对于科技素养与人文素养之间的关系,先哲们主要有两种观点。一种观点是,包括科学技术教育在内的专业技术性教育与人文素质教育不相容。纽曼说,大学是传授普遍知识的地方,"这意味着,一方面,大学的目的是理智的而非道德的;另一方面,它以传播和推广知识而非增扩知识为目的"⑤。"培养才智的益处

① [美]刘易斯·科塞.理念人:一项社会学的考察[M].北京:中央编译出版社,2004:280.
② [美]刘易斯·科塞.理念人:一项社会学的考察[M].北京:中央编译出版社,2004:284.
③ [美]刘易斯·科塞.理念人:一项社会学的考察[M].北京:中央编译出版社,2004:284.
④ [英]C.P.斯诺.两种文化[M].北京:三联书店,1994:16.
⑤ [英]约翰·亨利·纽曼.大学的理想[M].杭州:浙江教育出版社,2001:1.

在于其自身和自身的目的,就像身体可以被奉献于某种手工或其他劳役一样,才智也可以被用于具体的职业;我不把这称为才智的培养……"①另一种观点是包括科学技术教育在内的专业技术性教育与人文素质教育可以相容。洪堡所谓的科学是达至修养的不二途径即是如此。问题在于,孤立化的人文素质教育难以为学生的专业知识在市场中应用和转化创造发展的价值,孤立化的人文素质教育只有当"高等教育在社会事业计划中只具有边缘地位时才能成立",而当"高等教育已经开始移向社会中心"时,必须"考虑其后果","通过使自己的学科教材与当前的事物联系来证明自己存在的合理性"②。因此,人文素质教育课程如何促进学生的专业性人文素养发展,发现专业性实践中人文素质发展的需要,通过人文素养和专业素养的有机融合,才能在更高层次上实现人文素质教育的价值,才能打破当下大学人文素质教育的孤立化倾向。

课程知识的专门化趋势造成人文知识内部的分裂

对于自由教育,亚里士多德曾经提出告诫,懂得怎样吹笛子是件好事,但不要学得太好③。也就是说,吹笛子作为一种专门化知识,"懂得"其基本原理具有提升人的素养之功效,但如果"吹得太好",将其作为一项技能来培养,过于专门化,则在一定程度上失去了培养人的素养之功效。用布鲁贝克的话来说就是,"要学会吹笛子的技能需要花费如此多的精力时间,以致有可能导致忽视其他有价值的活动——尤其是理智或理性的活动——的危险。因此,即使其理智内容得到承认的自由科目如果被学得过多也会变成不自由的"④。人文素质教育功效的式微在很大程度上就是由于人文学科的分化导致人文素质教育课程知识的专门化趋势。

学科分化是一把双刃剑,虽然深化了人类对社会现象与自然现象的认知,但也导致了知识的孤立和破碎。从知识本身来说,学科分化已经造成了斯诺所说的"文学知识分子"为代表的人文文化与"科学家"为代表的科学文化"两种文化"之间的分裂。不仅如此,在当代,"两种文化"中的每一种文化的内部,已经形成了多种学科文化以及学科内部的亚文化,如物理学内部的"理论物理学"和"实验物理学"之间也形成了老死不相往来的亚文化,人文学科的分化亦是如此。学科知识高度分化而导致学科知识专门化是造成学生人文素养生成重要困境的重要原因,一个直接后果是忽视了对人的心灵和理智的训练,而是将知识学习作为一

---

① [美]刘易斯·科塞.理念人:一项社会学的考察[M].北京:中央编译出版社,2004:314.
② [美]约翰·S.布鲁贝克.高等教育哲学[M].杭州:浙江教育出版社,1998:91.
③ [美]约翰·S.布鲁贝克.高等教育哲学[M].杭州:浙江教育出版社,1998:88.
④ [美]约翰·S.布鲁贝克.高等教育哲学[M].杭州:浙江教育出版社,1998:88.

种职业和谋生的手段。人文素质教育如何在科学文化内部的分化、科学文化与技术文化之间的融合、科学文化与人文文化之间的对峙、人文文化内部的分裂等方面培养学习者的人文素养,成为人文素质教育知识创价课程建构过程中面临的重要难题。

课程内容的知识化倾向导致人文素质实践养成的缺失

知识化倾向是当下人文素质教育面临的又一个重要问题。表现之一是人文素质教育课程变成学科体系的"集合"。重知识传授而轻知识内化,孤立地传授人文知识,忽视人文知识的系统性,缺乏对人文精神、人文素养的养成,无法联系学生所学专业课程体系的实际构成,结果导致人文知识的传授与学习"只是碰了一下传统文化的帽沿"①。人文知识不等于人文素质,人文知识必须内化为学生稳固的认知,转化为自觉的行为,才能成为人文素质。正如吉尔德·德兰逊所言,"专业化和学术化的过程也伴随着知识的破碎"②。人文素质教育课程的碎片化,课程成为不同人文学科知识"选集"的集合,无法促进学生对人类文化总体状况形成整体性认知,无法为学生人文素养的整体性提升创造价值,无法为人的完整的道德生活带来价值。

表现之二是人文素质教育课程知识的学理化。忽视人文课程与隐性课程的有机结合,忽视校园文化、学院经历对学生人文素质养成潜移默化的影响。学理化倾向产生的一个重要原因在于,重知识传授轻人格影响,忽视教师与管理人员人格魅力在人文素质教育中的影响力。韦伯认为卡里斯玛人格的影响力是最好的教育,用纽曼的话说,"知识是一回事,美德又是一回事"③。另外,如何结合新媒体进行人文素质教育也是其面临的重要拷问,成为网络时代人文素质教育的新课题,诸如公共道德在网络社会中的培养。人文素质的养成内在地包含应用指向,即道德实践指向,人文素质教育课程知识创造的价值不仅仅是停留于"知识本身"的价值,更重要的是创造实践的价值,为学习者人文素养的形成、人文素养的实践创造价值。

大学教授与学习者价值取向的异化导致人文素质教育的边缘化

传统大学的教授独立于社会,"学者的传统听众是学者团体,传统知识分子

---

① [英]C.P.斯诺.两种文化[M].北京:三联书店,1994:12.

② [英]吉尔德·德兰逊.社会科学——超越建构论和实在论[M].长春:吉林人民出版社,2005:前言2.

③ [美]约翰·S.布鲁贝克.高等教育哲学[M].杭州:浙江教育出版社,1998:86.

的认同感主要是通过同事给予他的承认和尊重而形成的"①。现代大学的教授成为科学技术知识生产和转移的主要承担者,他们吸引了商业和政府的注意和认可。

> 一旦一个学者得到了一批学院外的新听众,他很容易屈从于这种影响,重新塑造自我形象。当学院人帮助学院之外的人解决了问题而得到他们承认时,可能产生这样一种倾向,学院人将更多地从能够给予他们酬劳的决策者那里寻找承认,而较少从同事那里寻求认可。由于学院人面临私人和企业官僚机构越来越多的寻求解决问题的要求,所以他们倾向于从探求更为一般的或更具理论性的问题中转移出来,学界之外的人是不需要那种研究的。②

这就必然导致"学院人角色的再造","不可避免地进一步从提高修养转向教授实用技能","他们中的许多人注定成为实用知识的零售商而不是思想观念的生产者"③。大学教授的功利与实用倾向成为人文素质教育价值取向偏移的一个重要原因。从学习者的角度来看,随着社会不确定性程度的提高,消费主义、功利主义思潮的泛化,学习者在课程选择、学习方式等方面也自然出现价值漂移,即时价值、短期思维、快乐原则成为学习者的价值偏好,人文素质教育课程自然难以成为学习者的首要选择。

三、人文素质教育知识创价课程建构的策略路径

人文素质教育知识创价课程需要基于知识创价课程理念,采取系统化路径进行建构,主要围绕"人""文"以及"化"三个要素进行建构并实现三者的有机融合,从而实现人文素质教育知识创价课程的建构。

知识性质向度方面需要充分认识高深人文知识的本质

对人文知识本质的认知需要从人文知识与科学知识的比较中进行分析。总体上来说,人文知识与科学知识属于两种不同性质的知识体系,这一点在科学知识发展的早期已经引起了人们注意。集物理学家与作家于一身的英国学者斯诺(C.P.Snow)进行了比较细致的分析,他提出,人文文化和科学文化两种文化具有不同特质,"一种是共时的,另一种是历时的","科学是积累的,体现在自己的

---

①　[美]刘易斯·科塞.理念人:一项社会学的考察[M].北京:中央编译出版社,2004:316.
②　[美]刘易斯·科塞.理念人:一项社会学的考察[M].北京:中央编译出版社,2004:316.
③　[美]刘易斯·科塞.理念人:一项社会学的考察[M].北京:中央编译出版社,2004:315.

过去",而"人文文化没有内在的进步,有变化,但是没有进步,没有一致意见的增加"①。科学文化和人文文化的内在逻辑与运行机理具有明显差别,"一种是积累的、组合的、集合的、共意的、注定了必然穿越时间而进步。另一种是非积累的、非组合的,不能抛弃但也不能体现自己的过去"②。基于人文知识的这些特质,人文素质教育在课程知识的生产和语境化过程中需要根据人文教育的特殊性进行设计。在人文素质教育课程内容的选取上,需要秉持永恒主义的理念,注重选取具有超越国家、人类社会共有的具有永恒性质的原著;实现体系性的建构,培养学生对人类精神的总体把握;实现人文教育内容的现实性建构,能够结合时代的特征,实现与时代精神的互动;实现与科学技术发展的动态互动,能够根据科学技术在现实中所暴露的人性弱点,有针对性地进行呼应,从而预防科学技术的滥用和"作恶"。这些策略的选择与实施旨在从人文知识选择与组织上实现知识创价目标。

知识类型向度方面需要促进专业教育与人文素质教育的有机融合

对于大学教育而言,其终极目标是实现专业教育与人文教育的融合。目前,大学课程的文化冲突最为主要的仍然是人文文化与科学文化之间的冲突,"目前谈论某种已现实存在的第三文化,可能还为时过早"③。对于科学文化而言,专业教育是科学文化的一种重要表现形式。随着社会的发展人们已经逐渐认识到人文文化与专业文化或科学文化之间从冲突走向融合的必然趋势,正如贝尔纳(J.D.Bernal)在其著作《科学的社会功能》中引用英国诗人约翰·德恩的话所说:"没有一个人是单独存在的孤岛,完全无依无靠而独往独来;每个人都是大陆的一块土地。"④人文精神与科学精神两者在本质上是相通相融的,正是在这个意义上,杨振宁在接受诺贝尔奖时曾说,"我深深察觉到一桩事实:在广义上说,我是中华文化和西方文化的产物,既是双方和谐的产物,又是双方冲突的产物,我愿意说我既以我的中国传统为骄傲,同样的,我又专心致志于现代科学"。人文素质教育贯穿于专业课程教学当中就需要在专业课程的教学中传播人文知识,传播专业知识中的人文内涵、人文价值,这就需要突破传统的单一的人文素质课程来提升学习者的人文素养,这是人文素质应用转型的一个重要突破口,在专业素养中提升人文素养,不仅使学习者提升一般性的人文素养,更重要的是在专业认知、专业实践中提升专业实践活动的人文素养。

---

① [英]C.P.斯诺.两种文化[M].北京:三联书店,1994:121-123.
② [英]C.P.斯诺.两种文化[M].北京:三联书店,1994:121-123.
③ [英]C.P.斯诺.两种文化[M].北京:三联书店,1994:68.
④ [英]阿什比.科技发达时代的大学教育[M].北京:人民教育出版社,1983:105.

人文知识与科学知识、工程知识融通过程中,特别需要将人文素质教育融通到科学技术的应用当中,而不是将人文素质的培养独立于科学技术实践与创新能力之外。对于人文知识的科学技术化主要指向两个方面:一方面是人文知识为科学技术知识的学习提供想象和创新能力,通过人文知识对人的思维能力,特别是想象力等方面的扩展和提升。弗朗西斯·培根阐述了人文学科与科学学科之间的相互作用,特别是人文学科对科学学科学习的作用机能,"读史使人明智,读诗使人灵秀,数学使人周密,物理使人深刻,伦理使人庄重,逻辑与修辞使人善辩"。人文知识具有为科学技术的应用提供人性化应用的方法论、为科学的技术化拓展开发路径等功用,人文知识能够促进科学的技术化应用,促进科学转化为人所需要的技术,转化为服务育人的工程。另一方面是科学技术知识的人文化。科学技术知识的生产和应用应当从人文的角度进行考虑,因为人类已经无法离开科学和技术。正如斯诺所说,"我们无法退入一个根本不存在的没有技术的伊甸园","人们就必须了解技术、应用科学、科学本身究竟如何,它能做什么,不能做什么。这种了解是二十世纪末期教育的必要组成部分"①。

科学技术知识的人文化首先指向培养学生从人文的角度掌握、发展和运用科学技术,使科学技术为人所服务。由于现代大学课程对人文精神培养的缺失,科学技术的双刃剑表现得淋漓尽致。现在看来,斯诺所说的问题也是 21 世纪教育的必要组成部分,人文素质教育如何成为"教育的必要组成部分"? 他认为,"我们需要有一种共有文化,科学属于其中一个不可缺少的成分",从而让我们看到科学技术"行善和作恶的各种可能性"②。所以规避"作恶的各种可能性",首先需要培养科学技术的人文性,在此基础上,培养学生科学与人文精神的融合,实现科学与人文融合的"共有文化"。所以,知识创价课程观的实践内在地要求实现科学技术知识人文化与人文知识科学化的互动,应用转型过程中可操作性的策略是在科学技术知识教育过程中,把人文教育贯穿于每一个学科知识体系中,在不同学科知识体系中渗透着人文知识,人文知识的渗透不仅指向学习者当下生活世界中人文素养的提升,也不仅指向学习者未来生活世界的各个方面,还指向网络生活世界的人文化。

知识发展向度方面需要为学习者终身发展奠定基础

从知识发展向度来看,人文素质课程的一个重要功能是回归"智力文化",培养人的批判精神,而不是"实证主义"风格的知识本身的积累,"否则它就是一个

---

① ［英］C.P.斯诺.两种文化[M].北京:三联书店,1994:前言 4－5.
② ［英］C.P.斯诺.两种文化[M].北京:三联书店,1994:前言 5.

奢侈社会的奢侈品"①。随着现代性的消解,"不确定性"是后现代社会最为核心的特征,面临的所有问题在根本是如何对待认识和处理的"不确定性,"让"价值创造"成为无限可能,培养处理面对"不确定性"的思维能力。人文素养的知性发展,不仅仅是为人的阶段性发展创造价值,还要为人的终身发展创造价值。为学习者的阶段性发展创造价值意味着人文知识的积累、增加以及掌握,人文素质课程与社会实践中遇到的问题相关联,这需要对人文素质教育的"科目进行彻底检查,使它们与当代社会的种种问题建立更有直接的联系"②。随着专业和职业的具体分化,不可能再回到没有专业化分工的总体性工作状态,无论是纯粹的人文工作,还是科学技术工作,专业化是所有人存在的总体状态,在专业工作中成为专业性的知识分子——"为理念而生的人"是为学习者终身发展创造价值。

科学技术教育的终极目标则是使人成为一个掌握科学技术的专业性知识分子,也就是说首先要成为一个知识分子,而且要成为一个掌握特定科学技术专业的知识分子,在专业工作中追求人的终极目的,"意识到人的处境"③。"大多数人在从事专业时,就像在其他地方一样,一般只为具体的问题寻求具体的答案,知识分子则感到有必要超越眼前的具体工作,深入到意义和价值这类更具普遍性的领域之中。"④这些掌握了人文素养的专业性知识分子能够深入到意义和价值层面,在专业性工作中能够深入实际,而不迷茫于当下的实际,只有如此才能成为专业性的知识分子。在科技应用中,面临众多的利益冲突,对他们而言,"他们把利益的冲突转化为理念的冲突,他们把使人不安和不满的潜在根源揭露出来,从而促进了社会的自我认知"⑤。这就是现代知识分子,科学技术不再仅仅只是科学技术,科学技术所带来的利益冲突不再仅仅是由科学技术所带来,人文素养教育的终极目标就是把科学技术及其利益冲突背后的根源能够揭露出来,使科学技术与人的理念共融相生,正如曾任普林斯顿大学校长、后任美国总统的伍德罗·威尔逊所说,"我们的专业人员所获得的自由教育绝不能只是他们接受技术训练之前的教育,而必须与技术训练同时进行"⑥。

知识应用向度方面注重高深人文知识的应用

哥伦比亚大学政治学院创始院长、美国著名学者约翰·伯格斯(J.W.

① [英]吉尔德·德兰逊.社会科学——超越建构论和实在论[M].长春:吉林人民出版社,2005:引言3.
② [美]约翰·S.布鲁贝克.高等教育哲学[M].杭州:浙江教育出版社,1998:92.
③ [英]C.P.斯诺.两种文化[M].北京:三联书店,1994:5.
④ [美]刘易斯·科塞.理念人:一项社会学的考察[M].北京:中央编译出版社,2004:前言2-3.
⑤ [美]刘易斯·科塞.理念人:一项社会学的考察[M].北京:中央编译出版社,2004:前言4.
⑥ [美]约翰·S.布鲁贝克.高等教育哲学[M].杭州:浙江教育出版社,1998:93.

Burgess)在一个半世纪前批评美国大学过早地进行应用知识研究与学习,而忽视基础知识学习带来的不能培养真正的大学生时,曾有过精彩论述,

> 在学生还没有真正学会如何阅读各种文字时,他们就被拖着去学习最细微的语文文献学;而在这一课业中阅读量非常有限,所以词汇量就停步不前了;在学生还没有学习各自然科学基础知识时,他就被鼓励进入某一个学科的实验室里,被鼓励去做一个这个领域的发现者,而此时他还不知道关于已有的发现中的基本原理;与此同时,有大批学生借机在相当程度上摆脱了纯数学方面的课程要求,于是也只能带着不成熟的逻辑思维能力来加入大学学业[①]。

伯格斯强调哲学院的课程对应用课程学习作用,他认为,基础性课程不是可有可无,在整个课程体系中占据极为重要的位置,如果没有基础课程的学习就无从谈起应用性课程的学习。伯格斯提出:

> 哲学院(philosophical faculty)是大学的灵魂和光荣。它是其他任何事物的基础。没有哲学院,神学就会成为枯燥的教条,法学就会成为一门日益枯萎的学问,而医学就会陷于危险的经验主义当中。一种根本不具有大学特性的神学院是可能存在的。实际上,美国的大多数神学院都没有大学特性,这无非是因为它们没有与哲学院的联系,无法获具心理学、逻辑学、历史学、文学和语文学的广泛基础,而神学的发展却必须依赖于这个基础。仅仅去搞教义信条和宗教意识,这绝不是大学神学。同样,我们也可能拥有一个没有大学法学院特性的法学院。我们的法学院中几乎没有一个能够达到大学法学院的层次。案例和实际操作构成了教学的主要内容,而这些是学生们想要学而老师们一般也都去讲的东西。但这无非是把法律仅仅当成了谋生糊口的行当。这同样的是技术,而不是法学。同样地,哲学院又可以给法律的规则和判断提供历史学、逻辑学、伦理学和哲学的广泛基础,然后法学院才有资格说它有一群真正的法学院教授。医学院的情况也是如此。如果科学课程中的化学、植物学、解剖学、物理学、逻辑学和心理学不能为医学院长远的发展注入生命和能量,那么医学院就会停滞不前,沦为一种生产半吊子行医人的机器[②]。

对于不同类型大学知识的选择,伯格斯提出大学课程应该具有三个方面性质:

[①]　哈佛燕京学社.人文学与大学理念[M].南京:江苏教育出版社,2007:489.

[②]　哈佛燕京学社.人文学与大学理念[M].南京:江苏教育出版社,2007:495-496.

　　首先,所有未知领域都属于大学,大学的首要功能是发现新的真理,是在各个方向上增长知识。给专科学院甚至普通学院广泛地装备实验室、贮存室、博物馆和图书馆是一种巨大的物质浪费。这些东西都应该属于大学,不是作为玩赏的摆设,而是作为获得新发现的工具而予以利用的。第二,所有的职业性学科都属于大学,包括神学、法学和医学。……第三,只有在大学预科和大学的非职业性课程也就是哲学院的课程之间作出区别之后,我们才能进行细致的观察。因为显然哲学院开设的许多课程之间只不过是预科学校的课程的延续。那么,是大学课程应该从预科课程停止的地方开始呢,还是预科课程应该在大学课程开始的地方停止呢,或者,无论如何衔接,在这两者之间是不是存在一个分工的自然界限? 我觉得,两者之间的确有一个而且应该有一个分工;预科和大学的目的之间的差异应该决定这个问题的解决办法,也应该决定大学教学方法问题的解决办法①。

　　按照伯格斯的说法,大学教育的目的决定了课程知识的选择与组织,而课程知识的选择与组织首先要对课程知识的性质进行深度辨析,课程知识的选择与组织本质上就是对基础知识与应用知识的选择与组织,这就是人文素质教育知识创价课程构建的关键。

课程类型方面充分发挥隐性课程的价值,增加课程自由选择的空间

　　在课程形式方面需要将人文素质教育显性课程与隐性课程有机融合起来。传统的人文素质教育注重显性课程的作用,注重课程知识的教学,难以达到预期教育效果的一个重要原因在于没有满足学习者知情意行协调发展的需要。需要在注重显性课程教育的同时,注重开发和发挥隐性课程的影响,把隐性课程作为人文素质教育的重要载体,发挥隐性课程的渗透性、间接性作用。如校园空间环境设计、校园文化环境营造等。这些隐性课程对于人文素质的提升具有应用价值,一方面是显性课程中的人文知识可以通过隐性课程转化为学习者的人文素养,另一方面是隐性课程产生的影响可以直接转化为人文行动。如何充分发挥隐性课程的作用,在课程治理方面需要减少人文素质教育课程规划的自负,充分发挥选修制的作用。因为人文素质教育的终极目标是实现人自身的自由发展,人文素养在实践中的应用,人文素养的提升对于学习者个体来说是一个自由发展的过程,这就要求为学习者根据自身发展实际提供自由选择课程的知识空间与制度空间。

---

① 哈佛燕京学社.人文学与大学理念[M].南京:江苏教育出版社,2007:497.

第二节　专业教育知识创价课程的设计

正如前所述,专业是大学人才培养的基本单位,大学人才培养的理念、组织、制度等方面的设计与实施主要以专业为单位进行展开,专业教育知识创价课程自然是知识创价课程整体性建构最为核心的部分。但是人们对专业课程的理解往往指向某一门具体的专业课程,而很少从专业课程的整体层面,特别是从专业课程的"形而中"乃至"形而上"即一般性专业课程层面进行探讨①,从而影响人们对专业与专业教育内在本质、专业课程开发路径的理解与设计,这就需要超越具体门类专业课程的经验层面探讨,对专业课程形成一般性、原理性的认识,实现专业课程认识论上的超越,不囿于具体门类专业课程的探讨,从而为专业课程改革提供一般性、原理性的理念与策略。

一、专业教育知识创价课程建构的逻辑框架

专业课程的基本内涵与本质特征

在弄清楚专业教育、专业教育课程之前,首先要弄清楚"专业"的内涵及其本质。从语词角度来分析,在英文语境中,"'专业'(profession)一词从拉丁语演化

---

①　从哲学视角特别是中国传统哲学视角来看,人们对问题的认识通常可以分为"形而上"与"形而下"两个层面。笔者这里强调"形而中"层面旨在提醒人们,人类对事物认知的复杂性,人类对事物的认知远不止于这两个层面。形而上与形而下两个层面的内涵相对比较好理解,形而上者谓之道、形而下者谓之器。这里比较难以理解的是"形而中"层面究竟指向什么? 从一般意义上来说,位于道与器之间的东西或道与器之中介的就是形而中,那么,道与器之间究竟是什么,包括哪些常见现象? 有学者从东西方哲学融通的视角提出,"形而中者谓之用",也就是说将道"用"于器或器"用"于道的思维、方法、技术、过程、对象、结果等一系列所展现的认识论、本体论、实践论的对象就是形而中。因此,"形而中"问题的探讨对本书相关问题的研究具有重要认识论意义,对知识性质及其转换机理以及应用本质的理解具有重要启示。不过,回到具体问题的研究来看,如何确定形而中层面的问题确实比较困难。譬如,针对高等教育研究问题的不同性质,龚放教授曾列举宏观与微观、外部与内部、形而上与形而下等不同维度的分析框架,而且还进一步列举了形而上与形而下的具体问题,"形而上"的问题如大学精神、办学理念、发展战略等,"形而下"的问题如教学内容与课程设计、教材及教材体系的更新、教学艺术、教学媒介技术手段等。龚放教授倒没有列举形而中的问题,这也给我们后续研究的开展提供了进一步思考的空间。参见:鞠曦.哲学问题在当代和《周易》哲学观诠释——形而上学与形而中论[J].周易研究,1998(2):19;龚放.课程和教学:高等教育研究的潜在热点[J].高等教育研究,2010(11):24.

而来,具有宗教意义上的神圣性,具有天职、圣职的意义"①。在概念的演化过程中,"专业(profession)被看成一个富有历史、文化含义而又变化的概念,主要指一部分知识含量极高的特殊职业"②。专业社会学研究者布朗德士(Brandeis)曾经对专业概念作出过具有经典意义的描述,"专业是一个正式的职业;为了从事这一职业,必要的上岗前的训练是以智能为特质,卷入知识和某些扩充的学问,它们不同于纯粹的技能;专业主要供人从事于为他人服务而不是从业者单纯的谋生工具,因此,从业者获得经济回报不是衡量他(她)职业成功的主要标准"③。布朗德士的这个经典描述揭示了"专业"作为一个正式职业所蕴含的不同于其它社会活动的基本属性,具有三个基本特性:其一,是一种特殊的技能;其二,经过特定的教育训练而获得;其三,在服务他人的行动中实现价值。

在中文语境中,《辞海》对"专业"一词的解释是,"在教育上,指高等学校或中等专业学校根据社会专业分工的需要设置的学业类别"。《辞海》的解释主要基于教育学视角,这个解释暗含了逻辑上的悖论,一方面指向"学业类别",另一方面又指向"社会专业分工",两者之间究竟是什么关系,《辞海》的解释难以直陈这个概念的本质所指。因此,弄清楚专业的本质需要从认知发展、专业活动结构、专业理论与专业实践之间关系等维度来分析专业的内在规定性。

第一,从认知发展维度来看,专业活动是从基础到高深的形成与发展过程。专业是针对特定问题、项目、岗位、职业等而形成的系统化理论与实践认识。这种系统化理论与实践认识是从基础到高深、从简单到复杂、从通用到特殊的螺旋式形成与发展过程。专业的形成与发展是专业活动自身内在逻辑运作的结果,专业活动有其形成的内在缘由,有其自身内在构成要素。对专业活动认识的关键是了解专业活动构成的核心要素、关键能力、专门素养等,只有通过对专业活动核心要素的解构才能掌握专业活动运行的基本规律。专业活动的形成与发展还是政治、经济、科技、文化等社会因素综合影响的结果。专业的社会性就表现在专业活动不仅是自身内在逻辑运作的结果,而且这种逻辑运作受到外部社会因素的影响。典型的如人力资源市场对专业人才的需求就是社会因素对专业活动影响的"晴雨表",由于专业人才培养具有滞后性,人力资源市场需求与人才培养之间存在一个"时间差",专业课程的设计就需要根据专业活动的内在规律与外部需求进行前瞻性分析,对专业活动的发展趋势进行预判,设计具有引领性的专业课程。因此,专业课程就需要从三个方面进行设计:一是为了形成专业的基

---

① 殷文杰.专业教育的历史演进与发展趋势——兼论我国专业教育的改革发展[D].华中科技大学,2019:13.

② 赵康.专业、专业属性及判断成熟专业的六条标准[J].社会学研究,2000(5):31.

③ 赵康.专业、专业属性及判断成熟专业的六条标准[J].社会学研究,2000(5):33.

础性、通用性认识,需要设计专业的基础课程,培养专业的一般性能力,主要指向公共基础课程、专业基础课程等;二是为了形成专业的高深性、特殊性认识,培养专业的关键能力,需要设计专业的核心课程;三是为了形成专业的引领性,需要针对人力资源市场需求设计专业课程内容,主要指向专业课程的具体内容结构。

第二,从结构维度来看,专业活动是从部分到整体的整合过程。专业活动的重要特点是由若干子项目或要素按照自身内在逻辑组成整体性活动,是整体性与结构性的有机统一,因此,专业活动的子项目或要素如何形成、包括哪些方面、如何构成完整的整体性活动等问题成为对专业活动进行建构与解构的重要命题。专业活动的整体性与结构性特征对专业课程开发的重要启示在于,需要按照专业活动子项目或要素生成的内在逻辑进行课程开发,课程体系的整体性结构与专业活动的整体性结构相对应,课程体系中的子课程与专业活动中的子项目相对应。专业课程价值创造方面问题的产生主要源于课程体系结构与专业活动结构之间矛盾,因为课程体系开发主要按照学科知识的内在逻辑以及学习者认知的逻辑进行整体性建构,而学科逻辑主要是理论逻辑,学习者认知逻辑主要是认知逻辑,这两种逻辑与专业活动的实践逻辑并不相同,甚至大相径庭。三种逻辑之间矛盾的解决就是大学课程应用转型面临的重要问题。因此,在课程开发过程中,究竟是按照专业活动自身的逻辑、学科知识的内在逻辑,还是学习者的认知逻辑进行课程开发,成为专业教育课程开发面临的重要难题。

第三,从理论与实践之间关系维度来看,专业活动是理论与实践多维互动的过程。专业活动既存在从理论到实践的形成与发展过程,也存在从实践到理论的形成与发展过程,还存在理论与实践互动中形成与发展的过程。由于专业活动是理论与实践之间多维互动的形成与发展过程,形成了其高深性特点,相对于一般性社会活动,还具有复杂性、特殊性等特征,专业活动有其特殊构成要素及其内在逻辑关系。专业活动大致有三种形成方式:

第一种方式是人们在实践活动中形成。由于实践的复杂性程度逐步提升而发展成为一种专项性活动,对于这种复杂性专业活动的解构往往需要从实践认识的视角来解构其内在逻辑与基本机理,并进而通过实践认识来提高这种复杂活动的实践能力与水平,所以基于实践认识所形成的专业性活动,其实践认识能力、实践探究能力成为这种专业活动的核心能力。

第二种方式主要是人们在理论认识过程中形成。由于理论的复杂性程度逐步提升而发展成为一种专项性活动,对于这种复杂性专业活动的解构需要从理论认识视角来解构其内在逻辑与运行机理,从理论认识的逻辑起点到逻辑体系再到逻辑终点进行解构。因此,基于理论认识形成的专业活动,其理论认识能力、理论研究能力就成为这种专业活动的核心能力。

第三种方式是人们通过实践认识和理论认识活动的互动而形成一种专项性

活动,既可能基于理论认识需要,也可能基于实践认识需要,亦有可能是理论认识与实践认识交叉发展过程中形成的一种高深活动。这种专业活动的形成兼具上述两种方式的特点,理论认识与实践认识的相互促进能力成为这种专业活动的核心能力。从理论与实践之间关系维度来考察专业活动的形成之源,告诉我们专业课程的建构相应地有三种路径:一是基于实践认识,重点解决实践认识中的问题,这种专业教育课程重点强调实践能力培养、实践技能训练;二是基于理论认识,重点解决理论认识中的问题,这种专业教育课程重点强调理论认识能力培养、理论研究能力训练;三是基于理论认识与实践认识相互促进,重点解决理论认识与实践认识相互转换中的问题,这种专业教育课程的重点是解决理论认识与实践认识之间相互促进与转换问题。因此,如何促进理论认识与实践认识、理论知识与实践知识之间的转换成为专业课程设计与实施的难点。

通过上述从认知发展、结构生成、理论与实践之间关系等维度对专业活动基本内涵以及所蕴含的课程建构路径分析,我们可以进一步分析建立在专业活动基础上的专业课程基本特征。

第一,专业课程具有问题解决倾向,旨在培养专业活动中的问题解决能力。专业是人们在解决特定问题过程中逐步形成与发展起来的,无论源于理论问题还是实践问题,专业活动总是与问题解决联系在一起,专业活动的过程就是解决专业问题的过程。所以,专业课程的设计与实施旨在培养学习者在专业活动中的问题解决能力。专业课程包括体系设计与内容呈现、学生课程与教师课程之间的一体化等问题,而如何培养学习者在专业活动的问题解决能力则是课程体系设计的核心问题。

第二,专业课程旨在培养专业的整体性认识,使得不同专业活动之间具有显著区分度。专业活动是一个系统工程,要求专业课程形成一定的内在逻辑体系,如果围绕职业能力所需要的知识结构,课程体系往往按照职业逻辑或社会发展逻辑进行建构;如果按照知识的内在逻辑关系进行建构,课程体系往往按照学科逻辑进行建构。因此,专业课程体现对专业的整体性认识就需要超越传统的主要按照学科知识体系进行设计与实施的技术路线,需要适应双重技术路线需要,既要按照专业活动的组织机制进行课程体系的设计与组织,又要实现专业活动组织机制与学科知识体系组织机制之间的互动,在两种组织机制之间的张力中保持平衡。需要在专业活动组织机制的基础上重构学科课程设计,同时又要在学科知识组织机制基础上重构工作组织课程,通过两种组织机制之间的互动与融合型构专业课程,从而通过两种组织机制之间的平衡促进学习者形成对专业的整体性认识。

第三,专业课程旨在培养专业的关键能力,适应专业在不同情境中的变动。一项专业活动之所以成为特殊的高深性活动就在于其活动目标、组织方式、要素构成、能力体现等方面形成了特定的内在逻辑关系,主体形成胜任特殊的高深性活动关键能力。这就要求专业课程体系设计与专业活动情境密切相关,获取专业活动情境中的关键要素,并将这些关键要素的组织活动转换为课程关键要素的组织活动,从课程目标、内容、实施等方面体现专业活动情境中的要求。专业课程体系只有与专业活动情境密切联系起来才能捕捉到专业活动中的关键能力,而单单依据学科知识体系建构课程难以适应与捕捉专业活动中的关键能力。所以,知识创价课程设计的关键在于将学科知识体系与专业活动情境有机融合起来,从两者互动当中捕捉到专业活动情境中的关键能力,即能够将专业活动情境中的关键能力转化为课程知识体系中的核心知识。专业活动情境中关键能力与学科知识体系中核心知识的相互转化最终体现为课程体系设计的深度,不但能够找到专业活动情境中关键能力的内在逻辑关系,包括关键能力的目标指向、构成要素、行动过程、行动方式等之间的内在逻辑;而且能够找到学科知识体系中的基础性、关键性部分,包括学科知识体系中的逻辑起点、逻辑体系以及逻辑终点。这些部分的知识是制约学科知识体系中其他知识发展的瓶颈。不仅如此,更为重要的是课程体系设计的深度还体现为将专业活动情境中的逻辑关系与学科知识体系中的逻辑关系两者之间的内在关联架构起来,捕捉到这两者之间衔接与转换的桥梁与纽带,在两者之间衔接转换中实现价值创造。

专业教育知识创价课程的逻辑建构

总结上述专业课程的基本特征可以看出,专业课程是一个系统化的设计过程,从课程设计的纵向过程来看,包括课程目标、课程内容、课程结构等方面的设计;从课程设计的横向内容来看,包括问题呈现与问题解决、基础与综合、理论与实践、知识与能力等方面的设计。贯穿专业课程纵向与横向关系的内在逻辑成为知识创价课程体系设计的关键,依循应用型大学知识秩序与知识创价课程的内在逻辑,我们可以从逻辑起点、逻辑体系以及逻辑终点三个方面大致勾勒出专业教育知识创价课程的基本逻辑。

专业教育知识创价课程的逻辑起点究竟是什么? 复杂的改革本质上是一种思想体系的展开,黑格尔在《小逻辑》中极力反对理论和思想建构中"零碎的知识的联系"。课程重建如同科学理论的建构,需要从确立逻辑起点出发,形成严密自洽的逻辑体系,最终到达逻辑终点。所谓逻辑起点就是一个科学理论或思想体系的最简单、最抽象的规定,"不以任何东西为前提""不以任何东西为中介";是揭示对象最本质的规定,这个理论体系的"全部发展都包含在这个萌芽中"[1];

---

[1]　[德]黑格尔.逻辑学(上卷)[M].北京:商务印书馆,1982:20.

是对象发展和认识发展的历史起点。我们在分析专业教育知识创价课程的逻辑起点之前,首先有必要梳理一下以往人们对课程设计逻辑起点的种种认识,然后在分析应用型大学知识秩序本质的基础上,综合以往大学课程设计逻辑起点,提出专业教育知识创价课程设计的逻辑起点。

第一种是客观知识逻辑起点论,把作为世界Ⅲ的客观知识视为课程设计的逻辑起点,其本质是什么知识最有价值的课程认识论追问,从知识本体角度构建专业课程的内在结构,这种客观知识论往往走向学科逻辑,按照学科逻辑来设计课程,在大学课程设计的逻辑建构中主要表现为高深知识论。从学习者认知发展水平与知识本体发展水平两个维度综合分析中把"深奥未知"或者是"处于已知与未知之间交界处"的"高深学问"①作为课程知识的逻辑起点。课程设计主要围绕高深知识而展开,主要基于学习者认知发展与知识本体的价值进行选择。高深学问逻辑起点论往往忽视知识多重价值的创造,特别是知识的实践价值创造,进而产生忽视知识在实践中应用方式、知识在实践中应用的利益相关者参与等问题。

第二种是个人知识逻辑起点论。基于谁的知识最有价值的课程认识论追问,从课程主体的角度来构建课程体系的内在结构。这种个人知识论往往走向主体逻辑,特别是按照学习者逻辑来构建课程的内在结构。而在课程实际运行过程中主要由大学教授来决策课程体系,使得原本对学习者最有价值的主体追问走向了对大学教授最有价值的主体自问,这是造成大学课程不能适应社会需求的重要原因,也是大学课程最终走向相对主义与经验主义的根源。

第三种是项目逻辑起点论。上述两种逻辑起点论主要发生在研究型大学与传统普通本科院校,而在技能型院校存在的主要是任务或项目逻辑起点论,把任务或项目作为工作与课程之间的纽带,把工作中的关键环节或关键部分的结构作为课程设计的逻辑起点,课程设计主要围绕任务与项目进行。这种课程设计的逻辑起点从20世纪80年代开始在职业教育课程改革中运用得较多,课程内容组织、课程体系设计以至于专业甚至专业群的设计主要基于任务与项目来展开。总体而言,项目逻辑起点论在普通本科院校课程改革中运用得较少,主要在职业教育领域运用得较多。

除了上述三种比较典型的课程设计逻辑起点外,泰勒的目标课程论、施瓦布的实践课程论、斯腾豪斯的过程开发模式以及具有后现代精神的批判课程论等等往往都形成了具有自身特殊性的逻辑起点,正是通过不同逻辑起点设计形成不同课程流派。这些课程设计逻辑起点的探索对我们构建知识创价课程逻辑起

---

① [美]约翰·S.布鲁贝克.高等教育哲学[M].杭州:浙江教育出版社,1998:2.

点有着重要启迪意义。

　　通过对上述形形色色课程逻辑起点论的比较分析,再回到贯穿专业活动横向与纵向关系的内在逻辑关系当中,我们可以提炼出专业教育知识创价课程设计的逻辑起点是"专业问题解决"。这里的"专业问题解决",第一是理论或实践中的问题,既可能是理论体系或学科体系中的问题,也可能是实践行动中的问题,也有可能是理论与实践互动中产生的问题。课程设计就是旨在解决这些问题。第二是理论与实践中的"专业问题",专业教育课程设计中的问题具有高深性,不是一般性、常识性问题,这些问题需要通过专业性的课程体系进行呈现,通过从基础到高深呈阶梯性的知识体系进行呈现,理论知识与实践知识螺旋式地进行呈现。第三,更为重要的是,理论与实践中专业性问题呈现的终极目标指向学习者专业问题解决能力的培养,课程设计旨在通过问题呈现来培养学习者的问题解决能力,而学习者问题解决能力的培养又涉及通识素养与专业能力、关键能力与一般能力、即时能力与终身能力、理论能力与实践能力等关系。这就是为什么把问题解决作为专业教育知识创价课程的逻辑起点,原因在于"问题解决"逻辑起点论融合与综合了专业活动的本质、学科知识体系的本质以及学习者认知的本质。

　　从上述专业教育知识创价课程逻辑起点的分析,我们可以构建出专业教育知识创价课程的逻辑体系,主要包括专业基础与专业综合、专业理论与专业实践之间交叉融合基础上形成的多重关系,而在这些多重关系交叉融合过程中,贯穿于其中的核心是知识的科学化与技术化之间关系,通过知识的科学化与技术化之间的互动形成知识创价课程的逻辑关系。所谓知识的科学化,意指专业教育课程体系的设计注重将专业活动中的实践问题、技术问题转化、上升或概念化为科学理论,把实践中的特殊问题上升到理论性的一般知识、一般规律,通过实践中具体问题的破解来验证甚至促进科学理论的发展,进而通过科学理论的发展来促进技术的发展,形成技术—科学—技术的螺旋式发展。反过来,知识的技术化,意指专业教育课程的设计注重将专业活动中的理论问题、科学问题转化或具体化为可操作的实践问题、技术操作,通过科学理论在实践中的应用来促进具体实践问题、技术问题的解决,特别是通过技术问题的创造性解决来促进技术自身的发展,进而通过技术化应用来促进理论本身的发展,从而形成科学—技术—科学—技术的螺旋式发展。

　　从上述知识的科学化与技术化互动发展形成的课程设计逻辑体系来看,专业教育知识创价课程设计的逻辑终点理应是知识应用能力。知识应用能力指向三个方面:一是知识的科学化与技术化之间互动能力,主要表现为知识在不同情境或不同性质中的应用能力;二是基于这种互动能力所形成的问题解决能力,体现为任务解决能力、项目解决能力等,主要表现为知识的实践能力;三是基于互动能力、问题解决能力所形成的知识创新能力,知识在互动与实践中的创新能力。知识应用的三重能力层层递进、环环相扣、螺旋式上升,形成知识应用能力体系,课程设计最终通过知识应用能力实现课程知识多重价值的创造。从知识应用能力的层层递进、环环相扣、螺旋上升的内涵来看必然突破传统单一课程主体结构,必然需要构建课程共同体概念。所谓课程共同体意指课程开发主体形成利益共同体关系,围绕多元价值创造与知识应用能力,散落于不同部门、不同层级的课程主体形成生态型结构的利益共同体,通过利益共同体的构建促进课程主体知识应用能力的提升。

专业教育知识创价课程的内在逻辑是对传统课程设计逻辑的超越与反叛,超越了传统的客观知识论、个人知识论、项目论等逻辑起点,回归到人的主体性发展,通过主体的能力发展实现课程设计的终极目标。这一终极目标的回归与实现蕴含了主体价值、市场价值以及知识价值等多重价值的实现,而人的主体性发展既指向大学教授也指向学习者,还指向大学课程其他利益相关者等多重主体,诸如课程管理者、企业管理专家、企业技术专家等。

二、专业教育知识创价课程建构的现实障碍

专业教育知识创价课程设计是一个系统问题,按照专业教育知识创价课程的内在逻辑,反思传统院校专业教育课程设计的思维,主要是三种思维方式阻碍了知识创价课程内在逻辑的设计,远离了专业活动的内在本质。

学科思维弱化了专业活动的实践性

专业课程设计的传统思维可以归结为学科思维,所谓学科思维就是专业课程设计与实施主要按照学科逻辑进行设计,知识体系、逻辑设计、语言表达、问题设计等按照学科的内在逻辑进行设计。学科思维的形成与大学场域的习性密切相关,将专业活动的内在逻辑上升到科学高度,探究专业活动的内在规律,深化人们对专业活动的认识,便于学习者认识专业活动的内在规律。学科思维还进一步促使人们用学科话语来表达与运行专业活动,力图设计一定的知识体系与知识结构来体现专业活动的内在逻辑关系,使用学科话语来表达专业活动的内在规律,这就是人们常见的课程体系以及课程体系内部一门门课程所呈现的知识体系。这种课程体系及其知识体系所追求的专业活动内在规律主要以理论话语呈现,忽视专业活动本来的实践性特征,即使在课程体系中穿插一些实践性活动,往往以模拟或缩微的实践活动进行呈现,但难以通过真实的实践活动进行呈现。

学科思维的一个重要表现是概念优先,概念就是一切,概念成为学科知识生

产、传播、表达的媒介,课程设计上的学科思维亦是如此,课程知识成为学科知识生产、传播以及表达的媒介。"由于概念结构的极度重要性,它应该在逻辑上和时间上都排在教学第一位。"要么是从概念到概念,认为"概念和概念间的相互关系可以直接掌握"①。特别是随着学科水平越来越发达、学科分化越来越细化之后,概念自身往往成为自洽的逻辑,导致概念越来越远离实践,概念自身逐步脱离专业实践的本来面目。于是,布鲁贝克所说的课程选择和学习方面的两种错误便自然产生。然而,学科概念本身的价值是什么? 正如佩里所说:"概念本身并不是知识的主要目的,而是对付物质环境和社会环境中的各种现实事物的方式。"②概念的应用才是知识发展的理性之道。怀特海(A. N. Whitehead)曾有过精辟的论述:"在某种意义上,学习过程中应该存在一种从属的应用性活动。事实上应用是知识的组成部分,因为所知事物的意义在于超出它们自身的各种关系中。因此,未被应用的知识是没有意义的知识。小心翼翼地保护一种大学,使其独立于周围世界各种活动之外,是扼杀兴趣、阻碍进步的最有效途径。独身不适于大学,它必须与行动结为伴侣。"③因此,学科概念的应用、学科概念的技术化已经变成学科知识发展的题中应有之义,课程知识的创造性应用亦成为课程知识选择与组织的必然要求。

专业课程开发过程中学科思维的形成,一方面与大学场域以教授为代表的课程主体的学术职业习性密切相关,学术职业形成了纯粹理性认识论倾向,对专业活动认识的表现就是倾向于对专业活动内在规律的理性认识,这种纯粹理性认识的表现形态与表达方式主要是学科知识、学科话语以及学科理论。另一方面还与纯粹理性认识的效率密切相关,在对专业活动内在规律与本质特征认识过程中,学科思维往往具有认识效率高、易于使用特定话语进行表达、易于传播等特点。而专业活动的实践性特征,如认知方式、话语表达、传播方式等方面往往与专业活动形成与发展的特定情境密切相关,有其自身特有逻辑,即实践逻辑,具有难以表达、认知、传播等特点,从而影响对专业活动实践性特征的认知。大学场域学科思维是导致大学课程开发过程中主要以学科性或理论性思维进行呈现的根源,是制约专业教育知识创价课程建构的根源之一。

分科思维弱化了专业活动的整体性

大学场域的学科思维对专业活动的认知还进一步形成了分科思维或部分思

---

① [美]约翰・S.布鲁贝克.高等教育哲学[M].杭州:浙江教育出版社,1998:112.

② [美]约翰・S.布鲁贝克.高等教育哲学[M].杭州:浙江教育出版社,1998:112.

③ [美]约翰・S.布鲁贝克.高等教育哲学[M].杭州:浙江教育出版社,1998:112-113.

维,阻碍了对专业活动整体性的认知。学科思维在行进过程中为了深化对专业活动的认知,形成了从特定学科的不同层面、维度、焦点或不同学科视野对专业活动本质认知的领域思维或分科思维。领域思维或分科思维的目的是从特定学科视野或不同学科维度对专业活动的本质进行解构,其重要价值在于从不同侧面或关系视角进一步拓展对专业活动本质的认识。因此,如何通过不同视野或维度对专业活动本质认知之后形成的"部分"相加生成专业活动"整体"认知成为面临的主要困难。在大学课程设计过程中一种常见的思维方式就是按照学科思维将专业活动进行结构性"肢解",人为"肢解"成不同的组成"部分",其重要意义在于能够从特定视域或维度来深化对专业活动某一方面的认知,但如何获得专业活动的整体性认知成为课程建构过程中面临的主要矛盾,这是制约专业教育知识创价课程建构的重要障碍。

本质思维弱化了专业活动的复杂性

学科思维还带来一个重要问题是本质思维,这是经典实验科学对专业活动认知的重要表现。经典实验科学形成的典型思维方式是,通过线性的认知方式不断逼近事物本质。经典实验科学的思维与工业化思维相适应,认为事物的发展总是朝着稳定的、线性的、可逆的方向发展,从而通过反复实验可以不断逼近事物本质的认知。这种经典实验科学所形成的本质思维对专业活动认知的重要价值在于,假设专业活动是一种静态的、特定时空范围内的可以分解的活动,通过归纳与演绎、假设与证伪、猜想与反驳等思维方式能够掌握这种专业活动的内在规律,深化对专业活动本质的认知。本质思维作用下的大学课程开发试图通过一种结构化的知识体系来抵达专业活动的本质,通过分科课程来整合对专业的认知,不断趋近专业活动本质的认知。然而,现实中的专业活动往往受到内外部环境影响,特别是在知识社会背景下,专业活动难以成为一种恒定的、线性的、可逆的社会活动,不确定性、风险性、情境性成为专业活动的基本特征,"黑天鹅"现象、"灰犀牛"现象在专业活动中正在成为常态,信息不对称的市场成为包括劳动力资源在内的资源配置的基础性、决定性力量。如何超越经典实验科学所带来的本质性思维是课程设计面临的重要难题,也是课程知识价值创造的重要障碍。

三、专业教育知识创价课程建构的策略路径

由于专业教育课程开发中学科思维的影响,专业教育知识创价课程的构建需要采取系统化路径,主要从以下几个方面进行展开。

塑造课程开发的创新创业精神体现专业活动的实践性

从课程体系理念设计到知识选择整个体系中,着力培养学习者的创新创业意识,在课程体系内容中强化学习者的创新创业知识和思维训练。在课程体系中嵌入创新创业内容,将创新创业知识嵌入课程知识体系,促进学习者型塑创新创业意识,继而通过创新创业意识的塑造,促进课程知识将学科逻辑、市场逻辑、认知逻辑相结合。因此,应用型大学课程在本质上是创业型课程。创业型课程的理念直接来源于伯顿·克拉克所倡导的"创业型大学","创业型是一个含义丰富但是具有针对性的词语,指最可靠地导致现代自力更生和自我驾驭的大学的态度和程序。"①运用伯顿·克拉克的创业型理念与精神来构建创业型课程具有丰富内涵,一是体现为变革大学课程开发的理念与态度,"一所大学要成为创业型大学,它需要获得正确性质的组织,这种组织容许大学继续不断地变革自己,并且有效地适应一个变革中的社会,这个社会容许它的团体和个人变得比过去更加有效"②。寻求变革的理念与态度意味着将课程变革作为大学的一项重要"事业"来对待,作为"事业"来对待就意味着"冒风险"的精神,就意味着"执着的努力";二是体现为大学课程开发方法与途径的变革,创业型课程指向一种"自我变革",强调大学在课程转型和持续发展中的核心主体,强调大学在课程变革中的关键作用,意味着"自力更生和自我驾驭",意味着强调大学主动与企业等主体合作实施课程变革;三是体现为大学课程主动适应社会变革,作为知识社会中的大学,大学课程的持续变革主要是适应社会发展需要,适应知识社会对知识的生产、传播、应用的需求,适应信息技术时代课程知识运行方式的需求;四是体现为大学课程工具理性与价值理性的统一,创业型课程既是过程又是结果,不是为了变革而变革,创业型课程更重要的是为了实现课程目标,实现大学灵魂的回归。

构建交往性课程实现专业知识的动态化运行

传统课程中的专业知识往往表现出静态化倾向,专业知识要么停留于纯粹学术知识的状态,要么停留于纯粹技术知识的状态,从而导致课程知识无法实现动态的互动状态。这种传统课程知识的静态化倾向与怀特海所说英国大学的"呆滞的思想"一样,"在众多的科目中选择一小部分进行教授,其结果是,学生被

---

① ［美］伯顿·克拉克.大学的持续变革:创业型大学新案例和新概念［M］.北京:人民教育出版社,2008:导言 9.

② ［美］伯顿·克拉克.大学的持续变革:创业型大学新案例和新概念［M］.北京:人民教育出版社,2008:233.

动地接受不连贯的思想概念,没有任何生命的火花闪烁"①。如何实现课程知识的动态化表达,哈贝马斯等后现代学者的交往思想具有重要指导价值,借鉴哈贝马斯等人的交往思想建构的交往性课程具有丰富内涵,一是促进跨不同学科课程之间广泛联系,重视不同学科和领域知识之间的交往,通过创新大学内部学科、院系组织结构等途径来构建跨学科课程;二是促进不同性质课程之间广泛联系,促进通识课程与专业课程、专业基础课程与专业核心课程之间建立知识的有机联系,避免课程知识体系的纵向分割;三是促进不同性质知识之间广泛联系,追求理论知识在实践项目中的应用,基于实践项目来重组理论知识,促进理论知识与实践经验之间交互作用;四是促进大学课程与社会之间广泛联系,大学成为开放和交往的场所,而不是独善其身的象牙塔或僧侣的村庄,大学课程成为大学与社会交往的平台,"大学成为一个公开辩论的场所"②,交往性课程的建构就是提供公开辩论的场所。

构建课程主体共同体促进多重主体形成共生关系

创业型课程与交往性课程的构建必然需要课程开发主体之间形成协同关系。专业课程体系多重逻辑的建构需要打破传统单一主体开发课程的模式,通过课程设计主体的多元化,改变传统课程设计以学科专家、教师为单一主体的结构,大学教授、学科专家、企业技术专家、学习者等主体形成参与课程体系开发设计的一体化行动。只有学习者、企业管理专家、企业技术专家等大学课程的利益相关者形成内在动力参与到课程开发当中,才能形成课程体系开发的良性循环。至于课程开发主体为什么需要协同关系以及如何形成协同关系将在微观课程实施部分展开详细阐述。

第三节　隐性教育知识创价课程的设计

弗莱克斯纳曾受牛津大学之邀作了三次演讲,他很赞赏牛津的一项规定,"演讲者在作演讲的整个学期都必须住在牛津"。他认为,住在那里,不仅"能体会到牛津的某些魅力",而且"在无意中学到的东西要远远超过他所能够传授的"③。从课

---

① ［英］怀特海.教育的目的[M].北京:三联书店,2014:3.
② ［英］杰德勒·德兰迪.知识社会中的大学[M].北京:北京大学出版社,2010:9.
③ ［美］亚伯拉罕·弗莱克斯纳.现代大学论——英美德大学研究[M].杭州:浙江教育出版社,2001:第一版序 1.

程的整体性建构来看,这种"在无意中学到的东西"就是隐藏在显性课程之外的一种"课程",就是作为整体性课程重要组成部分的"隐性课程"。对于知识创价课程的建构而言,不但指向显性课程的重建,而且指向隐性课程的重建。隐性课程在表现形态上虽然是隐性的,但对学生的影响来说未必是隐性的,可能是显性的,而且还有可能远远超出显性课程的影响。因此,从课程的整体性建构而言,知识创价课程的建构无法回避隐性课程这一重要指向。需要我们弄清楚几个重要问题,究竟什么叫隐性课程? 隐性课程的内在逻辑是什么? 哪些因素影响隐性课程的价值创造? 隐性课程如何创造多重价值? 如何运用知识创价课程的理念与框架来建构隐性课程? 等等。

一、隐性教育知识创价课程建构的逻辑框架

隐性课程的基本内涵与本质特征

隐性课程,也称为潜在课程、无形课程、隐蔽课程等,在英文语境中常常表达为 hidden curriculum、latent curriculum、implicit curriculum 等。在现代教育中,杜威(J.Dewey)明确提出"具体知识学习"与"附带学习"之分,其中"附带学习",即指向知识学习过程对学习者情感、态度等方面影响。受杜威的影响,其学生克伯屈(W.H.Klpatrick)将学习进一步划分为"主学习""副学习""附学习"三个组成部分,其中"附学习"就是与"主学习"相伴随的对情感、态度等方面影响。20世纪六七十年代美国的一些学者明确提出了"隐性课程"概念。杰克逊(P.Jackson)在其专著《教室里的生活》(*Life in Classrooms*)(1968)中首先提出隐性课程(hidden curriculum)概念;奥弗利(N.V.Overly)在其编著的《自发课程:对儿童的影响》(*The Unstudied: Its Impact on Children*)(1970)中提出了隐性课程这一概念[①]。布卢姆(B. Bloom)在《教育学的无知》(*Innocence in Education*)(1972)一书中使用了"显性课程"和"隐性课程"这一对概念,并提出传统课程研究实际上重视课程中的"显性课程",而忽略了"隐性课程",忽视了学校中的社会活动、人际关系、空间场景等"隐性课程"对学生发展的重要影响。至此,隐性课程作为一个概念的科学性逐渐凸显出来,隐性课程在课程开发中的重要性逐步得到重视。

英国著名课程研究学者巴兹尔·伯恩斯坦(B.Bernstein)对隐性课程与显性课程之于学习者的重要影响及其相互转化关系进行了精当分析。"当教师与学

---

① 施良方.课程理论:课程的基础、原理与问题[M].北京:教育科学出版社,1996:265.

生的阶层关系、顺序规则和准则皆是外显的,而且为学生所熟知时,这种教学实践模式就是显性的。"相反,如果实践规则来自"复杂的儿童发展理论、语言学、完形心理学理论……心理分析理论",而且阶层性规则、顺序规则和准则都是内隐的(implicit),不为学生所知晓,这种教学实践就是隐性的①。伯恩斯坦的研究表明,即使是显性课程,如果没有科学的教学设计对学习者的影响也可能变得隐性,会弱化对学习者的影响。相反,倘若对隐性课程进行科学设计,对学习者的影响不但是显性的而且影响更大。伯恩斯坦的观点告诉我们,对于课程开发与设计而言,必须高度重视隐性课程在课程开发中的重要地位。

大学教育领域中的隐性课程也非常复杂。德雷克·博克(D.Book)曾深入探讨"课外活动"对大学生成长与发展所蕴含的隐性价值。

> 为什么与学术活动相比,课外活动更能帮助学生在某些重要方面成长。要学会团队合作,最好是加入一支运动队、参加学校的话剧表演,甚至参与到社团活动之中,而不是简单地上课、上图书馆学习。要深刻理解不同的种族与宗教,最好是在一个多元化的学生群体中生活、学习,而不是选修"文化差异"或"种族关系"方面的课程。要对贫困感同身受并形成扶贫信念,最好是参与帮助无家可归者的活动,而不是听有关贫困的课程。学生在课外活动中学到的是非正式的,但课外活动更加生动有趣、贴近个人生活,因此比常规课程更容易留下深刻长久的印象②。

在博克看来,课外活动是一种显性设计,但其所蕴含的价值则是显性课程无法取代的,甚至其发挥出来的价值远远超越显性课程所产生的价值。张楚廷将隐性课程蕴含的价值上升到大学文化功能。他认为,隐性课程是大学课程体系的重要组成部分,是大学文化的重要载体。"人们从形式上看,两所大学所开设的显性课程,有时差别并不显著,然而,两所大学的人才培养质量之差别却很大,其重要原因实乃隐性课程上的差异。隐性课程概念的出现及其进入实际的大学生活,体现了更深切的人文关怀,体现了大学更深层的含义,以及更优异的教育质量。"③著有《千年帝国史》的美国著名历史学研究者克里尚·库马尔(K. Kumar)也提出,学生通过同辈群体交往、环境影响等隐性课程远远超过了显性课程所学到的东西,"大学过去是——现在仍然是——来自不同家庭背景、学校

---

① 刘丽玲.论巴兹尔·伯恩斯坦的教学话语理论[J].北京师范大学学报(社会科学版),2003(4):141.

② [美]德雷克·博克.回归大学之道:对美国大学本科教育的反思与展望[M].上海:华东师范大学出版社,2008:31.

③ 张楚廷.高等教育学导论[M].北京:人民教育出版社,2010:307.

教育和社会阶层人才的荟萃之地。大学提供的环境可以让这些人找到发展的空间和机会——通常,这些发展空间远离正式的学术课程。正是这一点(而不是正规课程),让大学卓尔不群"①。

从上述学者对隐性课程的认识与界定来看,隐性课程的内涵极为宽泛,对隐性课程的基本内涵、表现形态以及作用机理等方面的认知存在很大差异。《大辞海》对隐性课程进行了比较全面而精准的界定:

> 课程政策及课程计划中未明确规定的、非正式和无意识的学校学习经验。即学生在学校情境中无意识获得的经验、价值观、理想等意识形态内容和文化影响。它与显性课程之间的区别,以课程的表现形式或者说影响学生的方式为依据,具有非预期性、潜在性、多样性、不易觉察性等特点。学校里的隐性课程主要包括三个方面:(1) 物质方面的隐性课程,指学校中的建筑物、设备、景观和空间的布置等;(2) 制度方面的隐性课程,指学校的组织制度、知识的选择、管理评价、利益分配制度等;(3) 文化、心理方面的隐性课程,主要包括师生关系、同伴关系、校风、班风、教师行为作风等。②

为了精准分析隐性课程的内涵与特征,我们还要结合《大辞海》对显性课程的界定进行理解:

> 显性课程(manifest curriculum)亦称"常规课程""正式课程"。与"隐性课程"相对。学校有目的、有计划传授的课程。即一切有计划、有目的、按一定程序进行和完成的教学活动,以及体现和落实课程的教学计划、大纲、指引、课表、教材、规章制度、考核和评估等。③

围绕《大辞海》对隐性课程与显性课程的界定,结合前人对隐性课程的认知探索,我们可以进一步梳理隐性课程的基本内涵,厘清隐性课程的本质特征。

隐性课程的本质特征之一是表现形态的隐性——非人为设计的影响。所谓隐性的表现形态,意即"课程政策及课程计划中未明确规定的、非正式"的内容,即不是"有计划、有目的、按一定程序进行和完成的教学活动",也不是"体现和落实课程的教学计划、大纲、指引、课表、教材、规章制度、考核和评估等"。具体地说,就是学校管理者、教师等课程开发人员"未明确规定的、非正式和无意识的"。也就是说,从学校管理者、教师等主体视角来说,隐性课程的本质就是在人为设

---

① [英]安东尼·史密斯,弗兰克·韦伯斯特.后现代大学来临? [M].北京:北京大学出版社,2014:48.

② 杜成宪,郑金洲.大辞海(教育卷)[M].上海:上海辞书出版社,2014:111-112.

③ 杜成宪,郑金洲.大辞海(教育卷)[M].上海:上海辞书出版社,2014:111.

计课程以及学校管理制度、建筑环境等过程中所带来的非人为设计性影响。所以,倘若我们把学校中对学习者的影响因素分为两个方面:一是"课程",这里的课程实际上是显性课程;二是"课程"之外的学校制度、建筑环境等。那么,我们可以把隐性课程分为两类:一类是从课程开发的视角来看,隐性课程实际上是大学教师等课程开发主体的非人为设计性所带来的影响,这里的"课程开发"中的"课程"是特指"显性课程"开发中的"课程",之所以这样说,是因为隐性课程是无法人为设计与开发的,隐性课程就是人为设计的显性课程所产生的非人为设计的影响,所以,隐性课程只是借用显性课程中的"课程"说法而已,实际上并非"课程",只是人为设计显性课程过程中所带来的非人为设计的教育影响而已。另一类是课程开发以外的学校的学校制度、建筑环境等所带来的教育影响,是学校制度、建筑环境所带来的非人为设计的教育影响,所以,隐性课程仅仅是借用显性课程中的"课程"说法而已,实际上并非"课程",而是学校制度、建筑环境在人为设计过程中所带来的非人为设计的教育影响。总结起来,隐性课程的表现形态意即,是人为设计的课程以及课程之外的学校制度、建筑环境等学术环境所带来的非人为设计的教育影响,隐性课程在本质上是非人为设计的教育影响,隐性课程之"课程"只是借用正式课程或传统意义上课程的概念,或者说是正式课程或传统意义上课程的隐喻罢了。所以,非人为设计性是显性课程与隐性课程之间的关键差异之一。

隐性课程的本质特征之二是影响方式的隐性——无意识受到的影响。所谓隐性的影响方式,就是对学习者影响的方式、途径是隐性的,而不是显性的,这种隐性的最大影响就是"无意识"。所以,从学习者的视角而言,隐性课程的本质特征就是对学习者无意识的教育影响。相对而言,所谓显性的影响方式就是"有目的、有计划传授"。所以,无论是"课程"还是"课程"之外的学校制度等,"有目的、有计划传授"的教育影响是显性课程。而隐藏在显性课程实施过程中,以及显性课程之外的学校制度、建筑环境所带来的"非预期性、潜在性、多样性、不易觉察性"的对学习者的教育影响则是隐性课程。所以,隐性课程的本质特征之一是对学习者影响的无意识性,学习者在无意中受到的教育影响。德雷克·博克曾分析隐性课程对学习者的影响及其与显性课程之间的互动效应,具有一定的说服力。"更重要的是,学生在课堂中所学的知识往往会影响到他们的课外生活,而后者也会反过来促进前者的学习。学生若学会了演奏,对音乐作品的理解自然更深刻;若学习了作曲课程,演奏水平会更上一层楼。参加扶贫志愿者活动的学生,如果之前选修过有关贫困的课程,将更能从活动中受益;反过来,如果先参加了扶贫活动,学生对有关贫困的课程内容能够理解得更深刻。正是因为存在这种相互影响的关系,当我们探讨如何改进公民教育或艺术类课程时,如果不考虑课程外活动的作用,便可能导致这些课程事倍功半,甚至事与愿违。"①因此,无意识性是显性课程与隐性课程之间的关键差异。隐性课程的本质特征概括起来就是一句话,从学校管理者、教师等主体来说,是人为设计的课程以及学校制度、建筑环境等所带来的非人为设计的教育影响;从学习者主体来说,是无意识受到的教育影响。

隐性教育知识创价课程的逻辑建构

依循前述对人文素质教育与专业教育知识创价课程的探讨,我们对隐性课程视角的知识创价课程进行必要的概念化,使用"隐性教育知识创价课程"这一概念。所谓隐性教育知识创价课程,就是隐性课程视角的知识创价课程,或者说是知识创价课程视角中的隐性课程。之所以称为隐性教育知识创价课程,主要是依循前述从人文素质教育与专业教育两个视角对知识创价课程的探讨与建构。隐性教育知识创价课程是一个多重复合概念。首先,"隐性教育"并非惯用的专业术语。如果仔细分析"隐性教育"这一概念本身的表达,虽然存在一定道理,如隐性课程在本质上就具有一定的"隐性教育"意义,但"隐性教育＋知识创价课程"构成一个新的复合概念,仍易引起歧义。比较妥当的说法,应该称为"隐性知识创价课程",或"隐性的知识创价课程"。但这些说法仍然容易产生理解上的偏颇,因为"知识创价"这个概念本身就含有主体人为设计的行动、过程以及意义,所以,在知识创价课程的视域里,是否存在以及何以存在隐性课程,概念表达本身就值得商榷。所以,这里特别需要指出的是,"隐性教育知识创价课程"作为一个人为建构的多重复合概念,首先遵循"隐性课程"的科学内涵,其次遵循本书"知识创价课程"的本质指向,在此基础上,形成"隐性教育知识创价课程"的特定指向,即隐性课程视角的知识创价课程,或者说是知识创价课程视角中的隐性课程。下面从两个维度对隐性教育知识创价课程的内在逻辑进一步进行构建,从而回答隐性教育知识创价课程的内涵与本质。

第一,隐性课程具有非人为设计性,那么,如何通过非人为设计性体现知识创价课程的人为设计性,也就是说如何生成隐性教育知识创价课程,或者说隐性教育知识创价课程究竟是什么? 这是隐性教育知识创价课程的构建面临的第一个问题。

既然隐性课程具有非人为设计性,那么,隐性教育知识创价课程是否具有构建的可能? 这就对大学的管理者与教师提出了更高的要求,首先是要意识到隐性课程的存在。在大学课程开发与学术环境塑造过程中,在人为设计的影响之

---

① ［美］德雷克·博克.回归大学之道:对美国大学本科教育的反思与展望［M］.上海:华东师范大学出版社,2008:32.

外,会产生诸多非人为设计性的意外影响。这种意外影响对学习者的教育可能更为持久、更为多样、更为深入,这也是隐性课程之所以得到人们高度重视的原因。对于大学课程应用转型而言,这种非人为设计的意外影响同样很重要,因为应用文化、应用意识的形成,更多的是依靠潜移默化的意外影响来形成。其次是在课程开发与学术环境塑造过程中,注重人为设计与塑造产生多种意外影响的可能,也就是说,要注重"人为设计性"中"非人为设计性"的扩展。一方面,可以通过课程开发深度与广度的提升来促进"人为设计性"中"非人为设计性"的扩展。对于知识创价课程的开发而言,就是课程体系与课程内容开发要充分挖掘科学知识的技术化应用与技术知识的科学化还原,通过知识运作内容与运作过程的深度挖掘,促进"人为设计性"过程中的"非人为设计性"的多样化生成,从而促进隐性教育知识创价课程的生成。另一方面,可以通过学术环境的多样化塑造来促进"人为设计性"中"非人为设计性"的扩展。除了显性课程中包含的隐性课程,实际上,隐性课程无论是内涵特征还是形态表现上,隐性课程主要指向显性课程之外的学校制度、建筑环境等所产生的教育影响。从这个意义上来说,对于大学应用转型而言,隐性课程开发具有无限的空间与可能,在学校制度、建筑环境等"人为设计性"的指向中扩展、蕴含对学习者无限"非人为设计性"的应用文化、应用意识等方面的影响与可能,这就是隐性教育知识创价课程,也是应用型大学隐性课程的主要指向。

第二,隐性课程具有无意识性,那么,如何通过无意识的影响体现知识创价课程的有意识性,也就是如何生成隐性教育知识创价课程,或者说隐性教育知识创价课程究竟是什么?如何通过对学习者无意识的影响构建隐性教育知识创价课程?这是隐性教育知识创价课程的构建面临的第二个问题。

从根本上来说,隐性课程是对学习者无意识的影响,之所以被称为"课程",是因为从大学管理者与教师视角来看,把这种无意识的影响称之为"课程",而不是从学习者视角。因为对学习者来说是无意识受到的影响,也是学习者没有察觉的影响,所以,在学习者视角就没有所谓的"隐性课程"。从隐性课程或无意识影响的表现形态来看,本质上就是显性课程及其之外的学校制度、建筑环境等对学习者所产生的无意识影响。与此同时,这种无意识影响的产生,也是大学管理者与教师在人为设计显性课程以及学校制度、建筑环境等过程中非人为设计的影响,不是人为设计所产生的影响。所以,对于大学管理者与教师来说,无论是开发的显性课程还是设计的学校制度、建筑环境等,非人为设计的影响才被称为隐性课程,而人为设计影响不被称为隐性课程。所以,理解与建构隐性课程的难点在于,隐性课程既是大学管理者与教师视角中非人为设计的影响,又是学习者视角中无意识的影响。但是对学习者又是确确实实产生了教育影响,而产生了什么影响以及产生了哪些影响,又是从大学管理者和教师视角进行的评判。所以,隐性教育知识创价课程,就是显性课程开发与学校环境塑造过程中对学习者产生的无意识影响。从影响内容来说,主要是知识应用意识的形成与发展;从影响方式来说,不仅包括显性课程开发过程中的无意识影响,还包括学校制度、建筑环境等所产生的无意识影响。如此看来,隐性教育知识创价课程的开发就具有无限空间。

二、隐性教育知识创价课程建构的现实障碍

从人为设计性的视角来看,人们往往重视人为设计的显性课程与学术环境对学习者的影响,而忽视隐性课程的客观存在以及对学习者的无意识影响。可以从两个方面进行分析:

一是大学课程开发过程中重视显性课程开发,而对显性课程开发过程中非人为设计性的意外影响的客观存在与重要价值认识不足,弱化隐性课程对学习者产生的意外影响,忽视隐性课程对学习者产生的诸多无意识影响。对于大学课程应用转型而言,人们往往重视课程理念、课程目标、课程内容、课程教学以及课程评价方面的系统转型,而忽视隐性课程在大学课程应用转型中的重要意义。以课程知识为例,大学课程应用转型的重要指向是科学知识的技术化应用与技术知识的科学化还原的一体化运作。那么,无论是课程知识的设计,还是课程知识的教学;无论是课程知识在课堂内的情景教学,还是课程知识在实践场景中的真实应用,都存在教师和学习者对明言知识的表达、个人知识的意会,这就必然存在人为设计的课程知识运行与非人为设计的课程知识运行,如何在人为设计的课程知识运行过程中,能够为学习者带来意想不到的影响,特别是知识在科学化与技术化之间运行过程中必然存在无以言表的非人为设计的意外影响,而且事实上在技术开发、知识的技术化应用过程中,这种非人为设计的意外影响往往非常重要,这是课程开发过程中不得不面临的课题。但事实上,大学课程应用转型改革中,这种隐性课程的客观存在与重要影响仍然没有引起人们的足够重视,这就是知识创价课程的整体性建构必须重视隐性教育知识创价课程建构的重要原因。

二是在学术环境的塑造过程中,重视人为设计的预期的影响,而对人为设计的学术环境可能产生的意外影响认识不足。大学中的学术环境复杂多样,包括学校制度、建筑环境、学术活动、媒体环境等,全面分析这些学术环境对学习者的影响非常必要。学术环境对学习者的影响可以从两个维度进行分析:一是学术环境塑造者的预期影响,二是学习者在学术环境中所接受的影响。事实上,这两种影响无法形成对称关系,难题在于,在塑造人为设计的学术环境过程中,如何扩展非人为设计性的影响,从而为学习者在学术环境的熏陶中接受更多的无意

识影响。这个难题的症结在于,学术环境塑造过程中强调人为设计的目标,追求目标的达成。建筑设计、学术报告、制度供给等方面,强调明确的目标,而对目标之外可能产生的各种非人为设计的意外影响顾及不足,追求学术环境塑造可以考核的绩效,并对绩效进行管理。再如,学术环境塑造过程中追求固定的受众,开放性不足,等等。

从无意识性的视角来看,弱化学术环境的学术功能。人们在对隐性课程的认知上,往往注重隐性课程在道德修养、意识形态等方面的社会教化功能,而忽视隐性课程对学习者专业成长等方面的学术功能。譬如,注重人为设计的仪式活动所可能带来的社会教化意义,而弱化仪式活动中可能包含的专业意义、知识应用意义的建构;注重人为设计的课程、政策、环境等方面的明言目标的设计,而忽视明言目标之外的潜在的意义的设计,忽视隐性文化的存在可能。应当说,隐性课程虽然具有非人为设计性、无意识性等特征,但隐性课程并非一种虚无缥缈的存在,而是一种客观存在。对于大学课程应用转型而言,需要我们重视隐性课程的客观存在,从"非人为设计性"走向"人为设计性",从"无意识性"走向"有意识性"。

三、隐性教育知识创价课程建构的策略路径

隐性教育知识创价课程的建构是大学课程应用转型的重要内容。基于隐性教育知识创价课程的内在逻辑,可以从以下维度对隐性教育知识创价课程进行系统建构。

从非人为设计的视角来说,扩展课程开发与学术环境设计主体的范围,促进非人为设计教育影响的多样化生成。隐性课程的重要特点是非人为设计的产物,从大学课程开发主体与学术环境塑造主体的视角来看,所谓的隐性课程就是这些主体在开发设计过程中非人为设计的影响,在人为设计过程中所产生的意外影响。对应用型大学课程开发来说,就需要在注重人为设计影响的同时,注重人为设计产生多种非人为设计影响的可能与空间。所以,隐性课程之所以产生从根本上来说仍然是人为设计的产物,因为是在人为设计背景下所产生的非人为设计的影响,只是从设计主体视角来看,并非主体的预料,而是主体产生的意外影响而已。因此,如何产生更多的非人为设计的影响,在人为设计过程中产生更多的意外影响,需要从人为设计的主体方面进行考量。一个重要操作性策略是,扩展显性课程开发与学术环境设计主体的范围,打破大学内部管理者以及教师等主体进行课程与学术环境开发与设计的传统,邀请企业、学生、用人单位、校友等主体参与开发与设计。通过多样化主体参与课程开发与学术环境塑造的人为设计,将知识应用的多种场景与可能引入课程开发与学术环境的塑造过程,在

人为设计过程中促进非人为设计影响产生的多种可能与空间,从而促进隐性教育知识创价课程的开发。

从无意识影响的视角来说,隐性教育知识创价课程的构建可以从两个方面进行展开。

一是课程教学与学术环境塑造的多样化,这是从客观的影响载体视角进行开发。在教学内容、学术环境的信息呈现、影响方式等方面形成多样化的影响,从而丰富无意识影响的形成与发展。对于应用型大学而言,可以扩大实践场景教学,促进知识在应用过程中无意识影响的产生,提升学习者在知识应用过程中的体验;在理论知识教学过程中提供实践应用方式与实践应用路径,促进学习者在理论知识的认知过程中无意识地产生实践应用意念;在学术环境塑造过程中注重科学技术应用场景的塑造,促进学习者在诸多应用场景中无意识地产生应用意念。

二是课程开发主体对学习者影响的多样性,促进无意识影响的产生,这是从客观的影响载体对学习者的影响方式视角进行开发。隐性课程的重要特点是对学习者影响的无意识性,也就是在学习者无意识的情况下所产生的影响,但是对显性课程的开发主体来说,需要注重显性课程对学习者影响的多种可能性,不但要注重显性课程对学习者有意识的影响、注重人为设计性的各种影响,而且要注重显性课程可能产生的多种无意识影响的空间与可能,实现显性课程在非人为设计的影响下可能产生的多种无意识影响。对隐性教育知识创价课程的开发而言,课程开发主体可以通过理论知识与实践知识转换机理的分析,促进学习者对实践过程的体悟,促进实践意识的形成与发展。

进一步来说,这种无意识影响生成的关键是学习者的体验,学习者通过体验无意识地形成知识应用意识、实践意识。因此,隐性课程与显性课程的一个重要区别是课程的认识方式不同。"对于显性课程来说,只要有思维的发生就可展开;对于隐性课程来说,仅仅有思维是不可能展开的,它需要体验。因而体验的发生才可能使得隐性课程具有实际的意义。"[①]那么,究竟什么是体验?体验区别于其他认识活动的主要标志是什么?张楚廷曾深入分析了"体验"和"经验"之间的区别与联系。

"体验"与"经验"作为两种心理活动的主要区别在于,"经验预设主客体的对立"或分立,而"体验无主体客体之分",它是个体生命"由内在(一束本能即知、情、意)与外在(自然环境与社会文化环境)共同造成的具有统一意义的实在"。也就是说,体验之中有认识活动但又区别于一

---

① 张楚廷.高等教育学导论[M].北京:人民教育出版社,2010:309.

般的认识活动。在体验之中,体验承担者为主体,而体验对象为客体。这就不只是认识论意义下的客体了。因而,与其说体验无主客体之分,不如说体验的主客体有更高程度的融合而不是对立或分立,因为此时主体以全身心进入客体而并不明显感觉到客体在己之外①。

所以,从体验的意义上来说,"体验超越经验而到达理性,体验超越物质而到达精神,体验超越暂时而到达恒久,体验是一种升华"②。体验之于课程的重要意义就在于使得隐性课程成为大学经历与显性课程并列的重要教育影响。

---

① 张楚廷.高等教育学导论[M].北京:人民教育出版社,2010:309.
② 张楚廷.高等教育学导论[M].北京:人民教育出版社,2010:310.

> 课程实施是把变革付诸实践的过程,教育变革的成功 25% 来源于课程方案的设计,75% 来源于课程实施。
>
> ——M.富兰(M.Fullan)·《教育变革新意义》

第五章　知识创价课程的实施策略

人们往往关注与重视课程设计的理论与实践研究,常常认为课程方案一旦生成之后,课程目标就一定能够达成,而弱化甚至边缘化课程实施的理论与实践研究,形成一种偏见,"就是人们通常都集中关注'黄金',而对'点金术'却有些注意不够"①。事实上,课程实施与课程方案两者就犹如"点金术"与"黄金"之间关系,即使课程方案犹如"黄金"一样,但是如果没有"点金术"的课程实施,课程方案也难以变成"黄金"。"学校课程并非单纯预设的'跑道',而是沿着'跑道'跑的过程。就是说,不是单纯静态的'公定框架'和学校的'教育计划',它是师生在一定的教育情境中展开文化探索的动态生成的过程。"②因此,知识创价课程的构建不仅是课程理念与体系的重构,其中非常重要的一个环节是对课程实施进行重构,形成知识创价课程目标理念、体系设计、实施策略的一体化开发。

第一节　宏观层面知识创价课程实施

一、宏观层面知识创价课程实施的逻辑建构

课程实施的基本内涵

课程实施(curriculum implementation)是不同主体把课程设计或课程方案

---

① ［英］大卫·布鲁尔.知识和社会意象[M].北京:中国人民大学出版社,2014:译者前言 10.
② 钟启泉.课程的逻辑[M].上海:华东师范大学出版社,2008:引言 1.

即"预期课程"付诸实践的过程。这个概念的内在意义就是,课程开发存在着从课程设计到课程实施的线性运行过程,即使存在着双向互动,但其本质上是呈现线性的运行状态。依循这样的内涵,课程实施主要是泰勒目标模式中的一个范畴,因为过程模式、实践模式、批判模式等模式的一个重要特点是打破线性思维,因此,探索课程实施问题即意味着主要是在目标模式的视域中进行探讨。目标模式根据人才培养过程的运行轨迹将课程开发分为"生成系统"和"实施系统",两个系统从"输入"到"转换"形成的整个路线是——"课程思想、课程编制、预期课程、课程实施、课程实施结果"①。其中,"生成系统"包括"课程思想、课程编制、预期课程",其结果是形成"预期课程"——课程理念目标和内容体系等以学术方案形式呈现的设计;其中,"实施系统"就是不同主体把"预期课程"付诸实践的过程。由于静态性的预期课程只有通过动态性的课程实施才能达成课程目标,所以,在目标模式看来,课程实施是整个课程开发过程中的"实质性阶段"②,有其特殊意义与地位。这可以看作狭义上的课程实施,即课程实施是对"预期课程"的实施。这里的"预期课程"存在不同的层级,从国家课程到地方课程、校本课程等,而"课程实施"在原初意义上主要针对国家课程的实施,主要关注教师对国家课程在价值取向、课程理解、教学方式等方面的实施。

有人认为课程实施就是课程的全部甚至是教育的全部,因为课程实施过程充满了不确定性,受到方案设计、实施主体、实施环境等具体情境的影响③。以实施主体为例,存在着国家层面、地方层面、院校层面、师生层面等多层面的实施主体,不同层面实施主体还存在着"忠实、相互调适和课程缔造"等不同价值取向、"技术观、政治观和文化观"等不同观念抉择④,如此复杂的课程实施自然充满改革意义,以至于迈克尔·富兰(M.Fullan)等学者认为课程实施即是教育变革⑤。人们对超越教学范畴的课程实施的重视,就是源于对"预期课程"在实践过程中面临复杂变数和多重关系的认识,特别是对美国在 20 世纪五六十年代轰轰烈烈地开展的那场名为"学科结构运动"课程改革没有达成预期效果的反思。因此,知识创价课程的构建不仅需要对"预期课程"从理念目标到内容体系的整体性设计,更需要对"课程实施"进行系统化变革。而在后现代课程观看来,课程实施就是课程建构与开发本身,课程实施实际上是一个辩证的建构过程,"尽管

---

① 王伟廉.高等学校课程研究导论[M].广州:广东高等教育出版社,2008:13-15.

② 施良方.课程理论:课程的基础、原理与问题[M].北京:教育科学出版社,1996:128.

③ 对课程实施影响因素的看法大致存在着从"二因素说"到"六因素说"的影响因素数量依次递增的五种论点,这也从一个侧面说明课程实施影响因素的复杂性。参见:黄小莲.课程实施研究谱系(1970-2010年)[J].教育发展研究,2011(8):33.

④ 尹弘飚,李子建.再论课程实施取向[J].高等教育研究,2005(1):67.

⑤ [加]迈克尔·富兰.教育变革新意义[M].北京:教育科学出版社,2005:291.

在课程的设计中的确需要一定的目标,但这个目标常常也是不断变化的,是需要根据教学过程进行调整的"。"课程的传递不但是一个实现预定目标的活动过程,而且同时也是一个不断发现和形成新的目标的活动过程。"①概而言之,既需要设计课程的目标,并在特定目标基础上建构课程方案,在此基础上展开课程实施,从而形成从目标设计到方案设计再到课程实施的线性过程;同时,又需要赋予课程实施多重意义,课程实施是对课程目标、课程方案以及课程价值生成进行重构的过程,从而使得课程实施具有了多重意义,前者大致可以看作狭义的课程实施,后者可以看作广义的课程实施。

对课程实施问题的重视最初源于基础教育课程领域,是因为基础教育课程开发的特殊性。基础教育课程形式上具有强制性,基础教育课程的学科设置、教学大纲、课程类型等方面自上而下形成了一定的规制,课程目标与内容设计标准化程度高,主要是在国家标准与区域标准的指导下进行开发,学校与教师主要是按照课程标准实施。课程层级上主要分为国家课程、区域课程、校本课程,其中国家课程具有强制性,而区域课程、校本课程是紧密结合区域与学校特色探索开发的课程,即使是区域与学校自身开发的课程,教材开发、内容设计、课时安排等方面均具有严格的国家或区域标准。从学习者发展特点来看,中小学生的社会发展、心理发展、学习特征都处于不成熟状态,课程目标的实现需要教师的指导。由于基础教育课程开发的上述特征使得课程实施成为课程开发过程中的重要阶段,从国家到学校不同层级课程方案的贯彻落实最终依靠课程实施来实现,课程实施决定了课程方案的实现程度,也决定了课程目标的达成度,因此,课程实施必然成为课程开发研究中的一个重要问题。

与基础教育课程相比,大学课程具有自身特殊性。从内容来看,大学课程本质上是一种学术方案,主要是"深奥未知"或者是"处于已知与未知之间交界处"的"高深学问"②,学术性是大学课程的主要特点,课程目标需要大学教授与学习者以及课程利益相关者通过共同研习来达成。由于课程内容的学术性,课程形式上主要是一种学术方案,其具体形式主要是教学大纲、考核大纲、教材、教案等。由于学术性的基本特征,课程方案就成为大学教授研究成果的结晶,教学质量标准等成为课程内容开发的学术根据、内容依据,而不完全是人为规划与强制实施的产物。从纵向实施层级来看包括国家、区域、大学、学院、教师等不同主体层级的课程实施。大学课程的特殊性在于,由于大学课程的学术性,国家、区域、大学等宏观层面与中观层面层级主要是对学术标准、学科门类等方面进行实施,而作为学术方案的课程主要是大学教授主体开发的产物,也就是说,大学课程的

①　[英]麦克·扬.未来的课程[M].上海:华东师范大学出版社,2003:译者序4-5.
②　[美]约翰·S.布鲁贝克.高等教育哲学[M].杭州:浙江教育出版社,1998:2.

开发往往是以大学教授为核心主体,集理念设计、知识组织、课程实施于一体。从学习者发展特点来看,大学生处于成熟与未成熟之间,大学生的社会发展、心智特点、认知特点决定了他们需要教师对课程方案的传道、授业、解惑,同时大学生更需要培养对课程方案的自学能力,通过自学能力、创新能力的培养实现课程方案的目标。

从大学课程与基础教育课程开发的整体性比较中我们可以发现,基础教育课程更加强调对课程标准与课程方案的实施,而课程设计环节主要是依据国家与区域的课程标准展开。相比而言,大学课程更加强调课程的开发性,更加强调课程学科学术的构建,课程方案开发是学科学术构建的一部分。另外,课程实施与教学两个概念内涵指向的侧重点不同,教学是课程实施的主要形式,侧重强调对课程方案在课堂情境中的教与学过程。课程实施主要是从课程开发的整体视角来看,考察课程方案或预期课程的实践过程,强调对课程方案实践过程的整体性行动,对课程方案行动的主体构成、价值取向、行动对象、行动方案等方面指向,其中教师的教与学生的学则是课程实施过程中的一个环节。

宏观课程实施与微观课程实施的基本内涵及其逻辑关系

大学课程的实施更加复杂,不同层面的课程实施形成相应的问题集,实施理念、实施方式、实施内容、实施层级、实施路径、实施评价等问题构成了课程实施的基本范畴。从实施主体维度可以把课程实施大致分为师生主体和组织(大学、院系等)主体两个层面。从课程门类维度可以把课程实施分为整体性课程方案与单门课程方案等两个层级①,其中,整体性课程方案实施主要指向以专业为单位的人才培养方案的执行,涉及大学、学院、师生以及其他利益相关者对课程方案的实施;单门课程方案实施是对课程方案中的某一门具体课程的实施,其核心形式是某一门课程的教学,还包括师生开展的社会调查、学习者自学等实施形式。综合起来看,门类结构、主体结构与课程层级是课程实施的三个核心要素并相应地形成三维关系,其中主体结构与门类结构是划分课程实施层级的两个核心要素,总体上可以将课程实施分为宏观层面课程实施与微观层面课程实施。组织主体对整体性课程方案的实施称为宏观课程实施,师生主体对单门课程的实施称为微观课程实施。综合上述我们可以把宏观层面课程实施与微观层面课程实施以及教学三个概念之间内在逻辑关系用表 5-1 进行钩玄提要。

---

① 王伟廉.高等学校课程研究导论[M].广州:广东高等教育出版社,2008:138-141.

表 5－1 "课程实施"与"教学"基本内涵的分析框架

维度 范畴	课程实施		教学
	宏观层面	微观层面	
分析视角	课程的整体性视角		教师的教 学生的学
主体	院校、学院、校外利益 相关者等	师生及校内外参与者	教师、学生
本质关系	多重主体间权力	多重主体的协同	师生主体间关系
方案构成	整体性课程方案	单门课程方案	教学方案
表现形态	整体性课程方案开发 （设计与实施）	单门课程方案实施	侧重于如何教与如何学
环境条件	整体性课程实施的 生态系统（理念、制度、 文化、方式、内容等）	单门课程实施的 生态系统（理念、文化、 经费、方式、内容等）	教师着眼于教 学生着眼于学

　　从宏观课程实施与微观课程实施的基本内涵以及与教学之间逻辑关系的梳理来看,宏观课程实施在课程开发过程中具有重要地位,其重要地位以及与微观课程实施、教学之间关系可以从下面三个方面进一步展开分析。

　　第一,宏观课程实施的行动架构主要体现为课程开发的完整过程。宏观课程实施指向整体性的课程开发,是宏观层面课程设计与实施一体化的融合运行过程,是将大学理念、课程目标、学科专业、师资队伍、培养方案、课堂教学、教材图书、硬件设施以及大学文化等围绕大学课程设计与实施的一体化运行过程。从课程开发的过程维度来看,关涉课程设计与实施的整个过程,涵盖课程目标、课程教学、课程评价等课程开发的核心过程;从课程开发的内容维度来看,关涉到课程设计与实施的整体性内容,涉及课程开发相关的学科、专业、方案、大纲、教材等核心内容;从课程开发的主体维度来看,关涉到课程设计与实施的所有利益相关主体,教师、学生、管理者、用户等核心主体以及这些主体之间形成的利益关系。因此,宏观层面课程开发实际上是设计与实施连续与同步进行的过程,课程设计与实施往往融合在一起,无法将设计与实施的过程进行明确的边界划分,设计与实施完全分离与独立运行只能在狭义上进行理解。传统泰勒原理将课程开发人为地分为课程设计与课程实施两个阶段,而在课程开发实际运行过程中宏观课程实施涵盖了课程开发与课程实施的双重指向。因此,宏观课程实施的行动架构体现为横向与纵向交叉进行的多维层级化结构。纵向主要体现为政府层面、行业与市场层面、大学层面、学院层面以及师生等课程利益相关主体层面等五个层级;横向主要体现为理念与政策、内容两个维度,构成了宏观课程实施纵横交错的多维层级化结构,具体如表 5－2 所示。

表 5-2 宏观课程实施的多维层级化结构

纵向层级		理念与政策维度		教育方针课程政策 教学质量国家标准	主要以政治逻辑、市场逻辑、社会逻辑为表征,本质上以权力逻辑为轴心	宏观课程设计与实施	课程开发核心过程
	政府层面			课程供给（主要指向思政课程）			
	行业层面 市场层面			专业认证要求 企业需求信息			
	大学层面			大学定位 大学理念			
			内容维度	通识课程供给	主要以学科逻辑、市场逻辑、学习者逻辑为表征,本质上以知识逻辑为轴心	微观课程设计与实施	
	学院层面			以专业为单位 / 人才培养方案			
				以专业为单位 / 课程体系			
	师生等课程利益相关主体层面			单门课程			

第二,宏观课程实施的内在本质主要体现为主体间权力关系的建构。复杂的宏观课程实施主要通过主体间权力关系的建构实现对课程理念、课程方案的控制,从而实现对课程知识生产、传播与应用的控制。大学课程实施过程中的权力关系异常复杂,主体通过权力运行的方向、范围、性质等实现对课程知识的控制,控制课程知识价值创造。权力主体主要包括政府、大学、学科专家、教师、学生、企业技术专家等多重主体,课程实施反映了多重主体的决策权力、选择权力的运行。在权力运行方向上包括自上而下的权力运行以及自下而上的权力运行。从权力性质来看,既有政治论哲学理念中的权力运行,也有认识论哲学理念中的权力运行。大学课程不仅体现为学术方案,还体现为政治方案、市场方案、就业方案等,这些方案的建构就是权力运行的目标指向。不同主体围绕课程方案目标的追逐与实现相应地形成了学术权力、市场权力、行政权力、学生权力等多种权力运行的混合状态。从这些权力运行多重维度的分析中我们可以发现,宏观层面课程实施本质上是一种多重权力关系的建构,通过权力关系的建构控制着课程知识的性质、类型、选择以及运行,从而控制着课程价值的创造。因此,如何构建多重主体之间权力关系成为宏观层面知识创价课程实施内在逻辑的重要指向。

第三,宏观课程实施的表现形态主要体现为主体间利益关系的博弈。主体间多重权力关系的形成从其产生根源与制约力量来说乃是由利益关系所决定,其中核心利益相关主体包括政府、企业、学生、教师等。政府的利益主要体现为大学课程是"国之大计、党之大计"的重要载体,意识形态控制、人才培养方向、人才培养质量等国家利益主要通过课程这一主要载体得以实现,政府通过思想引领、项目引导、资源供给、师资培训、科目规定、内容规定、课程思政等途径实现课程的国家利益,政府往往以国家权力的形式对宏观课程实施进行干预与执行以实现国家利益。企业等雇主的利益主要体现为企业等雇主的人力资源主要来源于大学,大学的人才培养方向与质量影响了企业等雇主人力资源的获得,企业管理专家、企业技术专家等主体力图将能力需求、技术需求等信息传递给大学,试图影响大学课程的目标理念与内容设计,试图通过人力资源需求信息传达、技术转化以及企业管理专家、企业技术专家直接参与等途径影响与控制课程开发从而实现企业诉求。企业诉求在宏观课程实施过程中往往以市场权力进行呈现,大学的 OBE 培养理念、产业学院培养模式等就是企业利益在宏观层面课程实施中的典型反映。学生的利益通过两个方面进行体现:一方面是学生作为政府利益与市场利益的中介来影响课程实施,学生在国家意识形态宣传、政策号召、人力资源市场信息感知过程中,将国家利益、企业利益转化为对课程开发的利益追求;另一方面学生自身利益需求直接影响课程开发,学生将自身专业理念、课程目标、学术兴趣等信息传递给课程管理者、大学教授等课程开发主体,从而直接影响课程设计与实施过程。课程开发过程中,课程目标的确立、课程类型与课程内容的选择、课程效果的评价等往往会直接体现学生利益,而且国家利益与企业利益需要通过学生利益得到实现,学生利益成为国家利益与企业利益实现的中介。教师的利益主要体现在教师的职业发展、专业发展、学术兴趣、科研转化等目标在一定程度上需要通过课程设计与实施来实现,大学课程设计与实施是教师最为基本的工作,是教师学术职业的基本载体。教师个体与群体的利益习性在很大程度上决定了课程目标理念、知识选择、课程开发与实施方式。上述简要分析了宏观课程实施的主要利益相关主体,实际上不止于此,另外,诸如行业协会、专业论证机构、第三方评价机构等往往也参与大学课程设计、实施乃至评价等工作。这些利益相关主体之间围绕大学课程利益的争夺影响了大学课程开发,如何协调上述主体之间利益关系也成为宏观层面知识创价课程实施内在逻辑建构的重要指向。

宏观层面知识创价课程实施的逻辑建构

既然宏观课程实施在课程开发过程中具有如此重要的地位与意义,建构宏观层面知识创价课程实施的内在逻辑就具有重要价值,不但关系到知识创价课程的整体性、本质性建构,而且还关系到知识创价课程能否实现以及微观层面知识创价课程的顺利实施。这就需要我们基于知识创价这一应用型大学知识秩序本质特征,型构一种新的宏观课程实施秩序范式——弥散性螺旋式权力运行模式,通过权力运行模式的重构实现宏观课程实施秩序范式的整体性重建,弥散性螺旋式权力运行模式有两个关键分析维度——弥散性权力分布状态与螺旋式权力运行方式,通过课程开发全过程、全维度的整体性建构,形成权力—知识—价值的秩序框架,在过程与维度两个方向来体现课程开发的权力运行、知识行动、价值生成的图景。

第一,课程开发权力分布的弥散性。

课程开发权力分布的弥散性意指课程开发权力在不同主体之间呈现弥散性分布状态,旨在达成以下两个方面目标或状态:一是通过课程开发的内生利益吸引多重主体参与课程开发。传统大学课程开发主要基于学科利益,教师、学科专家成为课程开发的主体力量,学习者呈被动性参与状态,企业技术专家、校友等社会主体缺少参与课程开发的利益驱动,这是导致大学课程与劳动力市场之间难以实现互动的根源所在。知识创价课程理念目标的实现,需要驱动大学外部的市场主体,大学内部的学习者、课程管理者等主体参与课程开发,通过赋权增能、利益驱动等方式从根本上吸引这些主体参与课程开发的整体过程,从课程目标理念的设计到课程实施再到课程评价的完整过程,吸引这些主体参与,只有这样才能为课程知识的多重价值创造奠定主体基础。二是通过赋予课程开发的权力与责任吸引多重主体参与课程开发。通过利益驱动课程利益相关主体参与课程开发的同时,还要赋予相关主体在课程开发中的权力与责任,把课程价值的生成情况作为课程开发绩效的评价依据。这就需要改变传统课程评价模式,把不同主体参与课程实施的权力与责任作为课程评价的重要维度,权力与责任这一课程开发内生力量的生成、集聚、溢出等作为课程开发评价标准,而不仅仅以最终的课程实施结果或学生的学习成果作为课程评价的主要依据。需要构建课程开发主体权力与责任清单,将课程利益相关主体的权力与责任变成可测度的评价对象,从而使课程这一大学治理中的"暗箱"有利于多重利益相关主体对课程评价的透明化。

第二,课程开发权力参与的螺旋式。

意指课程开发主体的权力呈螺旋式汇聚状态,在螺旋式汇聚过程中充分发挥与挖掘不同主体参与课程开发的内生动力型构知识创价课程,主要体现在两个方面:

一是课程开发权力的表现形态是不同层级主体的课程领导力。宏观课程实施的两难问题在于,既要赋予不同主体课程开发权力与责任,促进课程利益相关者在课程开发过程中价值的实现;同时又要通过提升课程开发核心主体的课程领导力,将弥散性分布的课程开发权力进行聚合形成合力。所以,这里有两个关键问题需要剖析,课程开发的核心主体或关键主体究竟是哪些? 如何提升课程开发核心主体的课程领导力？从前述宏观课程实施的多维层级化结构的分析中我们可以发现，宏观课程实施从上至下的不同层级中，对课程开发的控制主要体现为对专业的控制权力，通过对专业的控制实现对课程的控制，而对专业的控制主要体现为对资源集聚的权力与能力，不同层级主体对专业控制和资源集聚的理念目标、表现形式、内容指向、作用方式等各具特征。

　　政府层面主要通过对专业设置的许可控制着课程的总体方向与设计，通过教学质量标准等控制着专业方向的核心课程，政府层面对课程的控制具有宏观性、强制性、直接性等特征，通过评价、审核等具体方式对课程进行控制。行业层面主要通过两种方式来影响专业，一种方式是通过人力资源市场、技术需求市场等方式对专业设计与实施进行间接的影响，另一种方式是企业管理专家、企业技术专家等直接参与专业的设计与实施。行业层面对课程的控制具有间接性，行业企业对专业设计的影响无法代表人力资源市场、技术市场对专业的整体性需求，主要是从某一个行业、某一些企业的需求出发对专业设计与实施提出建议。大学层面主要通过大学的战略定位、发展理念以及人才培养的目标设计等方式，主要以人才培养方案的形式对专业进行控制从而实现对课程的控制。大学层面对专业的控制体现为多个方面的诉求，诸如，如何体现大学的战略定位与发展理念，如何实现政府对专业设计与实施的要求，如何成为大学的声誉载体等等，大学通过对这些问题的解决实现对专业的设计与实施。而大学层面对这些问题的解决主要通过学院层面来实现，宏观课程实施各个层级的力量对专业的设计与实施最终聚集到学院层面，形成宏观课程实施的权力控制形式，如经费分配、资源配置、制度供给、知识逻辑等；进而形成宏观课程实施的表现形态，如组织实体、课程体系、师资供给等。

　　提升课程开发核心主体的课程领导力就需要依据不同层级主体的具体特点采取针对性措施，促进课程开发不同层级主体参与到专业的设计与实施当中，通过提升课程领导力来促进不同主体价值追求的实现。而传统课程价值创造单一化的重要原因就在于宏观课程实施过程中不同主体课程领导力的缺失或不平衡。不同主体课程领导力的提升需要从赋权、赋责、赋能等多维视角进行系统构建。

　　二是不同层级主体课程领导力的运行需要形成螺旋式运行方式。螺旋式运行方式意味着不同层级主体在宏观课程实施过程中针对自身利益诉求参与课程开发，促进课程价值创造一体化，形成横向与纵向交错的螺旋式运行方式。螺旋式运行方式具有双重意蕴：第一重意蕴指向主体围绕课程知识价值创造形成的权力运行结构，根据主体性质不同、权力类型不同建构相应的权力运行方式，关键问题是不同层级主体将权力统合起来形成合力；第二重意蕴指向不同层级主体围绕课程开发过程中价值的创造形成的权力运行状态，主要是从纵向上的权力运行方式而言。在课程开发的不同阶段,不同主体行使与发挥相应的课程开发权力。

大学课程价值创造的复杂性就在于横向上涉及大学内外部多重主体,纵向上涉及课程开发的整个过程,权力的螺旋式运行方式构建旨在促进多重主体参与课程知识价值创造的完整过程。这也是大学课程应用转型最为困难的地方,也是大学课程应用转型的核心所在。

二、宏观层面知识创价课程实施的现实障碍

宏观课程实施在一定意义上涵盖了微观课程实施与教学的内涵与外延,形成了不同层级主体的多维层级化结构,表现为主体间利益关系的博弈与权力关系的建构。依据知识创价课程实施的内在逻辑,需要型构弥散性螺旋式权力运行模式,依照宏观课程实施的这一逻辑框架,反观应用型大学宏观课程实施现状,主要存在三个方面障碍。

宏观层面课程实施本身的复杂性

宏观层面课程实施不仅关涉到大学内部各种力量,还受到大学外部各种力量的影响与制约。从人才培养职能视角来看,大学改革的一切归根到底是课程改革,大学内外部不同层级、不同维度的改革力量最终汇集到课程改革上来。正如日本教育学者佐藤学所言:"在从事一切改革与实验之前,我们必须认识到,大凡学校的改革是无比繁难的社会事业。无论哪一个国家,学校教育总是浓缩了该国的一切社会与文化的元素。"①而大学课程改革是大学内外部权力纠葛与利益博弈的交汇点,人们之所以认为课程是大学改革的"暗箱",一方面是因为大学课程是大学改革中最为艰难的地方,甚至有人称之为大学改革最后的"堡垒";另一方面是因为大学课程改革与国家政策、科技发展、大学传统文化、资源拥有状态、治理结构等大学外部要素密切相关,也与大学的课程理念、学科发展、师资供给等大学内部要素紧密关联,由于大学内外部因素的综合影响使得不同层级主体力量的统合成为课程弥散性螺旋式权力运行构建最为困难的地方。

不同层级主体之间权力-责任-利益关系统合的复杂性

日本学者佐藤学对如何破解课程实施中不同层级主体间关系提出了忠告:"构成学校的一切成员倘若不建立起彼此信赖合作的关系,那么,任何改革都不

① [日]佐藤学.课程与教师[M].北京:教育科学出版社,2003:中译本序 1.

会取得成功。倘若每一位儿童的尊严和学习的潜能得不到尊重;倘若每一位教师的专业性和献身性的实践得不到尊重;倘若每一位家长对于教育的期待和多样的认识得不到理解,以及学校中持续地激励和帮助每一位儿童学习的亲和力,在这些成员中未能得到培育,那么,学校教育的改革是实现不了的。"①佐藤学的观察与总结虽然主要基于基础教育课程实施,主要讨论了学校内部的力量,但大学课程改革同样如此,不仅具有复杂的内部力量,还有诸多外部力量的参与,使得大学课程改革的利益主体更加复杂多元。如何把这些复杂的内外部利益相关主体统合起来,建立共同的课程目标,形成课程设计与实施的运行机制,无疑,需要一种新的整体性课程改革架构。整个课程论争论的历史归根到底就是一部围绕主体、知识、价值、行动之间关系的历史。围绕教师还是学生、学科知识还是生活世界、形式训练还是实质训练等争论,形成了教师中心论、学生中心论,知识中心论、人本课程论,形式训练论、实质训练论,科学世界论、生活世界论等争论与分歧,形成了操作性的课程实施方案,诸如议题式课程、项目式课程、生活课程、综合实践课程、结果导向课程、SC 改革等方案。但综合这些课程实施方案我们不难发现一个问题——如何破解课程价值创造的复杂性问题,课程多元价值生产、围绕多元价值创造的双向多维行动以及围绕多元价值与多维行动的知识本体理解等核心问题的破解,这些问题需要采取系统化路径进行破解,只有从理念架构、核心要素、表现形态、运作方式等方面行动综合化路径才能形成宏观层面知识创价课程。

三、宏观层面知识创价课程实施的策略路径

从上述分析来看,宏观层面知识创价课程实施的关键是从社会(主要指向劳动力市场中的企业)、大学、政府等多个层面进行权力关系重建,促进课程多元价值的创造。

社会与大学之间权力关系的建构上需要赋能于课程利益相关者。课程社会利益相关者主要包括哪些,这些利益相关者如何汇聚起来形成课程实施的合力,这是宏观层面课程实施赋能于社会利益相关者首先需要回答的问题。课程的社会利益相关者本质上就是谁来决定课程知识,而谁来决定课程知识又与课程知识的性质联系在一起,两者需要在相互建构中形成。从谁来决定课程知识的视角来说,第一,需要打破传统课程惯习,超越知识的学科属性,突破单一学科视角决定课程方案与课程知识的依赖性,依据知识的社会学、经济学、政治学、文化学

---

① ［日］佐藤学.课程与教师［M］.北京:教育科学出版社,2003:中译本序 1.

等多学科视角,从不同学科视角考察知识的社会属性,决定哪些主体参与课程方案与课程知识的选择。第二,需要考虑知识社会需求,从政府、企业不同社会主体利益需求视角来决定哪些主体参与课程方案与课程知识的选择。从课程知识性质的视角来说,也需要打破传统课程惯习,单纯从知识的学科性质,按照学科逻辑,从知识的科学认知、科学原理、科学运用的逻辑顺序进行课程方案到单门课程知识的选择与编制。第三,需要考虑知识的实在性,从知识的客观实在性出发,按照知识的自身发展逻辑进行课程方案与课程知识的选择与编制。知识的自身发展逻辑即学科逻辑,主要由学科专家与大学教授来决定,这就需要学科专家与大学教授在课程知识选择与编制过程中能够超越学科立场。课程知识的选择还需要考虑知识的社会建构性,从知识的社会学、经济学、政治学、文化学等视角考察知识的社会建构过程,通过知识社会建构过程的考察发现与甄别课程知识的社会利益相关者,确立与选择社会利益相关者中的代表参与课程知识的选择。通过知识的实在性与社会建构性的双重考察决定课程知识的利益相关者。

大学课程管理者在课程知识的双向建构以及课程利益相关者聚集过程中发挥重要作用,因为宏观课程实施主要通过课程管理者来实施。大学课程的管理者可以分为行政性管理者与学术性管理者两种类型,不同类型课程管理者的内涵、特征、课程管理理念与方式等问题成为分析宏观课程实施的关键。大学与学院层面的课程管理者主要是行政性管理者,学系与专业层面的课程管理者主要是学术性管理者,两类管理者在课程编制与知识选择过程中的职能各有侧重。行政性管理者主要担负课程定位、课程理念、课程类型、学分总数以及政府刚性规定课程等宏观方面的设计,行政性管理者主要由教学管理系统的校长、院长以及管理人员等构成。学术性管理者主要担负课程体系、知识体系等宏观方面的设计,学术性管理者主要由系主任、课程组长以及课程管理者代表等构成,往往是以专业为单位的学术共同体中的代表。因此,当我们在谈论课程编制与知识选择的主体时,由于不同问题由不同课程管理者解决,如课程知识特别是课程专业知识体系的编制与选择主要由课程的学术性管理者来决定。

传统大学课程知识性质单向度问题之所以产生乃是由于课程知识的编制与选择主要由课程的学术性管理者所决定。原因在于,学术性管理者是课程编制与知识选择的传统主体,已经形成了课程编制与知识选择的主体惯习;重要的原因还在于,大学课程属于高深学问,只有这些课程的学术性管理者能够对课程知识性质进行社会学、经济学、政治学、文化学等多学科与多维度的社会属性分析,而只有通过这些多学科与多维度的社会属性分析才能将课程体系中不同深度、不同学科、不同阶段课程知识的利益相关者进行具体指向,将课程的利益相关者深入到行业企业等劳动力市场细分中具体的技术专家类型与层次。课程利益相关者的分析还要充分认识校友在课程编制与知识选择过程中的重要价值。由于大学课程文化的惯性影响,大学课程的体系编制与知识选择方面往往有很强的延续性,具有大学相关专业学习经历的校友对课程教学具有深刻体验。同时在从事专业相关工作过程中,也能够深切体验到专业课程学习经历在实践工作中对显性知识与默会知识的迁移方面发挥作用。校友兼具课程知识学习者、课程知识价值创造者、课程知识价值受益者等多重身份,应该成为课程编制与知识选择的主要利益相关主体。

　　既然大学课程的学术性管理者在课程利益相关者的组织过程中具有如此重要作用与地位,课程的学术性管理者如何发挥利益相关者的选择与具体化功能成为宏观层面课程实施的重要命题。课程的学术性管理者在传统课程开发过程中往往注重学科逻辑、学习者逻辑,而忽视课程开发的社会逻辑,忽视大学外部利益相关者对课程开发的参与,既有时间、经济方面等成本的限制,也有课程开发惯习的影响。提高学术性管理者把握课程利益相关者,特别是大学外部利益相关者的能力需要从几个方面着手:

　　一是赋权,即赋予课程学术性管理者必要的课程开发经费,作为提高学术性管理者开发课程学术权力的基础。当下阻碍课程的学术性管理者选择与具体化大学外部课程利益相关者的一个重要障碍就是课程开发经费的限制,要么缺少课程开发经费投入,要么将课程开发经费的管理权力滞留于大学与学院层面,从而导致课程的学术性管理者缺少选择与推动课程利益相关者参与课程开发的必要资源,同时也造成大学课程外部利益相关者缺少参与课程开发的内生动力。

　　二是赋责,即赋予学术性管理者的课程开发责任,形成从课程开发起点到劳动力市场终端的全过程评价。当下宏观层面课程开发需要突破传统课程针对单一对象与单一范围的评价方式,传统课程评价形成了主要基于学习者对给定课程知识学习状态的评价,即主要针对单门课程的教学性评价,难以将课程评价上升到课程实施,特别是宏观课程实施层面的评价,这是宏观课程实施应用转型最为重要的问题。传统大学课程评价非常重要的一个现象是,注重单门课程的教学性评价,单门课程的教学往往评价很高,而学习者、劳动力市场用户等课程利益相关者在课程方案整体上却对课程评价不高,其中一个重要原因就在于忽视了宏观层面课程实施的设计与实施,宏观层面课程知识的编制与选择缺少对课程利益相关者的整体性考虑,这是构建知识创价课程的重要原因之一。传统课程实施中这一现象产生的重要原因就在于缺少对课程学术性管理者的课程开发责任评价,导致单门课程有可能成为“金课”的情况下而整体性课程却难以成为“金课”。这就需要赋予课程学术性管理者在课程开发方面的学术责任。

　　三是赋能,即增强学术性管理者对课程知识编制与选择的社会学、政治学、文化学等多学科、跨学科、实践性的学术能力。这种学术能力的形成需要以教研组、专业系、研究所等学术组织为载体,促进大学教师基于课程方案形成课程利益共同体,发挥共同体成员参与选择大学外部利益相关者的积极性,形成选择大学外部利益相关者的集体行动,这是课程学术性管理者对大学外部课程利益相关者进行选择的关键。增能的一个重要策略是重建教研组与专业系等宏观层面课程实施的组织基础,促进课程利益共同体的形成。20 世纪 90 年代以来,大学内部治理结构改革过程中形成了大学——学院的组织结构,弱化了传统的学系与教研组的组织建设,往往将专业建设、学科建设等整合于学院层面,弱化了课程建设的组织基础与资源基础,从而使得课程建设出现了空心化现象。只有通过正式组织建设才能增强学术性管理者的学术能力。增能的另一个重要策略是提升学术性管理者的课程领导力。学术性管理者的课程领导力是宏观课程实施与微观课程实施的中介,宏观课程实施的目标理念、政策导向、制度供给、路径设计最终通过学术性管理者对课程实施的领导来实现,对课程学术性管理者的赋权、赋责、赋能的本质就是提高学术性管理者对课程的领导力,至于如何具体提高学术性管理者的课程领导力需要进行专题讨论,这里不再赘述。归结起来,由于学术性管理者居于宏观课程实施与微观课程实施的中介地位,对其进行赋权、赋责、赋能具有极为重要的意义,需要着力从组织基础与课程领导力两个方面进行建设。

如何形成大学外部主体参与课程开发与知识选择的内生动力是形成课程利益共同体的另一个关键问题。关键是要赋予课程利益相关者的课程利益,而课程利益是一种特殊利益,由于大学课程利益的公共性与复杂性,大学课程往往难以产生直接的经济利益,对人才培养的教育效益是其主要利益,这就需要在分析课程利益形态特征基础上协调课程利益相关者。其中的关键是通过课程的行政性管理来实现对课程利益相关者的协调。正如对于课程的学术性管理者而言,赋权、赋责、赋能的归结点是提高其课程领导力一样,课程的行政性管理者发挥对宏观课程实施制度供给的归结点也是提高其课程领导力。宏观课程实施的目标理念、政策导向、制度供给、路径设计主要是由课程的行政性管理者来提供,政府的课程政策,大学的课程理念、政策、资源等都由课程的行政性管理者进行规划与实施,因此,课程的行政性管理者的课程领导力是宏观课程实施的关键环节,是宏观课程实施与微观课程实施之间的重要中介。

政府与大学之间权力关系的建构上需要赋能于大学。对于政府而言,需要松绑专业设置与对课程体系结构的硬性规定,扩大大学对课程体系结构设计的权力,本质上是政府与大学之间关系的"文化转变"。"各国政府仍然是知识的主要资助者和提供者"[①],随着新管理主义理念的日趋深入,政府权力逐步深化与

---

① [英]杰德勒·德兰迪.知识社会中的大学[M].北京:北京大学出版社,2010:130.

泛化,政府需要赋能于大学。有两个基础性问题需要解决:一是政府赋能内容的转型,也就是政府应该在哪些方面赋能于大学,政府如何通过赋能内容的转型促进知识创价课程的建构,促进知识创价课程的建构;二是赋能方式的转型,也就是政府应该如何赋能于大学,政府如何通过赋能方式的转型来促进知识创价课程的建构。

第二节　微观层面知识创价课程实施

宏观层面课程实施赋权、赋责、赋能于课程的学术性管理者与行政管理者,归根到底是将课程政策规划、课程目标理念、课程体系设计、课程评价标准等传输到大学教授、学习者以及其他课程利益相关者在微观层面对课程的实施。如果从课程的整体性开发来看,最终是通过微观层面课程实施来实现"预期课程"。由于大学课程体系结构比较复杂,不同性质、不同形态的课程差异很大,我们对微观层面知识创价课程实施的构建主要指向专业基础课程、专业课程、综合实践课程等专业性课程。

一、微观层面知识创价课程实施的逻辑建构

由于知识社会与信息技术时代,特别是教育创客空间、翻转课堂、MOOCs等对大学课程改革的深度影响,微观层面课程实施的内涵与外延正在发生颠覆性变化。课程是否存在"目标",课程是一个"顺序展开"还是一个"过程",抑或是一种"实践",在不同的"批判"声中大学课程正在被"解构",微观课程实施范式正处于解构当中。传统微观课程实施的核心要素主要关注"取向""过程""方式""影响因素"等问题[①],这些问题主要基于课程内部,忽视课程外部的影响;重视教师对知识的作用方式,忽视了课程实施主体之间、主体—知识关系的建构,弱化其他主体在课程实施中的功能;重视知识的单向运行,忽视知识的双向互动。

以知识创价为核心特征的应用型大学知识秩序为微观层面课程实施的重构提供了一种新的思路,意味着微观层面课程实施就是课程本身,而不是外在于课程之外的"预期课程",课程本身即是一个"过程"。课程如果存在"目标"的话,课程实施本身即是"目标",因为课程知识价值的创造过程即是课程实施过程,课程

---

① 施良方.课程理论:课程的基础、原理与问题[M].北京:教育科学出版社,1996:128.

实施本身蕴含着课程目标并不否定在课程实践之前课程方案的预先商讨、设计以及制定。因此,微观层面课程实施在本质上是一种围绕知识价值创造的行动,涵盖了以下要素:教师的教、学生的学、师生等大学内外部主体间关系的建构、主体在班级等组织载体上的课程知识行动方式、课程知识行动的测度等问题,贯穿这些行动要素的核心是主体间、主体—知识间关系的建构,微观层面课程实施的应用转型就需要从这些关系出发,重构适合应用型大学知识秩序的实施范式。

应用型大学微观课程实施的基本方略是集体化知识创价行动。集体化知识创价行动的表述主要受到三位学者对有关论题阐述的启发。周作宇提出协同创新的本质是一种"集体知识创价行动",强调产学研等不同主体协同参与知识的运行是知识创新的重要途径[1]。齐曼(J.Ziman)提出"后学院科学"不同于"学院科学"的现代知识生产方式必然导致知识生产主体"朝着更集体化的行动模式发展"[2]。另外,布迪厄提出"集体性知识者"观点,布迪厄认为现代社会的文化生产者们"面临着前所未有的威胁",诸如"国家的干预和经济利益的渗透""电视、出版社、电台等兜售自己的生产标准和消费准则""学术评价标准被新闻的可读性、新颖性和问题热点性的标准所替代",知识生产者已经形成一种新型社会参与方式——集体性知识者,"知识的生产者们能够首先通过确立自身作为一个群体的独立存在,而成为自主的主体,去影响政治"[3]。上述三位学者的观点都强调了这样一个事实,随着知识社会中知识生产活动复杂性程度的大幅度提高,无论是知识生产的内部关系还是知识生产与社会的关系,都导致知识行动主体从单一主体的自足走向主体间合作关系的自觉建构,呈现出集体性的主体间关系特征与集体化的主体间关系建构过程。在借鉴上述三位学者相关观点的基础上提出"集体化知识创价行动"这一观点作为微观课程实施的内在逻辑。

"集体化"意味着多元主体协同构建课程知识的共享情境,形成主体结构的集体化。其中的"化"旨在强调不同社会角色的知识行动主体基于内在逻辑所建构起来的"集体"具有"结构生成的建构性"与"建构过程的结构性"辩证统一的特征。结构生成的建构性意指多元主体形成结构性的合作关系,这种结构性合作关系是基于内生动力的自发生成。建构过程的结构性意指多元主体协同行动的内生动力来源于大学内外部,是文化性、经济性、社会性等因素的结构性影响过程。主体结构的集体化与知识价值的创造在互动中生成,主要体现在两个方面:一是课程实施主体构成的多元化,教师、学生、学科专家、技术专家、用户、雇主、

---

① 周作宇.协同创新:集体知识创价行动[J].现代大学教育,2013(5):3.

② [英]约翰·齐曼.真科学:它是什么,它指什么[M].上海:上海科技教育出版社,2008:83-85.

③ [法]布迪厄,[美]华康德.实践与反思:反思社会学导引[M].北京:中央编译出版社,1998:60-61.

校友等主体协同参与课程知识行动,多元主体基于内生动力自发建构一种结构性的集体行动。二是课程实施主体主要基于班级、项目小组等微观课程实施组织形成知识共享情境。在集体化情境中不同主体在文化背景、知识结构、行为惯习等方面的差异,围绕课程知识的"认知拓展、情感互通、共生创生"形成知识行动共同体①,从而弥补个体的思维方式、知识结构在知识行动过程中的不足。同时集体化情境不排除个体化学习,包容个体暗默知识在知识行动中的作用。总之,集体化的主体结构为课程知识价值的创造奠定了主体关系基础。

"知识创价行动"意指课程知识行动旨在创造价值。一方面体现为课程知识行动在生产、传播、应用的各个环节创造价值。诸如,生产环节通过课程知识的选择与编制创造价值,传播环节通过课程学习者的理论认知与实践认知发展创造价值,应用环节通过课程知识在生产中的应用为市场创造价值。另一方面体现为课程知识行动通过双向互动运作创造价值。通过从生产到应用的完整过程而创造价值;或者通过应用逆向生产和传播课程知识而创造价值,如从技术开发、工程设计、产品生产等需求出发开发课程知识和编制课程中的科学原理,既解决了生产实践中的问题,也生产和传播了课程知识,从而通过双向一体化的知识行动实现课程知识本体价值、认知价值、市场价值的统合。

主体结构的集体化与知识创价行动目标相互联系、互为条件,是社会建构和自发生成相统一的过程。社会建构体现在微观课程实施需要形成一定的环境条件,构建多重主体协同行动的生态环境。诸如,大学课程政策、课程治理制度、课程经费分配方式、课程方案生成模式等方面的转型与重构。自发生成体现在课程知识生产、传播、应用的多维互动,围绕知识的科学化与技术化、形式知识与暗默知识的互动,不同主体基于自身发展状态和需要出发内生性地展开。

二、微观层面知识创价课程实施的现实障碍

如果用新的微观课程实施策略来反观应用转型高校微观课程实施的现状及其存在的问题,我们不难发现,制约课程集体化知识创价行动形成主要是由课程实施主体间关系状态以及在这种状态下的知识行动方式所引发和决定的。按照布迪厄的社会理论,主体间关系状态、主体行动方式等主要由主体的习性(habitus)所决定,"一个社会世界是因为习性并通过习性而存在","习性是持久的、可转换的潜在行为倾向系统,……它们是集体地协调一致,却又不是乐队指挥的组织作用的产物"②。正因为传统大学微观课程实施过程中不同社会角色

---

① 龚放.大学"师生共同体":概念辨析与现实重构[J].中国高教研究,2016(12):6-10.
② [法]皮埃尔·布迪厄.实践感[M].南京:译林出版社,2012:204,74-75.

主体的习性不同,形成不同的行为倾向,导致传统大学微观课程实施价值创造的缺失或失衡。

教师的理论逻辑习性

教师的行为倾向更多的是秉持学科价值取向而形成理论逻辑习性。毋庸置疑,大学教师在微观课程实施中具有重要地位,这也是哈佛大学前校长德雷克·博克之所以强调大学教师对课程理念与实践重要性的原因所在,"因为他们决定了大学生的学习内容及方向"[①],但是大学教授往往轻视知识的技术化应用,忽视理论逻辑与实践逻辑之间的衔接与转换,追求知识的学科价值,忽视知识的市场应用价值。理论逻辑习性导致教师对课程知识的选择主要按照学科知识体系的分工进行规划与设计,所以容易形成片段化的"纵向话语"[②],不同课程的教师仅仅负责"纵向话语"中的一部分,"教很多学科,每门学科教那么一小部分"[③]。而作为"世界Ⅲ"的课程知识是人类为了认识世界而人为地分割而成的,"生活情景并没有标明哪些方面是社会学的、哪些方面是历史学的、哪些方面是经济学的、哪些方面是政治学的"[④],在复杂世界面前能够见到的只是"问题"或"产品"。理论逻辑习性还导致教师的知识行动主要处于生产与传播阶段的学科性活动范围,往往被限制在特定学科内部,追求知识生产的深度与效率,难以拓展到应用阶段,学生无法参与到课程知识从生产到应用的整个过程,导致课程知识行动脱离社会生产实际需要而形成"应用漂移"现象[⑤]。理论逻辑习性还导致教师在知识传播方式上往往把自身塑造成学科的"代表人",秉持"表演"哲学,而把学生视为"观众"[⑥],忽视学生在课程知识行动中的参与,课程往往成为一种"静听的课程"[⑦],忽视课程知识对学生认知发展的价值,这是导致课程知识行动发生"教学漂移"现象的重要原因。大学教师产生理论逻辑习性的原因主要在于,大学教授的科研偏向学术性科研,而不是应用性科研;大学教授的教学方式主要是学术性教学,而不是应用性教学。大学教师对理论逻辑习性的超越需要重塑对知识应

---

① [美]德雷克·博克.回归大学之道:对美国大学本科教育的反思与展望[M].上海:华东师范大学出版社,2008:19.

② [英]巴兹尔·伯恩斯坦.教育、符号控制与认同[M].北京:中国人民大学出版社,2016:169.

③ [英]怀特海.教育的目的//华东师范大学教育系等编译.现代西方资产阶级教育思想流派论著选[M].北京:人民教育出版社,1980:111.

④ [美]约翰·S.布鲁贝克.高等教育哲学[M].杭州:浙江教育出版社,1998:109.

⑤ 梳理博耶的文献可以发现,博耶并没有提出"应用漂移"是学术漂移的重要现象,可能的原因是,博耶注重教学,虽然提出了学术的四分结构,但对学术的应用价值取向并没有引起足够重视。

⑥ 别敦荣.大学教学原理与方法[M].青岛:中国海洋大学出版社,2018:3-5.

⑦ 赵祥麟,王承绪.杜威教育名篇[M].北京:教育科学出版社,2006:25-26.

用更深层次的意义与价值,型构完整的学术角色。"大学不仅仅是简单地再生产社会价值和文化价值,同时,它们也对社会的文化模式提出质疑。""知识分子不仅是社会文化模式的复制者,也是社会文化模式的改造者。"①大学教授的知识分子职责不再是简单地进行知识生产,知识的应用意味着肩负着文化模式再造的职责。

学生的功利主义习性

学生的行为倾向更多地受到消费主义影响形成功利主义习性,对课程分数的追逐往往超过了对自身认知发展与市场应用价值的追求。课程知识选择上倾向于追求胜任未来就业岗位需要的具有可操作性的技术知识,忽视技术知识的科学化还原。在主体关系互动上,弱化生—师、生—生之间的共同研讨,缺少营造和参与师生研习共同体的内在动力。知识行动上往往处于低层次的记忆和理解状态,难以达到中间层次的分析和应用目标,缺少对高层次的创造目标的内在追求。忽视知识生产、传播以及应用整个过程的有机联系,缺乏深度学习。这也是泰勒(R.Tyler)很早就提出在课程评价中要对"学生行为模式的改变""教育目标的预期结果"进行综合评价的缘由。泰勒倡导对课程实施采取多元化的评价方式,诸如"纸笔测验""观察个人—社会适应性""访谈学生""收集学生完成的实际作品""图书馆的图书借出记录"等等②,这些评价方式主要以学生的学习行为倾向为对象,强调以问题解决或产品产出为标准,以评价为导向推动知识行动过程的一体化。

大学外部主体的多样化价值追求习性

大学外部主体具有多样化价值追求的习性。大学课程的利益相关者还包括企业技术专家、雇主、用户等大学外部主体。笔者在东南沿海地区应用转型高校与用人单位的抽样调查中发现,在对"正式课程实施过程中除了师生参与课程教学,是否还有其他人员参与教学活动"问题的回答中,企业技术专家、雇主、用户等大学外部主体参与课程实施的比例均在 10% 以下。而通过问卷与访谈等调查进一步追问这些外部主体为什么很少或者没有参与课程实施,其中一个非常重要的原因是,这些外部主体主要关注知识行动能否创造市场价值,诸如能否解决产品研发、软件设计、技术创新、方案研制等当中的现实问题,这些外部主体对付出资源、时间等方面成本但不能创造市场价值的行动必然采取规避倾向。另外一个很重要的原因是,对于课程管理者、教师等大学内部主体来说,由于学科

---

① ［英］杰德勒·德兰迪.知识社会中的大学［M］.北京:北京大学出版社,2010:90.
② ［美］拉尔夫·泰勒.课程与教学的基本原理［M］.北京:中国轻工业出版社,2014:114-115.

逻辑与技术逻辑、学科价值与市场价值等方面衔接与转换的困难,吸引大学外部主体参与课程实施,会大大增加课程知识编制的复杂程度、课程知识运行的难度、课程实施的组织成本等。这些原因在很大程度上消解了大学内部主体吸引与吸纳外部主体参与课程实施的动力。这些内外部主体行为倾向的叠加效应阻碍了大学外部主体对课程实施的参与。

不同社会角色主体之所以形成上述行为倾向,一方面,从社会背景维度来说是适应了工业社会中知识运行方式与知识价值追求的确定性、稳定性以及单向线性等特征的需要。而这些特征同知识社会中知识运行方式与知识价值追求的风险性、情境性以及双向互动等特征相冲突,这些冲突势必导致课程实施主体之间难以形成集体行动的内在动力,导致课程知识行动的断裂以及价值创造的失衡。另一方面,从社会主体维度来说,这些行为倾向的形成归根到底是主体习性的产物,是主体习性影响下形成的理念信仰、价值取向、行动方式、知识体系、文化环境等因素系统影响的结果。因此,改变课程知识行动主体的习性及其影响下形成的行为倾向,就需要根据知识社会背景下大学知识秩序的内在要求重建一种新的"场域"(champs)。这种新场域的构建本质上是课程实施的"游戏参加者"以及"游戏"中的各种要素形成一种新的具有"自身逻辑和必然性客观关系"的"相对自主性的社会小世界"①,其中的核心要素是主体观念、主体间关系、知识组织机制、知识行动方式等。

三、微观层面知识创价课程实施的策略路径

构建以创造性学习理念为特征的课程知识行动场域"自身逻辑"

就应用型大学微观课程实施场域的"自身逻辑"而言,需要用一种新的理念与价值导向整体性地改变主体的行动习性,重构课程知识行动场域的"自身逻辑",核心是要形成集体化情境中的创造性学习理念。个体—集体、形式知识—暗默知识、知识科学化—技术化之间的知识行动本质上是创造性学习,关涉到行动者的心理选择、历史经验、未来判断等基于自身知识学习与管理经验的重构,需要转变传统课程知识行动惯习,这是不同于传统微观课程知识行动理念和价值取向的根本。

知识创造理论认为,主体创造知识价值的本质是创造性学习,无论是主体构成、知识选择还是行动方式,都是创造性学习的过程,都需要通过创造性学习来

---

① [法]布迪厄,[美]华康德.实践与反思:反思社会学导引[M].北京:中央编译出版社,1998:134.

实现知识行动目标。创造性学习的困难主要表现在三个方面，从认知主体来说，困难在于个体与集体之间知识的转换；从认知对象来说，困难在于暗默知识的创造性学习，即"技能背后所蕴含的科学或技术原理"的习得与创新；从认知方式来说，困难在于暗默知识的转换，即实践技能和科学原理背后的"心智模式、信念及各种视角"的习得与创新①。一言以概之，创造性学习就是在个体与集体、形式知识与暗默知识、科学知识与技术知识之间形成共同化（Socialization）—表出化（Externalization）—联结化（Combination）—内在化（Internalization）的 SECI 螺旋运动②。因此，应用型大学课程知识行动不再是将课程知识体系分解成若干任务或模块进行单向的信息化处理，而是促进 SECI 螺旋运动的形成以及在这一螺旋运动过程中培养学生创造性学习的能力。

　　由于课程方案呈现的主要是目标体系及其形式知识，而暗默知识暗含在课程知识行动主体的身体之中，形式知识与暗默知识的转换需要课程知识行动主体之间形成 SECI 螺旋运动。其中，联结化与内在化主要是主体自身对知识转换的体验，往往由主体自身决定，而共同化与表出化主要受到主体间互动关系的制约。因此，SECI 螺旋运动过程的完整实现有两个关键拐点：一是暗默知识在主体间的分享，"透过直接体验分享和创造暗默知识"，即共同化的过程；二是暗默知识向形式知识的转换，"通过对话和反思将暗默知识表述出来"，即表出化的过程③。所以，应用型大学课程知识行动的关键是在知识的科学化与技术化互动过程中，实现暗默知识在个体与集体之间的共同化与表出化。知识创造理论提供了可资借鉴的操作性策略，"暗默知识根植于行动之中，融会在个体对某种特定情境的投入之中，这种情境包括手艺或职业，特殊技术或产品市场，或工作团队的各种活动"，"技术知识与主观洞见、分析与神入、果断与耐性、质疑他人与信任他人"之间的互动，"身体与精神、个体与组织、由上至下与由下至上"之间的转换等等④，这些策略归结起来就是知识的创造性学习。

构建以民主协商为特征的主体间交往范式

　　在课程知识行动场域"自身逻辑"重建的基础上需要转而讨论"游戏参加者"

---

　　① ［日］竹内弘高，野中郁次郎.知识创造的螺旋——知识管理理论与案例研究［M］.北京：知识产权出版社，2006：31.
　　② ［日］竹内弘高，野中郁次郎.知识创造的螺旋——知识管理理论与案例研究［M］.北京：知识产权出版社，2006：8-9.
　　③ ［日］竹内弘高，野中郁次郎.知识创造的螺旋——知识管理理论与案例研究［M］.北京：知识产权出版社，2006：9.
　　④ ［日］竹内弘高，野中郁次郎.知识创造的螺旋——知识管理理论与案例研究［M］.北京：知识产权出版社，2006：31，序 9-10.

之间"客观关系"的重建,构建以民主协商为特征的主体间交往范式,促进集体行动的自发生成。哈贝马斯的民主协商交往理论为我们提供了一个多元主体间交往的理性范式,民主协商交往理论认为,"对话"是主体间互动情境建构的基础,"对话不仅仅指面对面的交流,它是交互式地创造及表述,并使组织中的个体共享新含意的过程"①。课程知识行动主体间对话关系的构建需要秉持哈贝马斯提出的"普遍化原则",强调主体间交往的"相互性"和"相互承认",即主体将"相互"与"关切"作为对话和交往的伦理准则,用哈贝马斯的话说就是"交往理性表现在交往共识的前提之中"②。普遍化原则要求课程知识行动主体改善"对话"的"语法规则",通过教学话语呈现方式、知识再语境化策略等方面的改进等来促进课程利益相关主体的民主协商交往,通过有意义的"对话或集体反思"来触发集体行动的自发生成。在"对话"的基础上,主体间交往关系的建构还受到权力、激励、产品、情境、利益等"文化规则"的影响。

权力关系是文化规则的核心,"权力制造知识,权力和知识是直接互相连带的,不相应地建构一种知识领域就不可能有权力关系,不同时预设和建构权力关系就不会有任何知识"③。权力关系往往体现为主体对知识价值的追求与控制,企业技术专家主要追求知识的技术价值,教师主要追求知识的科学价值,雇主主要追求知识的市场价值,而学生则主要追求知识的主体发展价值。所以,权力关系的转型就需要消解课程利益相关主体之间权力的内在张力,赋予课程知识行动主体相应的权力,诸如,教师的学术权力、学生的消费者权力、课程管理者的行政权力、雇主的市场参与权力、技术专家的技术导向权力、学科专家的科学导向权力等等。从传统微观课程实施的权力构成来看,存在的一个重要问题是权力结构的不平衡,学生权力、雇主权力、技术专家权力在课程实施场域中的弱化或缺席,是导致课程知识行动价值创造失衡的根源,权力关系的转型需要赋予课程知识行动主体在价值创造过程中相应的权力,改变课程知识行动主体权力失衡状态,促进集体行动的形成。

从多重主体的结构来看,师生交往的改善是主体间交往范式重建的重点。由于教师在课程知识话语权中的优势地位,师生民主协商交往关系的构建需要采取博格西昂(P.Boghossian)提出的"双重标准",即"如果处于强势地位的人们持有某种可疑的观点,批评是可以的,但受到强势一方压迫的人们持有可疑的观点,就不能批评"④。双重标准意味着师生在交往过程中需要改变传统的语法规则与文化

---

① [日]竹内弘高,野中郁次郎.知识创造的螺旋——知识管理理论与案例研究[M].北京:知识产权出版社,2006:340.

② [德]于尔根•哈贝马斯.后形而上学思想[M].南京:译林出版社,2001:60.

③ [法]米歇尔•福柯.规训与惩罚[M].北京:三联书店,2003:29.

④ [美]保罗•博格西昂.对知识的恐惧:反相对主义和建构主义[M].南京:译林出版社,2015:118.

规则,将课程方案中呈现的形式知识和个体的暗默知识,特别是将个体的理论认知与实践认知技能在共同研讨中影响和传播给学生,推动学生参与课程的"导演"与"表演",而不仅仅是"观众"角色。这就需要教师角色发生转型,"教师成为课程的设计者和组织者,甚至有时和同学们一样成为学习者"①。因为知识在复杂的技术化和工程化过程中面临许多问题,这些问题很多都是师生主体始料不及的,课程教学过程就要成为信息的多维互动过程,师—生、生—生、师—师在教学过程中"分享彼此的想法、经验和思考,交流互相的情感与体验,从而达成共识、共进、共享发展的过程"②。在操作性措施方面,可以提高师生比、设立教师接待日等,正如伯顿·克拉克所说,"在大规模的规划和科层组织中,没有捷径能够绕过洪堡所强调的有教授和学生携手追求知识的成千个各自地组成的小世界的需要"③。

构建以问题解决为动力的知识组织机制

知识构成的"客观关系"是集体化知识创价行动场域构建的另一个重要客观条件,需要我们构建以问题解决为动力的课程知识组织机制,形成课程知识体系的内生结构,为多元价值创造奠定知识基础。以问题解决为动力的课程知识组织机制,意即围绕问题解决组织课程知识,从复杂的现象和情境当中过滤掉无用的数据和信息,凝练和抽象出问题并进行求解是课程知识组织的核心命题④。所谓"问题",就是把"作为事实的自然现象作为科研的问题提出来"⑤,同样我们可以把感性经验、技术操作、社会现象作为理性知识、技术科学、社会科学的"问题"提出来。

以问题解决为动力的课程知识组织机制有三个关键命题:一是形成多元化的问题生成机制,诸如学生基于学习和心智发展状态生成问题,教师基于理论逻辑、实践逻辑生成问题,师生针对知识授受过程中的交锋共同生成问题,师生与企业技术专家等主体基于知识行动中的冲突生成问题。二是形成多样化的问题呈现方式。理工学科如技术开发、软件程序设计、模拟产品生产中的问题;人文学科如策划书、文案起草中的问题;社会科学如实践案例、政策法案中的问题;理论建构如逻辑起点、逻辑体系、技术路线设计中的问题。三是形成多途径的问题破解机制。以理论建构过程中的问题破解为例,可以通过理论的学理性建构来破解问题,并在此基础上建构知识体系;也可以通过理论在实践中的应用来破解

---

① 杨绪辉,沈书生.创客空间的内涵特征、教育价值与构建路径[J].教育研究,2016(3):32.

② 杨绪辉,沈书生.创客空间的内涵特征、教育价值与构建路径[J].教育研究,2016(3):32.

③ [美]伯顿·克拉克.研究生教育的科学研究基础[M].杭州:浙江教育出版社,2001:435.

④ Dede C.Comparing frameworks for 21st century skills [M]//J Bellance, R Brandt. 21st century skills: rethinking how students learn.Bloomington,IN:Solution Tree Press,2010:53-54.

⑤ [日]大河内一男,海后宗臣,等.教育学的理论问题[M].北京:教育科学出版社,1984:31.

问题,并在此基础上建构知识体系。

以问题解决为动力的课程知识组织机制实现了课程知识在社会建构与客观实在之间的互动,超越了传统的学科逻辑、认知逻辑、事物发展逻辑等单向度课程知识组织机制,突破了传统课程知识建构过程中经常呈现的主客分离、形式知识体系化分离、形式知识与暗默知识分离、知识的科学化与技术化分离等主体—知识—学习之间分割的组织机制。把问题解决作为主体建构与客观实在的双向生成过程,课程实施主体通过对问题的设计、破解、评估过程的反复协商,使问题解决成为布迪厄所说的"象征性实践",使"个人的'生存心态'和精神活动,同客观的社会制约性条件、行动者实践活动所创造的社会场域三大方面交结在一起"①。以问题解决为动力的课程知识组织机制并不否定按照学科逻辑和学习者心智发展逻辑,从知识史、知识谱系、认知发展阶段等维度进行课程知识的组织,而是更加强调从知识点、问题点、实践点、价值点等维度出发进行课程知识体系的组织和建构。

以问题解决为动力的课程知识组织机制可以采取如下操作性策略:一是从科学概念中的具体问题入手。通过科学概念"挖掘自然事实",建构科学原理和自然事实中的技术问题,即对科学原理进行技术化应用。同时进行"自然事实的概念化"②。对事实和问题的科学原理进行探究,将事实和问题上升到科学原理层面。通过科学概念中的具体问题在不同方向的运行,跨越课程知识"理论秩序"与"实践秩序"的冲突。二是从实践情境中的具体问题入手。如社会科学中的贫穷问题、绿色发展问题、新媒体问题等,组织不同学科知识对问题进行综合性破解,横跨课程知识的"分科秩序"。三是从高深程度不同知识的认知与实践中面临的冲突入手。如专业基础课程与专业核心课程、通识基础课程与通识高深课程、通识课程与专业课程的认知与实践中面临的诘难,组织高深程度不同的知识对问题进行破解,通过问题超越课程知识的"等级秩序"。综合起来看我们不难发现,问题解决促进了形式知识与暗默知识、片段化知识与项目化问题、科学化知识与技术化知识之间的统合,正如杜威所说,"经历过许多疑难事件之后,学生会为自己组织一套已经确证的有系统的知识"③。

以问题解决为动力的课程知识组织机制的实施需要单门课程以及课程之间形成广泛联系,构建基于学科、基于专业、基于学生发展的课程之间的有机融合,形成系统化的知识学习环境,教学话语、符号之间系统联系,促进知识行动一体化的形成。可以借助美国的 STEAM 教育模式,该模式通过融合科学(Science)、技术(Technology)、工学(Engineering)、艺术(Art)以及数学

① 高宣扬.布迪厄的社会理论[M].上海:同济大学出版社,2004:94.
② [美]约翰·S.布鲁贝克.高等教育哲学[M].杭州:浙江教育出版社,1998:111.
③ [美]约翰·S.布鲁贝克.高等教育哲学[M].杭州:浙江教育出版社,1998:108.

(Mathematics)等学科知识,把数学和科学原理与实际生活相结合,在解决技术和工学相关问题的过程中组织课程知识①。STEAM 教育模式的实现需要课程实施方式变革,在课程知识授受的空间上将课堂教学—课后研究—业余生活集于一体,在课程知识授受的顺序上师生主体进行互动,构建课堂教师讲授—课后自主分配、选择、研究课题—教师辅导—共同研讨—尝试创新和应用知识等课程知识运行的多维互动,即构建工作、学习、职业"再制"的"知识竞技场"②。

构建以创客空间为载体的一体化知识行动

20 世纪末在美国出现的创客运动引领着知识社会中的知识行动方式。"创客(Maker)是指一群具备特定知识含量,具有创新、实践、共享、交流意识,愿意挑战技术并将创意转变成现实的人。"③创客空间的本质是在知识的科学化与技术化互动过程中构建知识共享情境,旨在解决问题或生产产品。按照创客空间的运作理念,课程创客空间就是课程知识行动主体共同参与知识的生产、传播、应用,形成知识共享情境,注重知识行动过程中不同价值的产出,特别是产品的产出,强调创造性理念与多元价值的生成,反对课程知识行动成果的统一评价标准。因此,课程创客空间的运行崇尚科学知识和技术知识的互动生成,强调基于学生兴趣和问题的学习,强调草根性的"DIY"精神④,反对流于科学知识的单向运行和浅层次授受,反对自上而下的规划和讲授。

课程创客空间的运作可以采取多种策略。理工类课程可以运用"快速成型制造技术"(Rapid Prototyping & Manufacturing,RP&M),将计算机辅助软件(CAD)和计算机辅助制造(CAM)集于一体,在计算机中设计出三维模型,借助3D 打印机等工具在很短时间内设计出软件或制造出产品模型。人文社科类课程可以通过"教师、学生、乐队成员及商业主管彼此交流心得体会""学生与招聘单位在校园见面""学生和教师与风险投资家及非营利组织成员进行交谈""学生和教师、工厂的管理者及工人进行对话"等途径⑤,形成策划书、案例、法案、技术路线等产品。当下的课程创客空间运作可以与 MOOCs、翻转课堂、智慧课堂等网络时代的人际联系与技术优势统合起来,突破传统课程实施的时空规训,实现随时随地的课程知识行动。课程创客空间的运作经费可以采取多种渠道进行筹

---

① 杨绪辉,沈书生.创客空间的内涵特征、教育价值与构建路径[J].教育研究,2016(3):30.
② [英]巴兹尔·伯恩斯坦.教育、符号控制与认同[M].北京:中国人民大学出版社,2016:203.
③ 王鑫,王荣,杨光飞.创客文化的原生动力及其功能演绎[J].新华文摘,2017(17):113.
④ 王鑫,王荣,杨光飞.创客文化的原生动力及其功能演绎[J].新华文摘,2017(17):114.
⑤ [日]竹内弘高,野中郁次郎.知识创造的螺旋——知识管理理论与案例研究[M].北京:知识产权出版社,2006:348.

措,诸如,大学设置以课程为单位的专项教学经费,大学与企业合作投入经费把课程知识行动与解决企业生产中遇到的问题相结合,通过销售课程创客空间产品来反哺投入的经费,等等。因此,创客空间的构建是一个复杂的系统工程,需要教师与学习者在创客空间构建中发挥关键作用。从教师维度来看,主要体现为"产学研"有机结合,教师参与课程知识生产、传播、应用的一体化运行过程,特别是参与知识的市场化应用,课程内容的建构过程成为知识的创造性应用过程。从学习者维度来看,主要体现为"学思用"有机结合,学生参与课程知识的传播与应用过程,课程知识的学习过程成为知识的创造性应用过程。

综合上述微观课程实施场域的建构路径,创造性学习理念作为场域主体的观念基础,通过民主协商交往形成集体化行动,以问题解决为动力形成课程知识体系的内生结构,通过课程创客空间的运行形成一体化知识创价行动,这一整体性路径形成了集体化知识创价行动场域的逻辑体系,即创价理念—民主协商—问题解决—创价行动的连结体。这一连结体内嵌于课程实施的中观、宏观环境之中,可以简化地示意为图5-1。

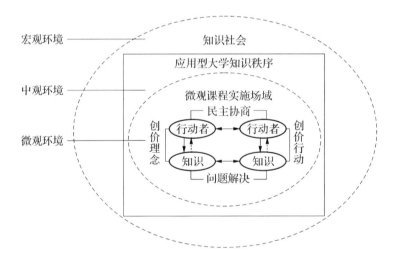

说明:——表示有明显边界;---表示边界不明显;➡表示正向作用方向;⇢表示反向作用方向

图5-1 微观课程实施场域及其内外部关系示意图

构建"课程学术"突破对传统课程实施路径的依赖性

课程实施场域的整体性重建还需要我们基于应用型大学知识秩序突破对传统课程实施路径的依赖性。应用型大学具有不同于研究型大学与技能型院校的诸多特点,三种不同类型高等教育机构形成了具有一定张力的知识秩序。以微观课程实施为例,研究型大学知识秩序的主要特征是知识的科学化训练,如牛津大学的导师制通过对学生"系统地喷烟",给学生"一种生活和一种思想方式"①；南京大学实施的"以知识为载体传递思想""知识—能力—思想"链的大理科教学模式②,课程实施体现为以教师主导、以高深知识为中心、重视知识本身的体悟、崇尚知识的学科发展价值等等即是研究型大学微观课程实施的基本特征。技能型院校知识秩序的主要特征是知识的技能化训练,以知识对职业岗位的应用价值为取向,课程实施体现为严格的岗位技能训练,根据岗位需求确定知识体系,教师、师傅为代表的校企之间进行合作对学习者进行训练,学习者对岗位规程的熟练化掌握等等,即是技能型院校微观课程实施的基本特征。

　　从上述简略性的比较分析中我们不难发现,应用型大学需要基于自身知识秩序打破对传统课程实施路径的依赖,特别是通过对研究型大学课程实施路径依赖的解构,采取系统化策略促进课程实施场域的整体性转换。正如布迪厄所说:"社会秩序的再生产远不是什么机械过程的自动产品,它只能通过行动者的各种策略和实践来实现自身。"③大学应用转型特别是大学课程应用转型之所以难以向纵深方向推进,容易陷入研究型大学发展路径的"陷阱",其中一个重要原因即是由于"人的行为依赖于他们过去的全部行为"④,正是由于人们对传统大学文化、政策、制度等发展路径的依赖而出现"锁入"效应。

　　应用型大学如何突破课程实施乃至课程开发的"锁入"效应,需要构建"课程学术"作为大学课程应用转型研究的新视域。大学课程是一个"集合概念",涵盖了大学战略定位、发展理念、人才培养目标、学科专业理论、知识行动方式等诸多方面,是一项系统性的学术实践活动,既具有不同于基础教育课程开发的特点,而且不同类型大学之间课程开发的基本特征也存在一定张力。从课程实施视角来说,大学课程实施具有很强的开发性,课程实施是对课程方案进行再开发、再语境化的过程,面临着主体、知识、市场以及社会等诸多发展价值指向的选择与创造,教师的学术信仰、学术水平、学术权力等成为影响课程实施的重要因素,不同类型大学形成不同课程实施范式,这些特点使得大学课程成为一个异常复杂的学术研究与实践领域。

　　博耶(Ernest L.Boyer)提出大学学术的四分结构,将大学的学术工作分为四种类型——"教学学术""探究学术""应用学术""整合学术",其中,"把传播知识

---

① 裴克安.牛津大学[M].长沙:湖南教育出版社,1986:86.
② 卢德馨.大理科模式 20 年:思想、举措、人才[M].北京:清华大学出版社,2009:124.
③ [法]布迪厄,[美]华康德.实践与反思:反思社会学导引[M].北京:中央编译出版社,1998:184.
④ [美]布莱恩·阿瑟.技术的本质:技术是什么,它是如何进化的[M].杭州:浙江人民出版社,2014:V.

的学术称之为'教学学术'"①。反思博耶"教学学术"的基本范畴和目标指向,我们不难发现,"教学学术"仅仅反映了课程开发的部分学术指向,无法涵盖大学课程开发的全部学术问题,因为大学课程的学术内涵与实践要素远比教学学术丰富得多。因此,有必要将"教学学术"扩展为"课程学术",从不同维度构建课程学术的范畴体系。例如,从课程开发的维度形成课程设计学术、课程实施学术、课程评价学术等范畴;从课程控制的维度形成课程学术权力与学术责任、课程学术自由与学术义务等范畴;从课程内容的维度形成通识课程学术、基础课程学术、专业课程学术等范畴。这些不同维度课程学术范畴体系的构建赋予了课程学术的丰富内涵,提升了课程开发的理性认识,而课程应用转型即是课程学术探究的一个新视域,需要构建大学课程应用转型理论的基本范畴体系。以课程实施学术的建构为例,倘若按照泰勒的"目标模式"来分析,大学课程实施"前"的课程设计与实施"后"的课程评价都外在于课程实施,都属于课程质量的"外在控制",而课程质量的"内在控制"几乎完全由课程实施来决定。这就需要充分认识课程实施在大学课程开发、人才培养中的重要地位,充分认识课程实施学术作为一种课程学术的特殊价值;这就需要厘清不同类型大学课程实施学术的基本内涵;需要对教师、学生以及其他课程利益相关者在课程实施中的权力与责任进行设计。一句话,通过课程学术的系统化建构突破对传统课程实施路径的依赖,实现对大学课程应用转型的系统化建构,实现对知识创价课程的建构。

---

① [美]欧内斯特·L.博耶.关于美国教育改革的演讲[M].北京:教育科学出版社,2002:74,77.

> 我们的时代是一个批判的时代，一切事物都必须接受审判。
>
> ——康德·《纯粹理性批判》

结语　走向内在价值与外在价值
统一的知识创价课程

　　上述各章对大学应用转型以及大学课程应用转型的关键问题在理论上进行了论证，对知识创价课程逻辑论、体系论、实施论等进行了探讨，提出了知识创价课程纲领性的理论框架与实践路径。研究旨在告诉人们，应用型大学的本质是什么？作为一种类型，其形成的内在机理是什么？基于这种内在机理的诠释与分析，推演出应用型大学课程的理想类型是什么？作为一种应用型大学课程的理想类型——知识创价课程应当如何建构？为了回答这些问题，我们从传统大学课程存在的核心问题——大学课程单向度惯习这个分析起点出发，基于工业社会向知识社会转型呈现出知识的经济性、不确定性、风险性等大学外部特征，以及在这一宏观社会背景影响下大学课程创造知识价值多样化的大学内部特征，揭示了大学以及大学课程为什么要应用转型这个课题。

　　为了系统回答大学课程如何应用转型，我们从大学运行的核心材料——知识这个逻辑起点出发，阐述了大学的本质是一种知识秩序存在，不同类型大学之间的本质差异就是知识秩序类型的质性不同，大学应用转型的本质就是型构一种新的知识秩序。因此，理解应用型大学知识秩序的本质特征需要首先解读知识社会的本质特征——创造知识多样化价值。从知识社会的本质特征出发，我们型构应用型大学知识秩序的本质特征，继而型构应用型大学课程的本质特征与理想类型——知识创价课程。我们对应用型大学课程的逻辑建构就从这个逻辑起点出发，并从体系设计与实施策略进行逻辑展开。

　　从逻辑起点到逻辑体系的总体设计以及具体展开构成了知识创价课程的总论性研究。事实上，对知识创价课程的完整建构还可以从其他维度进一步展开，诸如时序、空间、技术等维度。譬如，知识创价课程时序维度的建构，按照加塞特（O.Gasset）的观点，需要用最经济和最优效率的原则对大学课程进行建构，在有限的学程设计中，如何按照学习者的认知顺序、学科的逻辑顺序、事物本身的发展顺序、社会组织的需求顺序等视角对课程的时序进行综合设计就是知识创价课程建构的重要维度和内容。再如,知识创价课程空间维度的建构,学者个体与学习者群体、教师个体与教师群体以及其他课程主体都在社会交往中生存与发展,学习与交往空间密切相关,在大学内部、大学与外部、个体与个体、个体与群体、群体与群体等错综复杂的交往关系空间中,如何进行课程的设计与实施存在着无限探究的空间。又如,知识创价课程技术维度的建构,课程设计、课程实施中教与学的具体方法路径等技术问题。实际上,知识创价课程的建构还远不止上述列举的维度,需要在维度扩展与目标实现的双向互动中建构知识创价课程。回归课程概念的多维立体化丰富内涵,知识创价课程同样具有多维立体化的丰富内涵,是应用型大学课程理念、目标、方案、方法论等的集合体。

知识创价课程之所以需要在维度扩展与目标实现的双向互动中进行完整建构,源于大学课程是一种复杂关系的存在。大学课程作为人才培养的载体,与科学研究、社会服务、文化引领等大学职能相比,受到大学内外部关系规律的深度影响。相比较而言,科学研究主要受到科学自身以及外部社会要素的影响,社会服务则主要受到外部社会要素的影响,而大学课程作为一种复杂关系的存在,是学习者—学科—社会三者关系的中介,大学课程的建构处于学习者逻辑、学科逻辑、社会逻辑的三重螺旋之中(如图 6-1)。因此,需要进一步反思与追问的是,大学课程如何在三重螺旋中获得超越? 难题在于,当我们越是反思与追问这个问题,就越容易陷入大学课程开发的三重螺旋分析视点当中,而传统课程开发存在的致命自负就是往往从三重螺旋中某一旋的分析视点出发进行课程的建构。

图 6-1　大学课程开发三重螺旋模型

大学课程开发容易形成的一种分析视点是学科逻辑。课程开发以学科为中心,主要表现为课程开发的目标设计、体系建构、内容架构、实施方式、评价标准等主要以学科为中心,学科知识的内在逻辑关系成为课程开发的逻辑主线。在课程开发过程中,即使重视多重主体参与课程开发,这些主体也主要是基于学科进行课程建构,课程设计与实施以学科为评价尺度,学科知识的逻辑体系、学科问题的破解、学科价值的创造、学科方法的掌握等成为课程开发的主要尺度。

大学课程开发容易形成的第二种分析视点是学习者逻辑。主要从学习者出发进行课程建构,根据学习者发展需求进行课程开发。这种大学课程开发逻辑在一定程度上体现了以美国为代表所开展的"以学生为中心(student-centeredness,SC)"(以下简称"SC改革")本科教学改革趋势,但是在课程开发实际运作过程中,缺少真正从大学生发展特点、大学生学习发展特点出发进行课程开发,而主要依据学习者在课程的学分、内容等方面选择上赋予了学习者权利,而没有从根本上以学习者为中心进行课程的整体性开发,缺少基于学习者社会发展、心理发展等方面特点进行课程开发,这也是造成传统课程价值创造失衡或缺失的重要原因。

大学课程开发容易形成的第三种分析视点是社会逻辑。主要从社会需求出发进行课程开发,根据人力资源市场、技术岗位等方面需求特征出发对课程进行开发,课程目标、课程体系、课程实施等方面主要根据市场与岗位进行设计。课程体系按照岗位需求进行设计,课程实施紧密结合岗位展开。这种社会逻辑的课程开发追求学习者的实践能力、适应岗位工作能力发展,强调技术技能的发展,而对学科基本理论的发展难以得到兼顾,阻碍了学习者在知识的理论性与实践性融合方面的可持续发展。

传统课程开发之所以容易从三重螺旋中的某一旋出发,从根源上来说乃是由于人们对课程价值的追求,是对课程内在价值与外在价值追求的分立,造成课程外在价值与内在价值分立的根源是传统课程开发脱离"人"这一核心主体,"人是万物的尺度",同样,"人是课程的尺度",只有从人的视角出发对课程进行整体性分析才能最终构建完整的课程。

第一,课程是人为设计的产物,课程的目标理念、内容选择、实施方略等都是人为设计的结果,也就是说课程开发的起点由"人"所构成。从课程开发主体构成来说,这里的"人为"设计应该包括学科专家、企业技术专家、大学教授、课程管理者等多重主体,而不仅仅是由大学教授或学科专家的单一主体进行课程设计。传统课程知识价值创造失衡或缺失的一个重要原因是在课程设计主体构成的单一性,在课程设计阶段主要是大学教师、学科专家等单一主体,弱化了不同利益相关者对课程价值的诉求。课程设计过程中只有把这些多重主体形成一种螺旋型关系,通过平等协商交往的方式参与到课程设计当中形成课程"输入"的环节。

第二,课程设计与实施过程中多重主体形成"相互作用"。课程设计与实施过程中需要教师、学习者、企业技术专家、学科专家等多重主体形成课程开发集体行动的内生动力,通过多重主体的集体行动形成"相互作用"的课程开发行动与环节设计。

第三,课程最终作用于"人",课程开发的终点是作用于"人"这一特殊对象。这里的"人"不仅包括学习者,还包括教师、课程管理者、企业合作者、用户等多重主体,课程开发过程中课程的目标理念、内容体系等方面通过这些对象的变化来实现课程的价值,而这些多重对象当中最为重要的是学习者。因此,课程价值的产生不仅仅是学习者逻辑,还在于多重主体在课程开发过程中的运作方式,形成课程内外部关系要素相互作用的环节设计。而课程价值的产出最终指向学习者,学习者能力与素质养成、技术呈现、产品产出等主要通过学习者呈现出来。因此,学习者的知识、能力、素质等成为课程价值产出的最终评价标准,实际上形成了课程"输出"环节的设计。

从人的视角对课程开发进行总体性分析可以形成从输入到输出的课程开发立体化流程(如图 6-2),其中多重主体——"人"在课程开发流程中居于主导性地位。而从人的视角来审视大学课程开发,就需要颠覆传统的大学课程开发三重螺旋模型,形成以人为中心的大学课程开发模式。因此,当我们回到以人为中心的视角,或者说从人的尺度来看待课程的时候,人的内在价值与外在价值的统一理应是课程开发的终极评价尺度。原因在于,从课程知识创造的价值内涵来说,课程知识的本体价值、市场价值、主体发展价值归根到底都指向人的自由发展,缺失了学习者、大学教师、企业技术专家等课程开发主体的自由发展这一价值基础,就无法实现其他价值的创造。而在课程开发主体构成的结构中,学习者的自由发展理应成为课程知识价值创造最为直接的体现与终极评价标准,一句话,人的自由发展是统合课程价值的出发点与终极指向,人的自由发展是实现知识创价课程的根本途径。课程的本质是为了学习者,为学习者创造的价值是课程的内在价值,经由学习者而再生产的价值可以称为课程的外在价值。

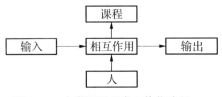

图 6-2 大学课程开发立体化流程

知识创价课程的终极目标就是课程内在价值与外在价值的统一,大学课程从知识的输入、相互作用到输出的整个过程既是由人来完成也是为了人,主体的发展水平、结构状态等要素是制约课程价值创造的根本力量。之所以需要用知识创价来统整大学课程,是由大学课程自身的特殊性所决定,大学课程的特殊性可以通过与基础教育课程的比较、大学教育本质属性的理解中建构起来。

从大学课程与基础教育课程的比较视角来看,大学课程与基础教育课程之间的差异关键在于,课程开发范式、课程理解范式,现代范式、后现代范式,目标模式、过程模式、批判模式、实践模式、解放模式等等令人眼花缭乱的课程建构范式,都是内在地以人类积累的既定基础性知识系统的掌握以及建立在知识掌握基础上寻求人的全面发展基础上的课程建构;从而最终演化为"教学大纲""课程标准",成为建构课程的基本依据,特别是其中蕴含的知识体系是课程建构的依据与核心;因为知识中心就是儿童中心,知识为儿童发展服务,知识本身不具有发展价值①,课程知识的建构是为儿童发展的这一内在价值服务。因此,即使儿童成为课程建构的前提,为了实现儿童的发展,"课程标准"仍然是实现儿童发展的载体,从而成为课程建构的依据与核心。这就是基础教育课程研究的话语体系为什么以"目标"为中心②,从而形成"儿童—目标"这一逻辑框架下的课程话语体系。在这一话语体系之下,以知识为基础的素养中心决定了课程内在价值的终极追求目标。知识本身以及一切外在的市场需求、社会评价等都是基础教育课程的外在价值,而不是课程的内在价值,也不能成为基础教育课程的终极价值追求,也是基础教育课程研究之所以形成围绕内在价值而形成的整套话语体系的缘由所在。

从大学课程的本质属性来看,大学课程具有外在性,即大学课程虽然具有通过知识来发展学习者的身心与核心素养这一内在价值追求,但大学课程的知识有其外在价值追求,主要表现在两个方面:一是大学课程作为高深学问,具有知识发展的价值与功能,大学课程具有追求发展知识的本体价值。二是大学课程作为专业教育的载体,是"专业"话语中的知识载体。而专业主要是追求学术与社会价值,是追求学术与社会价值的产物。为了实现专业的建构目标(同样,这里的"目标"并非目标模式中的"目标",而是体现课程建构的知识性"目标"),通过若干课程组织起来促进专业目标的达成,因此,课程是专业目标中的课程,大学课程自身往往"不具有"自身价值,而是为了实现特定专业目标而建构课程。所以,大学课程在本质上是工具性价值的载体,是为了实现专业目标而建构的课程,课程是专业视域中的课程。

大学课程与基础教育课程的比较以及大学课程自身的本质属性两个方面决定了大学课程的特殊性,决定了大学课程的价值追求不同于基础教育课程,大学课程不但追求人的发展这一内在价值,追求知识发展、社会需求的外在价值,而且还追求内在价值与外在价值的统一。追求知识的内在价值是由课程建构的终极目标是为学习者服务的这一特性所决定,追求知识的外在价值是由课程建构的重要目标是满足课程开发主体经由学习者而实现市场价值、岗位价值所决定的。内在价值与外在价值的统一是大学课程不同于基础教育课程的重要特点。大学课程的这种内在价值与外在价值追求统一的特点,决定了无法用基础教程

---

① 在一定程度上由于知识本体价值的不同而造成基础教育课程与大学课程"两种课程"之间差异的分水岭。

② 这里的"目标"并非目标模式中的"目标",而是体现课程建构的知识性"目标"。

课程研究与实践领域中的"儿童—目标"这一话语体系来理解与建构大学课程，现有的基础教育课程研究话语体系无法理解与解构大学课程研究。这也是大学课程研究难以呈现学术共同体话语体系的缘由，大学课程研究领域难以型构具有共通性的学术共同体话语体系，根本原因就在于此。

因为以基础教程课程为研究对象的"课程论"的话语体系，诸如课程开发范式、课程理解范式，现代范式、后现代范式，目标模式、过程模式、批判模式、实践模式、解放模式等等，无法对大学课程研究与实践进行解构与建构，或者说只能在极为有限的意义上对大学课程进行解构与建构。"大学课程论"与"课程论"之间存在着课程论述的"不可通约性"，需要构建属于研究与实践大学课程的"大学课程论"，需要"大学课程论"形成不同于"课程论"的独有话语体系。而学科与专业活动及其衍生的学科知识与专业知识有可能成为"大学课程论"建构的逻辑起点，成为"大学课程论"话语体系构建的一个重要切入点，学科与专业知识的生产、应用、传播活动以及对这些活动规律的追求成为大学课程论研究的基本框架。

"大学课程论"的构建，从一般路径来说，需要将大学课程研究从将不同领域学科专家对大学课程的经验性研究上升到形而上层面，上升到课程哲学层面，形成大学课程哲学的共同话语体系，在共同话语体系的背景下再对不同学科课程的实践进行研究。目前很多学者已经意识到大学课程研究的特殊性并进行了探索，如前文已经提及的王一军教授从个人知识这一逻辑起点出发来建构大学课程新秩序的型构，该项研究具有开拓性，其开拓意义在于寻找大学课程研究独特的话语体系，超越了基础教育课程话语体系，寻求大学课程自身的独特性并在此基础上构建大学课程研究的独特话语体系。

从具体路径来说，需要从课程价值的分立与统合出发，以课程价值为出发点展开课程研究，从价值这一起点出发来建构大学课程研究的独特话语体系。进而可以从不同性质与类型大学课程出发，寻求大学课程研究的理论支点。回到知识创价课程的建构而言，正如前所述，其独特性在于知识创价课程内在价值与外在价值的统一之处在于价值主体、知识本体、价值内容、价值实践、价值时间等命题上与研究型大学、技能型院校之间形成显著差异，并形成应用型大学的独特特征。为什么构建知识创价课程，整个逻辑就在于此，就是试图从价值这个课程研究的理论支点出发，建构不同于基础教育课程研究的话语体系，并形成不同于研究型与技能型院校课程研究的基本属性，型构应用型大学课程的理想类型。所以，必须重申的是，大学课程研究肯定不止于"价值"出发的话语体系，应用型大学课程研究也肯定不止于"知识创价"出发的属性建构，本书只是一个初步探索而已。

由于主要作为理论层面的初步探索，因此，只能在有限意义上对不同层面主体在当下如何推进知识创价课程的开发提出一些现实的操作路径。

从教师层面来说,需要充分认识应用型大学课程开发的特殊性。对于学科教师而言,首先需要充分认识大学课程开发的特殊性。大学课程开发的特殊性主要在于课程内容的高深性与价值追求的复合性,运用中小学课程开发原理往往无法解释大学课程开发现象;课程内容的高深性还导致大学课程开发难以形成共通性的开发模式与话语体系,不同专业(学科)之间乃至相同专业(学科)内部甚至存在课程文化的"鸿沟"。学科教师需要把课程开发作为教学学术,强化课程开发原理研究,把课程开发认识上升到课程哲学高度,促进不同专业(学科)内部乃至之间共通性话语的形成。其次需要充分认识应用型大学课程开发的特殊性。树立课程概念的多维立体化理解,从课程理念到课程实践对应用型大学课程进行整体性重建。课程理念需要转变传统课程设计与实施惯习,追求课程知识多元价值的创造。课程实践应该根据应用型大学课程理念重构课程体系与课程实施设计,追求科学知识的技术化与技术知识的科学化之间互动。

从大学层面来说,需要形成以教师为中心的课程开发主体结构。应用型大学课程改革的复杂性在于课程开发需要通过校企等多主体之间合作才能实现应用性与学术性目标的融合。课程开发主体集体行动的形成,课程项目的多元化开发,关键是构建以教师为中心的课程开发主体结构。建议大学注重课程与教学治理能力的提升,采取两个关键路径:一是赋能,即赋予教师的课程开发能力。通过培训、交流等系统方法提升教师课程开发能力;加强基层教学组织建设,构建从单门课程到专业(学科)课程群等不同层级的教学学术共同体;加强教师发展中心建设,促进教师培训的主题从注重学术性教学学术向应用性教学学术转型。二是赋权,即赋予教师的课程开发权力。课程开发权力的关键是赋予课程与教学建设经费,目前的课程与教学经费制度主要采用两条路径,一条路径是以竞争性项目经费方式分配至学校教学主管部门;另一条路径是采用生均定额制方式以运行经费形式分配至学院层面,由学院统筹支出。课程开发主体如教师、基层教学组织等,缺少课程建设经费支配权,缺少以"专业""课程"为单位的预算管理制度。建议改进课程与教学经费分配方式,在学校(宏观)层面采用竞争性项目经费、学院(中观)采用生均定额制运行经费两种分配方式为主的同时,在微观层面采用均等性分配方式,将课程与教学经费直接分配至以"专业""课程"为单位的基层教学组织甚至教师,促进教师成为课程建设责任主体,为教师集聚大学内外部主体参与课程开发奠定经费基础。

从政府层面来说,需要将高水平大学建设项目下沉至课程建设层面。当下是大学本科教育改革与应用型院校转型叠加的关键时期。国家层面面向研究型大学推出了"双一流"建设计划,面向高职院校推出了"双高计划",而应用型院校处于"中间地带",缺少高层次综合项目的引导与推进,以应用型为战略定位的地方普通本科院校占据我国本科普通院校总数接近 90%，建议教育行政部门面向应用型院校设置"高水平应用型大学"建设计划，引导地方政府与教育行政部门设置相应的建设计划，带动面广量大的应用型院校发展。围绕大学本科教育改革，教育行政部门实施的"双万计划"发挥了重要引导作用，但建设项目在推荐数量、评价指标等方面针对不同类型院校缺少必要区分度，总体上具有向研究型大学倾斜的取向，建议对将要实施的第二轮"双万计划"政策作出必要调整，逐步提高应用型院校"一流专业"与"一流课程"的立项数量，立项标准与评价指标重点考察专业建设资源、课程开发方式、基层教学组织建设等课程与教学微观层面的校企合作共建情况。通过高层次的"高水平应用型大学"综合项目与"双万计划"专项项目引导应用型院校课程建设。

从社会层面来说，需要把产教融合作为应用型大学课程开发的基本途径。应用型大学课程开发的重要特点是追求课程价值创造的复合化，基本路径是追求课程开发主体的多元化，其中关键是教师与企业技术专家形成课程开发的集体行动，因此，校企合作是应用型大学课程开发的基本途径。但目前的校企合作在层次上多滞留于大学与学院层面，在内容上多滞留于研发项目与技术转化方面，校企合作难以下沉到课程与教学层面，这是突破校企合作"最后一公里"的"瓶颈"。近年来国务院以及相关部门接连发布多项政策，引导企业在产教融合中发挥"重要主体作用"，旨在深化与落地企业参与人才培养等微观层面合作。建议地方政府在财税政策、资源共享、基地共建、项目共享、园区共建等方面构建企业发挥"重要主体作用"的体制机制，引导企业主动参与大学人才培养等微观层面的合作；建议企业重点围绕人才共享、员工培训、产品开发、项目中试、生产管理等企业运行的核心环节，与应用型大学合作共建，形成生产流程与教育流程核心环节相连相通的体制机制。通过员工发展、流程改进、人才培养、课程教学等微观层面的合作，真正实现教育链、人才链、产业链、创新链"四链"有机衔接。

附录 课程主要利益相关者 访谈与问卷调查设计

第一部分 大学教师访谈与问卷调查设计

I 访谈设计

一、访谈对象

专任教师、课程组组长、专业系主任

二、对象选取

重点在上海工程技术大学、浙江科技学院、常熟理工学院、盐城工学院等四所应用型院校选取调查对象。

三、访谈说明

尊敬的老师:

您好!

感谢您在百忙之中接受本次访谈! 我是盐城工学院教师丁建洋,目前正在进行国家社科基金教育学项目"知识创价视阈下应用转型高校课程新秩序的构建研究"(课题批准号:BIA160134)的研究。为了深度了解应用转型高校课程改革方面的进展,特别是您在课程改革中取得的成功经验与面临的主要困境,特对您进行访谈。本次访谈采用半结构化访谈,也就是我们在此之前通过电子邮件发给您的访谈提纲主要供参考,请您根据实际情况进行交流。我们对本次访谈进行录音,仅用于本课题研究,我们严格按照《中华人民共和国统计法》予以严格保密,敬请您放心交流。

课程改革常常被比喻为大学改革的"最后一公里"。因为大学改革的政策理想与战略目标最终只有通过人才培养才能得到实现,高水平应用型大学建设只有通过大学课程的目标设计、内容选择、组织实施、结果评价以及教师的教学与学生的学习才能得到实现。因此,本次访谈主要向您详细了解两个方面情况:

第一,您在教育教学过程中对应用型大学与大学课程所秉持的理念。大学应用转型前后您对大学理念与课程理念分别有什么变化? 应用型大学与研究型大学、技能型院校三者相比,在大学理念与课程理念方面有什么质的差异? 相同点与不同点分别表现在什么地方?

第二,目前,贵校正在深入推进高水平应用型大学建设,您在课程开发方面,包括课程目标设计、内容选择、参与管理、教学实施、教学评价、指导学生等方面您做了哪些策略调整? 哪些因素促进了您课程理念的实现? 哪些因素阻碍了您课程理念的实现? 特别是哪些因素阻碍了课程知识在教与学过程中的实践应用?

本次访谈准备交流 1.5 小时,耽误您宝贵时间,下面提供的是半结构化访谈提纲,请您根据实际情况进行交流。

非常感谢您的支持!

国家社科基金教育学项目
"知识创价视阈下应用转型高校课程新秩序的构建研究"课题组
课题组负责人:盐城工学院　丁建洋

四、访谈提纲

1. 贵校最近几年正在深入推进应用转型改革,把建设高水平应用型大学作为学校改革与发展的重要战略,您所理解的应用型战略目标的内涵主要是什么?

2. 学校的应用转型战略对您的课程与教学带来了哪些影响? 您在课程与教学方面感受到比较大的变化主要是哪些方面?

3. 最近几年您所在专业的人才培养方案有哪些变化? 您认为人才培养方案的修订对学校应用转型战略的支持主要体现在哪些方面?

4. 您对大学课程秉持什么样的理念? 也就是说,您对应用型大学课程的理念主要是什么?

5. 您认为应用型大学课程目标主要是什么? 应用型大学与研究型大学、技能型院校课程目标之间的差异主要是什么？产生这些差异的原因主要是什么？究竟是哪些因素造成了这些差异的产生？

6. 您认为阻碍应用型大学课程与教学目标实现的主要因素是什么，可以从大学内部与大学外部两个方面进行分析？您主要采取了哪些措施克服这些障碍？

7. 以下是关于课程开发要素方面的具体问题：

我们都知道，大学课程开发要素主要包括课程理念、课程目标、课程内容、课程实施、课程评价等几个方面。请教您的具体问题是：

（1）应用型大学与研究型大学、技能型院校的课程在目标设计、内容选择、实施方式、评价标准等方面的主要差异分别是什么？

（2）您在课程教学设计与课程教学实施过程中追求的目标主要是什么？在学生发展价值、知识发展价值、实践应用价值等方面您秉持什么样的观念？课程在创造这些价值方面，您主要倾向于哪些价值？为了实现这些课程价值您采取了什么样的课程开发与教学方式？

（3）您在选择课程知识与确定教学内容时秉持的倾向是什么？科学原理、技术原理以及科学原理与技术原理之间互动等三个方面，您倾向于什么方面最重要？为什么采取这些倾向？

8. 以下是关于课程开发主体方面的具体问题：

（1）您认为，应用型大学课程的利益相关主体主要包括哪些？课程管理者、教师、学生、校友、企业管理专家、企业技术专家、用人单位等课程利益相关主体在课程开发过程中分别应当发挥什么作用？哪些主体比较重要？

（2）哪些课程利益相关主体参与了您所任教课程的开发？这些利益相关主体在课程开发过程中分别发挥了什么作用？是如何发挥作用的？

（3）您认为哪些因素阻碍了利益相关主体参与课程开发？您在课程开发过程中主要拥有哪些资源与权力？如何获得这些资源与权力？这些资源与权力对利益相关主体参与课程开发发挥了什么样的作用？您在课程开发过程中缺少哪些关键性资源和权力？为什么缺少？如何才能获得？

（4）您认为专业系、课程组等基层教学组织需要采取哪些措施吸引课程利益相关主体参与课程开发？

（5）您认为大学、学院等分别应当采取哪些措施吸引课程利益相关主体参与课程开发？

（6）您认为不同的课程利益相关主体在课程目标追求方面有哪些差异？参与课程开发的不同利益相关主体如何才能形成合力？

II 问卷调查设计

一、调查对象

专任教师、课程组组长、专业系主任

二、对象选取

重点在上海工程技术大学、浙江科技学院、常熟理工学院、盐城工学院等四所应用型院校选取调查对象。

三、调查问卷

教师参与课程改革状况调查问卷

尊敬的老师:

您好!

近年来教育部先后发布多项推进地方普通本科院校进行应用转型的政策举措,贵校是较早确立应用型战略定位的地方院校,在建设高水平应用型大学方面取得了成功经验。

为深度了解应用型大学教师在课程与教学方面的实际情况,反映高校教师的想法,为有关部门与院校推进应用转型改革、建设高水平应用型大学提供有价值的建议,也为相关学术研究积累调研数据,本课题组开展高校教师参与应用型大学课程改革状况调查,您提供的宝贵信息对我们开展本课题的研究工作非常重要。调查问卷采用匿名方式,所有调查内容仅用于学术研究,我们按照《中华人民共和国统计法》予以严格保密,请您放心回答。

调查问卷分为"个人情况"与"参与应用型大学课程改革情况"两个部分,耗时约30分钟!耽误您宝贵时间,非常感谢您的支持!

国家社科基金教育学项目
"知识创价视阈下应用转型高校课程新秩序的构建研究"课题组
课题组负责人:盐城工学院 丁建洋

第一部分:个人情况(请在合适的选项上打"√")

您的性别:男□ 女□

您任教学科:工科□ 理科□ 人文社科□ 其他□

您从事高校教学工作时间:5年以下□ 6—9年□ 10年以上□

您的身份(可多选):普通教师□

　　　　　　　　　　课程学术管理者:课程组组长□　专业系主任□

您的专业技术职称:中级及以下□　　　副高级□　　　正高级□

您的最高学位:学士□　　　硕士□　　　博士□

第二部分:参与应用型大学课程改革情况(请在合适的选项上打"√"或排序)

1. 大学课程的利益相关者主要包括下列人员,这些人员在课程开发的不同方面往往发挥不同作用

A. 下列人员决定开设新课程的权力从大到小排序是(　　　)

B. 下列人员决定课程内容的权力从大到小排序是(　　　)

C. 下列人员决定课程开展产学合作的权力从大到小排序是(　　　)

(1) 学校校级负责人

(2) 学校教务管理部门

(3) 学院教务管理部门

(4) 教师

(5) 学生

(6) 学生家长

(7) 学科专家

(8) 企业技术专家

(9) 企业管理专家

2. 在最近两个学年中,您是否开展过以下课程开发与教学活动(多选)(　　　)

(1) 编写理论性教材

(2) 编写实践性教材

(3) 编写理论性教学案例

(4) 编写实践性教学案例

(5) 开设理论性课程

(6) 开设实践性课程

(7) 开设学术讲座

(8) 指导学科竞赛活动

(9) 指导专业性学生社团活动

(10) 指导学生专业实践训练活动

3. 您对下列课程开发与教学活动重要性的排序是(　　　　　　　　　　)

(1) 编写理论性教材

(2) 编写实践性教材

(3) 编写理论性教学案例

(4) 编写实践性教学案例

（5）开设理论性课程

（6）开设实践性课程

（7）开设学术讲座

（8）指导学科竞赛活动

（9）指导专业性学生社团活动

（10）指导学生专业实践训练活动

4. 您对大学课程知识价值取向重要性的排序是（　　　　　　　　）

（1）学科发展价值

（2）学生发展价值

（3）岗位应用价值

5. 您对课程内容中科学知识与技术知识之间关系的认识上，下列内容重要性的排序是（　　　　　　　　）

（1）科学知识

（2）技术知识

（3）科学知识的技术化应用

（4）技术知识的科学化还原

6. 就学生发展价值而言，您在课程教学过程中的价值取向是（单选）（　　　）

（1）强调理论导向的知识与技能

（2）强调实践导向的知识和技能

（3）理论知识与实践知识之间的互动

7. 您与任教课程相关领域企业或行业的最近一次合作经历是在何时（单选）（　　　）

（1）1 年前

（2）2 年前

（3）3 年前

（4）4 年前

（5）更早以前

（6）没有产学合作经历

8. 您与任教课程相关领域企业或行业合作的主要内容是什么（单选或多选）（　　　　　　　　）

（1）科研合作

（2）课程与教学合作

（3）服务合作

（4）其他合作

9. 您对任教课程在相关领域企业或行业中的实践应用了解程度如何（单

选)(　　)

　　(1) 了解很多

　　(2) 了解一般

　　(3) 了解不多

　　(4) 几乎不了解

第二部分　高校课程行政管理者访谈调查设计

一、访谈对象

　　教务处负责人;教学评估处负责人;教务处的实践教学科、教研科、通识课程开发科等科室负责人;二级学院分管教学副院长。

二、对象选取

　　重点在上海工程技术大学、浙江科技学院、常熟理工学院、盐城工学院等四所应用型院校选取调查对象。

三、访谈说明

　　同"附录第一部分　大学教师访谈与问卷调查设计"访谈说明

四、访谈提纲

　　1. 您认为应用型大学的主要战略目标什么? 与研究型大学、技能型院校的战略目标之间差异主要是什么?

　　2. 最近几年贵校深入推进应用转型改革,您认为战略目标方面应用转型的核心内容与主要标志是什么? 课程与教学改革如何体现大学的战略目标应用转型?

　　3. 学校教学管理部门在贯彻学校应用转型战略目标过程中,战略目标传导到课程与教学改革的终端需要经过哪些具体环节? 如何才能在这些环节实现有效传导?

　　4. 人才培养方案研制方面如何贯彻学校应用型战略目标? 从学校教学管

理部门来说,应用型战略目标主要体现在人才培养方案的哪些方面?

5. 您对贵校课程与教学应用转型改革的评价如何?变化比较大的是哪些方面?哪些因素促成了这些变化?

6. 人才培养方案以及课程与教学实现应用型战略目标的标志主要是什么?

7. 教学管理部门在促进课程与教学从传统学术取向向应用取向转型过程中的主要功能是什么?

8. 教学管理部门在学校人才培养方案修订过程中的主要职责是什么?如何通过人才培养方案的修订来促进应用型大学战略目标的实现?

9. 教学管理部门主要负责课程体系中哪些模块课程的设计?如何促进课程体系向应用型方向转型?

10. 教学管理部门的课程资源配置权力主要包括哪些方面?在课程资源配置过程中,如何促进课程与教学向应用方向转型?

11. 为了促进大学课程与教学的应用转型,贵校在资源配置方面采取了哪些政策措施促进应用转型目标的实现?如何评价这些政策措施的效果?

第三部分 在校大学生问卷调查设计

一、调查对象

大学二、三、四年级学生

二、对象选取

重点在上海工程技术大学、浙江科技学院、常熟理工学院、盐城工学院等四所应用型院校选取调查对象。

三、调查问卷

学生参与课程和教学改革状况调查问卷

同学:

您好!

近年来教育部先后发布多项推进地方普通本科院校开展应用转型改革的政

策举措,贵校是较早确立应用型战略定位的地方院校,在建设高水平应用型大学方面取得了成功经验。

为了深度了解大学应用转型过程中同学们对课程和教学改革的参与情况,反映同学们对课程和教学改革的看法,为有关部门、院校、教师推进大学课程应用转型改革、建设高水平应用型大学课程提供有价值的建议,也为相关学术研究积累调研数据,本课题组开展学生参加与评价大学课程改革状况调查,您提供的宝贵信息对我们开展本课题研究工作非常重要。问卷采用匿名方式,所有调查内容仅用于学术研究,我们按照《中华人民共和国统计法》予以严格保密,请您放心回答。

调查问卷分"个人情况"与"参与大学课程改革状况评价"两个部分,耗时约30分钟! 耽误您宝贵时间,非常感谢您的支持!

国家社科基金教育学项目

"知识创价视阈下应用转型高校课程新秩序的构建研究"课题组

课题组负责人:盐城工学院　丁建洋

第一部分:个人情况(请在合适的选项上打"√")

您的性别:男□　女□

您所学专业的科类:工科□　理科□　人文社科□　其他□

您现在就读年级:大学二年级□　大学三年级□　大学四年级□

您就读学校:上海工程技术大学□　浙江科技学院□

常熟理工学院□　盐城工学院□

第二部分:参与课程和教学改革状况(请在合适的选项上打"√"或排序)

1. 您参与过所学专业人才培养方案的研制吗(单选)(　　)

(1) 参与过

(2) 没有参与过

2. 在本学年中(特指就读年级),您经常参加的学习活动是(多选)(　　)

(1) 按照课程表中的课程进行上课

(2) 参加学术报告

(3) 参加学科竞赛活动

(4) 参加专业实践训练活动

3. 在本学年中(特指就读年级),您经常参加的学术讲座是(多选)(　　)

(1) 理论研究专家学术报告

(2) 企业管理专家学术报告

(3) 企业技术专家学术报告

(4) 励志性学术报告

(5) 社会实践类学术报告

4. 在本学年中(特指就读年级),您课程表中比较多的教学活动是(单选)
(　　　)

(1) 理论性教学活动

(2) 实践性教学活动

(3) 理论性与实践性相结合的教学活动

5. 您对下列教学活动重要性的排序是(　　　　　　　　)

(1) 理论性教学活动

(2) 实践性教学活动

(3) 理论性与实践性相结合的教学活动

6. 您对课程知识的价值取向是(单选)(　　)

(1) 强调理论导向的知识与技能

(2) 强调实践导向的知识和技能

(3) 理论知识与实践知识之间的互动

7. 在本学年中(特指就读年级),在企业等组织内部参与过与所学专业相关
的现场实践锻炼次数是(单选)(　　　)

(1) 1 次

(2) 2 次

(3) 3 次

(4) 4 次

(5) 5 次

(6) 5 次以上

(7) 0 次

8. 在本学年中(特指就读年级),在企业等组织内部参与过与所学专业相关
的现场实践锻炼项目是(多选,如没有参与过则不用填写)(　　　　　　　)

(1) 观摩

(2) 听讲解

(3) 参与操作

9. 在本学年中(特指就读年级),在企业等组织内部参与过与所学专业相关
的现场实践锻炼后,最大的感受是(单选,如没有参与过则不用填写)(　　)

(1) 课程学习与企业等组织生产流程比较适应

(2) 课程学习与企业等组织生产流程不相适应

(3) 课程学习与企业等组织生产流程完全是两码事

10. 对课程内容中科学知识与技术知识之间关系的认识上,您认为最重要
的学习内容是(单选)(　　)

(1) 科学原理

(2) 技术原理

(3) 科学原理的技术化应用

(4) 技术原理的科学化还原

11. 您认为，决定课程内容的权力从大到小的理想排序是(　　)

(1) 学校教务管理部门

(2) 学院教务管理部门

(3) 教师

(4) 学生

(5) 学生家长

(6) 学科专家

(7) 企业技术专家

(8) 企业管理专家

12. 您对大学课程目标重要性的排序是(　　)

(1) 表达能力

(2) 思考能力

(3) 培养品德

(4) 合格公民

(5) 多元文化素养

(6) 广泛兴趣

(7) 职业准备

13. 您对课程中所学到的专业理论知识进行实践运用的主要途径是(多选)
(　　　　　　　　)

(1) 试验

(2) 实训

(3) 实习

(4) 兼职

(5) 创业

(6) 没有实践运用途径

14. 您进入大学之后对专业实践能力提升程度的自我判断是(单选)(　　)

(1) 很快

(2) 比较快

(3) 很慢

15. 根据您的体验，大学期间除了课程表中的正式课程之外，对您专业方面
提高实践意识与实践能力产生比较大的隐形影响主要是什么？请简要列举

说明。

第四部分　从事专业实践工作校友访谈调查设计

一、访谈对象(按照下列三类进行重合选择)

第一类(岗位技能熟练程度)
新手实践者(入职1—3年):选取3人
骨干实践者(入职4—9年):选取3人
第二类(岗位性质)
技术岗位:3人
管理岗位:3人
技术兼管理岗位:3人
第三类(岗位与大学所学专业连续性)
岗位从事的是大学所学专业:3人
岗位从事的是非大学所学专业:3人

二、对象选取

重点在上海工程技术大学、浙江科技学院、常熟理工学院、盐城工学院等四所应用型院校毕业生中选取调查对象。

三、访谈说明

同"附录一　大学教师访谈与问卷调查设计"访谈说明

四、访谈提纲

1. 您在大学期间对学校发展的战略定位、目标理念有所了解吗？如果了解的话，请谈谈当时学校的这些战略定位与目标理念对您专业学习是否有影响？产生了哪些影响？

2. 您认为大学期间学习理论知识重要还是实践知识重要？理论知识与实践知识如何有机融合起来？

3. 您认为大学课程学习对您在大学期间专业实践能力发展最重要的影响是什么？对专业实践意识、专业实践能力等方面产生了哪些具体影响？

4. 您认为大学课程学习对您毕业后专业实践能力发展带来最重要的影响是什么？对专业实践意识、专业实践能力等方面产生了哪些具体影响？

5. 您认为大学课程的教学内容与岗位管理内容（生产工艺流程等）之间的相通主要存在哪些障碍？

6. 您在大学期间参加的学科竞赛、社团活动、专业实践活动等实践性专业训练主要是哪些？对您毕业之后岗位实践能力提升影响比较大的实践性专业训练主要是哪些？

7. 课程表学习之外获得的专业学习方面重要体验与经历是什么？对毕业后的实践能力发展带来了哪些影响？

8. 您认为大学期间所学的专业课程当中，哪些课程对提升岗位实践能力发挥了重要作用？重要作用体现在哪些方面？哪些课程对岗位实践能力提升较少或没有发挥作用？为什么没有能够发挥作用？

9. 您在大学期间学习的通识课程主要是哪些？通识课程对您成长，特别是毕业后的岗位实践能力提升发挥了哪些作用？这些重要作用主要体现在哪些方面？如果没有作用，为什么没有能够发挥作用？

10. 请您对自我发展大致作一个横向比较评价，您与毕业于研究型院校、技能型院校的同事相比，在工作实践能力方面，哪些方面是相似的，哪些方面有明显差异？如果追溯到大学课程学习的源头，造成这些相似与相异的地方，分别是由于大学课程学习的哪些方面影响造成的？

11. 您认为哪些信念支持您持续从事大学期间所学专业的实践工作？大学期间哪些课程促进了这些信念的形成？

12. 您参与过母校人才培养方案的研制吗？参与过母校课程与教学工作吗？哪些因素阻碍了您参与母校课程与教学工作？

13. 您对大学所学专业、所学课程的总体评价是什么？

第五部分　企业管理与技术创新骨干访谈调查设计

一、访谈对象

企业家骨干(公司与分公司总经理级别):选取 1—2 人
人力资源管理骨干(主管级别):选取 1—2 人
生产管理骨干(主管级别):选取 1—2 人
研发管理骨干(主管级别):选取 1—2 人
技术创新骨干(持续在技术研发岗位工作):选取 1—2 人

二、对象选取

1. 在研究型院校、应用型院校以及技能型院校等不同类型院校的毕业生中选取;
2. 工作年限 5—10 年,具有公认的管理与技术胜任力;
3. 主要在江苏悦达集团有限公司所属企业的管理与技术创新骨干中选取。

三、访谈说明

同"附录一　大学教师访谈与问卷调查设计"访谈说明

四、访谈提纲

1. 您认为企业管理与技术创新骨干的关键能力主要是什么? 这些能力由哪些关键要素构成?
2. 大学本科阶段课程学习对关键能力的形成与发展发挥了哪些作用? 具体体现在哪些方面?
3. 您认为研究型、应用型以及技能型等不同类型院校人才培养之间的共性与差异主要体现在哪些方面?
4. 您认为应用型院校人才培养的关键特征应该体现在哪些方面? 在课程与教学中应当如何体现应用型人才培养的关键特征?

5. 您如何看待理论认识与实践认识之间关系？在大学课程与教学过程中应当如何促进理论认识与实践认识之间互动？

6. 您与大学，特别是区域内的大学之间开展过哪些合作？参与过合作院校的课程与教学工作吗？参与过合作院校的人才培养方案研制吗？如果参与的话，主要参与了哪些具体工作？

7. 制约企业参与大学课程与教学工作的因素主要是什么？如何激发企业参与大学课程与教学的内在动力？

8. 请列举一些阻碍您参与区域内大学的课程与教学方面工作的主要因素？

9. 为了推进企业与大学在课程与教学方面的合作，您认为企业与大学的政策应该分别做哪些改进？

10. 为了推进企业与大学在课程与教学方面的合作，您认为政府的政策应该做哪些改进？

参考文献

一、学术著作

[1] 陈青之.中国教育史[M].北京:东方出版社,2008.

[2] 雷通群.西洋教育史[M].北京:东方出版社,2007.

[3] 王天一,夏之莲,朱美玉.外国教育史(上册)[M].北京:北京师范大学出版社,1993.

[4] 余立.中国高等教育史(上、下册)[M].上海:华东师范大学出版社,1994.

[5] 涂又光.中国高等教育史论[M].武汉:湖北教育出版社,2003.

[6] 丁钢,刘琪.书院与中国文化[M].上海:上海教育出版社,1992.

[7] 贺国庆.德国和美国大学发达史[M].北京:人民教育出版社,1998.

[8] 陈洪捷.德国古典大学观及其对中国的影响(修订版)[M].北京:北京大学出版社,2006.

[9] 胡建华.现代中国大学制度的原点:50年代初期的大学改革[M].南京:南京师范大学出版社,2001.

[10] 潘懋元,刘海峰.中国近代教育史资料汇编 高等教育[M].上海:上海教育出版社,2007.

[11] 潘懋元.应用型人才培养的理论与实践[M].厦门:厦门大学出版社,2011.

[12] 王伟廉.高等学校课程研究导论[M].广州:广东高等教育出版社,2008.

[13] 陈小红,马凤岐,王伟廉.中国高等学校课程和教学的建设与改革研究[M].广州:广东高等教育出版社,2012.

[14] 施良方.课程理论:课程的基础、原理与问题[M].北京:教育科学出版社,1996.

[15] 王策三.恢复全面发展教育权威[M].北京:人民教育出版社,2018.

[16] 钟启泉.教育的挑战[M].上海:华东师范大学出版社,2019.

[17] 钟启泉.课程的逻辑[M].上海:华东师范大学出版社,2019.

[18] 钟启泉,高文,赵中建.多维视角下的教育理论与思潮[M].北京:教育科学出版社,2004.

[19] 胡弼成.大学课程体系现代化[M].长沙:湖南师范大学出版社,2007.

[20] 张家勇.哈佛大学本科生课程改革研究[M].广州:广东教育出版社,2011.

[21] 李庆丰.大学课程知识选择的实践逻辑研究[M].北京:北京师范大学出版社,2014.

[22] 单中惠.外国大学教育问题史[M].济南:山东教育出版社,2006.

[23] 龚放.大学教育的转型与变革[M].青岛:中国海洋大学出版社,2009.

［24］张楚廷.高等教育学导论［M］.北京:人民教育出版社,2010.

［25］张楚廷.大学与教育哲学［M］.重庆:西南师范大学出版社,2015.

［26］张楚廷.大学教学学［M］.长沙:湖南师范大学出版社,2002.

［27］朱清时.21世纪高等教育改革与发展——国外部分大学本科教育改革与课程设置［M］.北京:高等教育出版社,2002.

［28］张斥福.大学课程论［M］.南京:江苏教育出版社,1992.

［29］王一军.当代大学课程秩序论——"高深学问"和"个人知识"之间［M］.北京:教育科学出版社,2014.

［30］张红霞,吕林海,孙志凤.大学课程与教学:原理与问题［M］.北京:教育科学出版社,2015.

［31］郭德红.美国大学课程思想的历史演进［M］.北京:中央编译出版社,2007.

［32］华东师范大学教育系,杭州大学教育系.现代西方资产阶级教育思想流派论著选［M］.北京:人民教育出版社,1980.

［33］别敦荣.大学教学原理与方法［M］.青岛:中国海洋大学出版社,2018.

［34］赵祥麟,王承绪.杜威教育名篇［M］.北京:教育科学出版社,2006.

［35］石中英.知识转型与教育改革［M］.北京:教育科学出版社,2001.

［36］吴季松.知识经济学［M］.北京:首都经济贸易大学出版社,2007.

［37］谢康,陈禹.知识经济思想的由来与发展［M］.北京:中国人民大学出版社,1998.

［38］陈嘉明.现代性与后现代性十五讲［M］.北京:北京大学出版社,2006.

［39］赵汀阳.第一哲学的支点［M］.北京:生活·读书·新知三联书店,2013.

［40］哈佛燕京学社.人文学与大学理念［M］.南京:江苏教育出版社,2007.

［41］高宣扬.布迪厄的社会理论［M］.上海:同济大学出版社,2004.

［42］［德］伊曼努尔·康德.论教育学(附系科之争)［M］.上海:上海人民出版社,2005.

［43］［英］海斯汀·拉斯达尔.中世纪的欧洲大学(第一、二、三卷)［M］.重庆:重庆大学出版社,2011.

［44］［美］哈斯金斯.大学的兴起［M］.北京:北京出版社,2010.

［45］［英］阿什比.科技发达时代的大学教育［M］.北京:人民教育出版社,1983.

［46］［美］约翰·S.布鲁巴克.教育问题史［M］.济南:山东教育出版社,2012.

［47］［美］约翰·S.布鲁贝克.高等教育哲学［M］.杭州:浙江教育出版社,1998.

［48］［英］马尔科姆·泰特.高等教育研究:进展与方法［M］.北京:北京大学出版社,2007.

［49］［美］彼得·德鲁克.后资本主义社会［M］.上海:上海译文出版社,1998.

［50］［英］约翰·齐曼.真科学:它是什么,它指什么［M］.上海:上海科技教育出版社,2008.

［51］［美］布莱恩·阿瑟.技术的本质:技术是什么,它是如何进化的［M］.杭州:浙江人民出版社,2014.

［52］［美］罗伯特·金·默顿.十七世纪英格兰的科学、技术与社会［M］.北京:商务印书馆,2000.

［53］［英］迈克尔·吉本斯,等.知识生产的新模式:当代社会科学与研究的动力学［M］.

北京:北京大学出版社,2011.

[54] [英]怀特海.教育与科学　理性的功能[M].郑州:大象出版社,2010.

[55] [英]怀特海.教育的目的[M].北京:生活·读书·新知三联书店,2014.

[56] [美]保罗·博格西昂.对知识的恐惧:反相对主义和建构主义[M].南京:译林出版社,2015.

[57] [美]菲利普·G.阿特巴赫.比较高等教育:知识、大学与发展[M].北京:人民教育出版社,2001.

[58] [美]亚伯拉罕·弗莱克斯纳.现代大学论——英美德大学研究[M].杭州:浙江教育出版社,2001.

[59] [英]安东尼·史密斯,弗兰克·韦伯斯特.后现代大学来临?[M].北京:北京大学出版社,2014.

[60] [美]赫伯特·马尔库塞.单向度的人[M].上海:上海译文出版社,2006.

[61] [美]艾伦·奥恩斯坦,弗朗西斯·P.亨金斯.课程:基础、原理和问题[M].南京:江苏教育出版社,2013.

[62] [美]马戈里斯.高等教育中的潜在课程[M].上海:华东师范大学出版社,2014.

[63] [美]德雷克·博克.回归大学之道:对美国大学本科教育的反思与展望[M].上海:华东师范大学出版社,2008.

[64] [美]哈瑞·刘易斯.失去灵魂的卓越:哈佛是如何忘记教育宗旨的[M].上海:华东师范大学出版社,2007.

[65] [英]迈克尔·扬.把知识带回来:教育社会学从社会建构主义到社会实在论的转向[M].北京:教育科学出版社,2019.

[66] [英]麦克·F.D.扬.知识与控制——教育社会学新探[M].上海:华东师范大学出版社,2002.

[67] [英]麦克·扬.未来的课程[M].上海:华东师范大学出版社,2003.

[68] [美]莫琳·T.哈里楠.教育社会学手册[M].上海:华东师范大学出版社,2004.

[69] [英]约翰·亨利.纽曼.大学的理想[M].杭州:浙江教育出版社,2001.

[70] [美]迈克尔·W.阿普尔,等.国家与知识政治[M].上海:华东师范大学出版社,2007.

[71] [美]迈克尔·W.阿普尔.意识形态与课程[M].上海:华东师范大学出版社,2001.

[72] [美]James A.Beane.课程统整[M].上海:华东师范大学出版社,2003.

[73] [德]泰希勒.迈向教育高度发达的社会:国际比较视野下的高等教育体系[M].北京:科学出版社,2014.

[74] [美]多尔.后现代课程观[M].北京:教育科学出版社,2000.

[75] [美]菲利普·G.阿特巴赫,[日]马越彻.亚洲大学:历史与未来[M].青岛:中国海洋大学出版社,2007.

[76] [巴西]保罗·弗莱雷.被压迫者教育学[M].上海:华东师范大学出版社,2001.

[77] [英]杰德勒·德兰迪.知识社会中的大学[M].北京:北京大学出版社,2010.

[78] [加]比尔·雷丁斯.废墟中的大学[M].北京:北京大学出版社,2008.

［79］［法］爱弥儿·涂尔干.教育思想的演进［M］.上海：上海人民出版社 2003.

［80］［法］爱弥儿·涂尔干,马塞尔·莫斯.原始分类［M］.北京：商务印书馆,2012.

［81］［美］伯顿·克拉克.研究生教育的科学研究基础［M］.杭州：浙江教育出版社,2001.

［82］［美］伯顿·克拉克.高等教育新论——多学科的研究［M］.杭州：浙江教育出版社,2001.

［83］［美］麦克尼尔.课程导论［M］.6 版.北京：中国轻工业出版社,2007.

［84］［加］许美德.中国大学 1895—1995：一个文化冲突的世纪［M］.北京：教育科学出版社,2000.

［85］［日］天野郁夫.日本高等教育改革：现实与课题［M］.厦门：厦门大学出版社,2014.

［86］［英］C.P.斯诺.两种文化［M］.北京：生活·读书·新知三联书店,1994.

［87］［美］刘易斯·科塞.理念人：一项社会学的考察［M］.北京：中央编译出版社,2004.

［88］［美］欧内斯特·L.博耶.关于美国教育改革的演讲：1979—1995［M］.北京：教育科学出版社,2002.

［89］［英］巴兹尔·伯恩斯坦.教育、符号控制与认同［M］.北京：中国人民大学出版社,2016.

［90］［美］拉尔夫·泰勒.课程与教学的基本原理［M］.北京：中国轻工业出版社,2014.

［91］［日］竹内弘高,野中郁次郎.知识创造的螺旋——知识管理理论与案例研究［M］.北京：知识产权出版社,2004.

［92］［加］迈克尔·富兰.教育变革新意义［M］.北京：教育科学出版社,2005.

［93］［英］唐尼,凯利.教育的理论与实践——引论［M］.南昌：江西教育出版社,1989.

［94］［德］马克斯·舍勒.知识社会学问题［M］.南京：译林出版社,2012.

［95］经济合作与发展组织.重新定义第三级教育［M］.北京：高等教育出版社,2002.

［96］邓正来.哈耶克读本［M］.北京：北京大学出版社,2010.

［97］［英］弗里德利希·冯·哈耶克.法律、立法与自由（第一卷）［M］.北京：中国大百科全书出版社,2000.

［98］［法］布迪厄,［美］华康德.实践与反思：反思社会学导引［M］.北京：中央编译出版社,1998.

［99］［英］克里斯托夫·弗里曼.技术政策与经济绩效：日本国家创新系统的经验［M］.南京：东南大学出版社,2008.

［100］［美］万尼瓦尔·布什.科学——没有止境的前沿［M］.北京：商务印书馆,2004.

［101］［美］D.E.司托克斯.基础科学与技术创新：巴斯德象限［M］.北京：科学出版社,1999.

［102］［瑞士］皮亚杰.发生认识论原理［M］.北京：商务印书馆,1981.

［103］［英］卡尔·波普尔.客观知识［M］.上海：上海译文出版社,1987.

［104］［英］卡尔·波普尔.通过知识获得解放［M］.杭州：中国美术学院出版社,1996.

［105］［日］堺屋太一.知识价值革命［M］.北京：东方出版社,1986.

［106］［美］亨利·埃茨科维兹.三螺旋创新模式［M］.北京：清华大学出版社,2016.

［107］［法］皮埃尔·布迪厄.实践感［M］.南京：译林出版社,2012.

[108][法]米歇尔·福柯.规训与惩罚[M].北京:生活·读书·新知三联书店,2003.

二、学术论文

[1] 麦克·扬.教育社会学中的知识与课程[J].华东师范大学学报(教育科学版),2003(3).

[2] 邬大光,李国强.《教育规划纲要》实施五年进展与高等教育未来方向的基本判断[J].中国高教研究,2016(1).

[3] 马陆亭.应用技术大学建设的若干思考[J].中国高等教育,2014(10).

[4] 刘振天.地方本科院校转型发展与高等教育认识论及方法论诉求[J].中国高教研究,2014(6).

[5] 刘振天.学术主导还是取法市场:应用型高校建设中的进退与摇摆[J].高等教育研究,2019(10).

[6] 刘振天.高校课堂教学革命:实际、实质与实现[J].高等教育研究,2020(7).

[7] 黄福涛.能力本位教育的历史与比较研究[J].中国高教研究,2012(1).

[8] 尹弘飚,李子建.再论课程实施取向[J].高等教育研究,2005(1).

[9] 周作宇.协同创新:集体知识创价行动[J].现代大学教育,2013(5).

[10] 尹继武.结构、认知结构与国家政治心理学分析[J].世界经济与政治,2007(10).

[11] 王鑫,王荣,杨光飞.创客文化的原生动力及其功能演绎[J].新华文摘,2017(17).

[12] 杨绪辉,沈书生.创客空间的内涵特征、教育价值与构建路径[J].教育研究,2016(3).

[13] 殷文杰.专业教育的历史演进与发展趋势[D].华中科技大学,2019.

三、政策文件与研究报告等

[1] 国务院.关于印发国家职业教育改革实施方案的通知(国发〔2019〕4号).

[2] 国务院办公厅.关于深化产教融合的若干意见(国办发〔2017〕95号).

[3] 教育部等三部委.关于引导部分地方普通本科高校向应用型转变的指导意见(教发〔2015〕7号).

[4] 教育部.关于加快建设高水平本科教育 全面提高人才培养能力的意见(教高〔2018〕2号).

[5] 教育部等.关于加快建设发展新工科实施卓越工程师教育培养计划2.0的意见(教高〔2018〕3号).

[6] 教育部.关于深化本科教育教学改革 全面提高人才培养质量的意见(教高〔2019〕6号).

[7] 应用技术大学(学院)联盟、地方高校转型发展研究中心.地方本科院校转型发展实践与政策研究报告[R].2013-11.

[8] 中国教育科学研究院课题组.地方本科院校转型发展研究报告[R].2013-11.

[9] 盐城工学院.本科教学质量报告(连续内部刊物,从2011年起,每年一期).

[10] 常熟理工学院.本科教学质量报告(连续内部刊物,从2015年起,每年一期).

[11] 浙江科技学院.本科教学质量报告(连续内部刊物,从2019年起,每年一期).

[12] 上海工程技术大学.本科教学质量报告(连续内部刊物,从2013年起,每年一期).

后　记

　　高等教育学的研究对象非常广博。按照教育内外部关系规律,既涉及高等教育与外部的政治、经济、文化、科技等要素之间关系,又涉及高等教育的人才培养、科技开发、社会服务等要素的内部及其之间关系,这些诸多内外部关系不但复杂多元,而且具有内在逻辑关联。因此,对于高等教育学的研究者来说,研究兴趣与研究对象的确立比较困难,而且研究任何一个问题又受到高等教育内外部诸多因素的影响。我进入大学课程领域的研究纯属偶然,虽然在本研究开展之前,从领域视角来说关注与阅读过大学课程与教学论方面的很多文献资料;从研究基础视角来说研究过日本大学创新能力的历史建构过程,并把日本大学教养教育(课程)作为大学创新能力形成的一个重要维度进行研究,但从总体上来说,在多年研究过程中并没有把大学课程作为重要研究对象。把大学课程作为研究对象完全是由于对大学应用转型问题的关注而引发,从近年来的研究心得来看,大学课程理论,特别是将大学课程理论上升到课程哲学高度进行研究,对大学本科教育改革尤为迫切。这是一个亟待深入研究的领域,这不仅仅是高等教育研究的"潜在热点"与"新的增长点"问题,更重要的是正在推进的大学本科教育改革实践呼唤具有哲学性的课程理论研究。

　　本书选题的确立是在申请全国教育科学规划课题过程中形成的。围绕申请"知识创价视阈下应用转型高校课程新秩序的构建研究"(BIA160134)项目,在前期研究积累基础上进行了精心设计,特别是作者所服务学校关于大学办学定位等问题的研讨,对选题的确立影响深刻。这些研讨既有会议研讨、领导报告、书面文件、教学体验等正式研讨,也有诸多非正式研讨,同时,这些研讨与争论也在几所高校的调研过程中得到进一步验证。作者所服务的学校具有六十多年办学历史,20世纪90年代末从专科院校升格为本科院校。升格为本科院校之后如何发展是学校教职员工、学生乃至校友、合作企业等主体反复谈论的话题,诸如,如何保持专科阶段在人才培养、成果转化等方面服务地方社会经济发展的优势,如何加强学科建设提升研发能力,等等。在升格为本科院校后二十多年的时间里,这些问题一直缠绕甚至困扰着学校办学治校各个方面的探索,在探索过程中学校逐渐明晰了办学定位与目标取向,就是建设高水平应用型大学。不难发现,这一办学定位与目标取向已经成为我国一大批地方普通本科院校的集体价值取向,以至于成为一种类型大学的集体行动取向。"事因经过始知难",与众多应用型办学定位的高校一样,这一清晰的办学定位与目标取向来之不易,既来自社会经济发展需求与政府政策推进等方面的外部拉力,又来自大学教师在课程教学、服务地方社会经济发展过程中的内部推力,充分体现了大学内外部多重主体的集体理念与多种力量的合力。

这一集体性办学定位与目标取向能否渗透到大学办学治校的各个方面,我多年来的体验是,从宏观层面的高等教育改革,到大学的外延式发展,再到大学的内涵式发展,大学的办学、治理、评价等理念与体制方面改革往往都能按照规划进行推进并顺利达成目标,都能走完"最后一公里"。而唯独课程改革难以走完"最后一公里",即使在专业目录、专业教材、教学技术等课程开发"硬"的方面往往"热火朝天"地推进与改革,但理念、方法、过程、组织等课程开发"软"的方面往往"风平浪静"。为什么课程改革如此之艰难? 说实在,虽然围绕应用型大学课程改革的诸多问题在课题申报前作者已经开展了大量研究,对此也有一定理论与实践积累,但随着研究的深入,对课题的解答愈发觉得困难,这里就不再赘言。回到本课题的研究,项目获批之后在研究过程中有幸参与了多所学校教育教学改革课题的研讨,得到了多所院校的支持,特别是在对课程管理者、教师、学生、校友、企业管理专家、企业技术专家等不同主体进行调研与访谈过程中得到大量支持,这些支持无法用言语来表达,但毫无疑问的是,对大学与人才的期待是所有这些主体的共同心愿。我在研究过程中感到忐忑不安的是,能否将这些大学内外部主体对大学,对大学课程改革的期待转化为课程理论反思、课程理念重建、课程实践策略供给,对这些问题的突破是对访谈者与支持者最好的致谢。然而,反思本书的设计与结论,深感课程改革是一项以"课程"为核心的大学整体性改革,课程改革需要进行一场范式性转换才能实现应用型人才培养目标,而这一范式性转换任重道远,仍然在路上。

本研究的顺利进行不能不念及诸多师友在作者学术成长中给予弥足珍贵的指点与教诲。我的硕士导师傅维利教授为我开启了学术研究生涯,经常忆及傅老师对我的指点,即使到现在,每每在处理研究环境中的学术自由与生活约束、学术兴趣与学术诱惑、学术交流与学术寂寞等方面的关系,研究资料的论点与论据、研究文本的观点表达与逻辑梳理等方面的关系,总是回味傅老师对我的教诲。我的博士导师王运来教授把我带进了学术研究之路,激发了我对学术研究的内在兴趣与持久动力,读书与研究过程中一直在体验王老师对我们"道而弗牵、强而弗抑、开而弗达"的"善喻"指导,值得回味的很多,很多时候无以言表,需要在"练拳"与"练功"有机结合的学术修炼中才能不断感受其奥妙。我的博士后合作导师胡建华教授对我的指导高屋建瓴,往往寥寥数语直达高等教育研究问题的本真,对高等教育学学理的指导沁人心脾。在不短不长的学术研究生涯中能够取得点滴进步,同学之间交流也发挥了重要作用,在与王一军、徐高明、潘金林教授等学友的交心中许多困惑迎刃而解,促进了很多处于"愤"和"悱"状态的意会知识向明言知识的转化。

本研究的顺利开展还要感谢诸多教育行政机构、企业等大学外部人员的支持,正是通过与很多大学外部人员的交流促进了本人研究惯习的转变,立足更为广阔的视野,从多元价值创造的视点展开研究,使用了很多高等教育学学科以外的学科话语与学术观点聚焦于大学课程研究,诸如知识社会学、经济学、认识论等多学科的观点。虽然研究文本聚焦于课程哲学与课程理论研究,较少呈现访谈与调研数据,但通过访谈与调研获得了很多体验,特别是大学外部人员对大学课程的评价与期待成为我转化为课程哲学与课程理论的极为重要的直觉基础与理性动力。

本书在写作过程中要感谢的老师与友人很多,很难用语言来表达。在书稿即将付梓之际,深感很多问题的研究意犹未尽,有待后续进一步深化。